우리말글 독립운동의 발자취

— 배달말 힘 기르기의 어제와 오늘

우리말글 독립운동의 발자취

── 배달말 힘 기르기의 어제와 오늘

초판 1쇄 인쇄 2008. 10. 5.
초판 1쇄 발행 2008. 10. 9.

지은이   이대로
펴낸이   김경희
펴낸곳   ㈜지식산업사
　　　　 본사 • 경기도 파주시 교하읍 문발리 520-12
　　　　　　　 전화 (031)955-4226~7 팩스 (031)955-4228
　　　　 서울사무소 • 서울시 종로구 통의동 35-18
　　　　　　　 전화 (02)734-1978　팩스 (02)720-7900
　　　　 한글문패　　　 지식산업사
　　　　 영문문패　　　 www.jisik.co.kr
　　　　 전자우편　　　 jsp@jisik.co.kr
　　　　 등록번호　　　 1-363
　　　　 등록날짜　　　 1969. 5. 8.

책값은 뒤표지에 있습니다

ISBN 978-89-423-4049-1 (93710)

이 책을 읽고 지은이에게 문의하고자 하는 이는
지식산업사 전자우편으로 연락 바랍니다.

우리말글
독립운동의
발자취

배달말 힘 기르기의
어제와 오늘

이 대 로

지식산업사

추천사 1

전 택 부/ 기독교청년회 명예회장

나의 자랑스러운 학우 이대로 교수가 《우리말글 독립운동의 발자취》를 펴낸다고 한다. 우리의 독립운동사를 한글운동 차원에서 조명한 문제작이다.

솔직히 말해서 나도 그런 책을 내고 싶었던 것이 사실이다. 한평생 그와 꼭 같은 역사관을 가지고 살아왔기에 말이다. 그러나 이제는 너무 늙어 기력도 쇠잔하고 능력에도 한계를 느껴 쓰지 못한 것인데, 이대로 교수가 썼다고 하니 이보다 더 반가운 소식이 또 어디에 있겠는가? 나는 이 소식을 듣고 찬사와 추천사를 쓰기 전에 먼저 땅에 엎드려 이대로 교수에게 큰절을 하고 싶었다.

올해는 한글학회가 창립 백주년을 맞는 해이다. 이런 뜻 깊은 해에 이런 뜻 깊은 책을 보게 되니 어찌 이것이 범상한 일일 수 있으리오! 다시 한 번 저자 이대로 교수에게 경의를 표하는 바이다.

일찍이 한힌샘 주시경 선생은 1908년 한글학회 곧 국어연구학회를 창설하면서 "말과 글을 잃으면 민족도 망한다"고 했다. 바꿔 말하면 무력에 의하여 국토는 빼앗겼지만 말과 글을 보존하면 빼앗겼던 국토도 되찾을 수 있고, 독립도 할 수 있다는 말이다.

그 뒤 그 후배들은 일제의 탄압을 쇠하기 위하여 국어연구학회를 조선어학회로 이름을 바꿔가지고 오로지 국어학 연구에만 사력을 다했다. 1926년에는 한글날을 제정했고, 1933년에는 한글맞춤법통일안을 제정·발표했고, 그 밖에 한글큰사전 편찬 등 막중한 사업을 착착 이루어나갔다. 그러다가 1942년 드디어 투옥되어 고난을 겪었다. 학회 회원들은 무력행위는커녕 독립이란 말 한 마디조차 한 일이 없었다. 그런데도 일제는 그들을 더 무서운 독립꾼으로 보고 한글학회 회원들을 일망타진 투옥했던 것이다.

1945년, 8·15 해방이 되자 당시 조선어학회 회장이던 외솔 최현배 선생은 스스로 몸을 낮추어 문교부 국어 교과서 편수국장이 됐다. 그때 만약 한글로 국어 교과서가 만들어지지 않았다면 해방도 독립도 모두 다 헛일이 되고 말았을 것이다.

아, 이제는 공휴일에서 밀려났던 한글날도 국경일로 되살아났다. 한글은 로마자보다도 우수한 글자임이 만천하에 드러났다. 그러니 더 이상 머뭇거릴 필요가 있겠는가? 이제부터는 오직 한글 세상을 위해 돌진이 남아있을 뿐이다.

이대로 교수는 대학생 때부터 한평생 한글학회를 중심으로 한글을 지키고 살리려는 싸움에 선봉장이었고, 우리말과 우리 얼을 빛내는 일에 앞장섰던 시민운동가다. 최근에는 한글날국경일제정위원회 사무총장으로서 나(한글날국경일제정추진위원회 위원장)와 함께 한글날을 국경일로 만들고 승리의 만세를 불렀다. 이제 국내 국어 운동을 넘어 해외에서 외국 대학생들에게 한국어를 가르치는 일에 나섰다. 이 일도 잘 할 것으로 믿으며 기대한다.

끝으로, 아무쪼록 이 책의 애독자가 많이 생김으로써 '우리말 우리 얼'에는 영광, 그 씨올들에게는 평화가 있기를 기원한다.

추천사 2

김 수 업/ 우리말교육연구소장

우리말 살리는 일에 한 삶을 온전히 바친 이대로 선생이 회갑을 넘기고 드디어 삶의 길을 간추린 책을 펴내면서 추천사를 청했다. 겨우 십 년 남짓 사귄 벗으로 분에 넘치는 노릇이지만 선생의 삶이 너무도 거룩하고 고마워 벗어날 수가 없었다.

삶의 길을 간추려 책을 펴낸다고 했지만, 이 책은 그저 흔히 있는 한 사람의 삶을 돌아보며 간추린 책이 아니다. 삶의 길이 '우리말을 살리겠다'는 참으로 남다른 과녁을 겨냥하여 걸어온 길이기 때문이다. 나 같은 사람은 우리말을 살리는 일을 직업으로 삼아서 살았기에 같은 길을 걸어온 벗처럼 지난 십여 년 동안 허물없이 사귀었다. 그러나 우리 같은 사람의 삶은 그것을 직업으로 삼아 돈을 벌고 집안을 꾸리며 살았기에 조금도 남다를 것이 없지만, 이대로 선생의 삶은 정녕 남다르다. 어떻게 남다른가는 책을 읽어보면 누구나 곧장 알아볼 수 있을 것이다.

이 책은 처음부터 끝까지 '우리말 살리는 일'에 과녁을 걸고 살아온 이야기를 하고 있다. 그러므로 우리말에 어떻게든 마음이 걸려 있는 사람이 읽으면 여러 모로 가르침과 깨달음을 얻을 수 있을 것이다. 그러나 우리말 살리는 일에는 아무런 관심이 없는 사람이라도 우리 겨레라면 누가 읽어도 재미와 앎과 깨달음을 함께 얻을 수 있

8

을 듯하다. 무엇보다도 책을 쓴 이대로 선생이 본디 시골에서 농업학교를 나온 농사꾼이며 농과대학을 마친 농학도인지라, 보고 듣고 생각하고 행동한 바를 꾸밈도 숨김도 없이 털어놓았기 때문이다.

거침없이 시원시원한 그의 이야기를 들으면서, 어떤 사람은 말을 어떻게 해야 하며 글을 어떻게 써야 하는지를 배울 것이고, 어떤 사람은 말과 글이라는 것이 사람의 삶에서 무슨 노릇을 하는지를 배울 것이고, 어떤 사람은 우리말과 우리글이 얼마나 모진 쓰라림과 가시밭길을 헤치며 오늘 우리에게까지 건네져 왔는지를 배울 것이고, 어떤 사람은 앞으로 우리말과 우리글을 어떻게 아끼고 사랑하며 갈고 닦아야 할지를 배울 것이다. 그리고 어떤 사람은 한 사람의 삶이란 도대체 무엇인지를 다시 생각해볼 수 있을 것이고, 보람찬 삶과 헛된 삶이 무엇으로 갈라지는 것인지를 고민해볼 수 있을 것이고, 스스로의 삶을 곰곰이 되돌아보는 말미를 잡을 수도 있을 것이다.

이대로 선생은 스스로 자기를 '우리말독립운동꾼'이라 부르기를 서슴지 않는다. 우리말이 마치 남의 말의 종처럼 서러운 처지에서 벗어나지 못하고 있다는 사실을 뼈저리게 깨달았고, 그런 종살이를 벗어던지고 떳떳하게 홀로서기를 하도록 돕는 일에 삶을 온통 걸었다는 사실을 숨기려 하지 않는다. 내가 지난 십여 년 동안 지켜본 바로서 그의 삶은 이런 부름에 조금도 부끄럽지 않아서 나는 속으로 그를 우러르며 지낸다. 세상에는 참된 삶이 무엇인지 깨닫지 못하고 사는 사람도 있고, 참된 삶이 무엇인지 마음으로 깨달아도 몸으로 살아가지 못하는 사람도 있고, 참된 삶이 무엇인지 깨달아서 그대로 살아가는 사람도 있다. 내가 보기에 이대로 선생은 마지막 갈래에 드는 사람이다. 이 책을 읽는 이들도 저마다 참된 삶을 깨달아 살아가는 인연을 얻으시기 빌면서, 이대로 선생에게도 이 책

이 남은 삶을 더욱 알차게 영글도록 만드는 기름진 거름이 되기를
빌어마지 않는다.

글을 시작하면서

왜 쉬운 우리 한글을 안 쓰려고 할까?

이 책을 쓰기로 한 것은 내가 평생 동안 한글사랑운동을 하면서 보고 느끼고 생각한 것을 정리하려는 것이다. 왜 국어운동을 했으며, 그동안 무슨 일을 했는지 정리해서 내 뒤에 이 일을 하는 사람들이 이를 바탕으로 더 잘 이어가길 바라는 마음에서다. 그리고 국어독립운동이 무엇인지 모르는 사람들에게 설명하려는 것이고 이 일을 우습게 보는 이들을 깨우치려는 것이다.

나는 고등학교 때부터 한글을 사랑하게 되었고, 대학교에 가서 국어운동학생회라는 모임을 만들어 국어독립운동을 시작해서 지금까지 하고 있으니 41년째 우리말 독립을 꿈꾸고 있다. 이 일은 한국 사람이라면 꼭 해야 할 일이라고 보았으나 그렇게 생각하지 않는 사람이 많았다. 누가 알아주지도 않고, 재미도 없고 힘든 일이었다. 그러나 나는 도저히 이 일을 그만둘 수 없었다. 나는 지난 세월 동안 '자나 깨나 한글 조심, 앉으나 서나 한글 사랑' 속에 살았다.

그런데 이렇게 한글을 사랑하기 시작한 것은 아주 단순한 의문

때문이었다. 1963년, 충남 예산농업고등학교 2학년 때였다. 예산농고는 농업학교로선 전국에서 역사가 가장 오래된 학교 가운데 하나였으며, 환경도 좋고 농업교육을 잘 가르치고 선생님들도 좋았다. 교장 선생님부터 국어와 영어, 수학 선생님들을 뺀 모든 선생님들이 학교 선배로서 학생들을 열심히 잘 가르치셨다. 그래서 나는 농업교육을 잘 받아서 훌륭한 농군이 되겠다는 꿈에 부풀어 있었고 열심히 공부를 했다.

이렇게 아무 불만이 없이 공부를 재미있게 하고 있는데 한 가지 문제가 생겼다. 수업시간에 선생님이 쉬운 우리말 대신 어려운 일본식 한자말을 쓰기 시작한 것이다. 과수원예 시간에 '과일나무는 가지치기를 먼저 잘하고, 꽃을 솎아준 다음에, 열매도 잘생긴 것만 남기고 따주어야 맛있는 과일이 열린다'는 말을 "果木(과목)은 剪枝(전지), 摘花(적화)를 잘해야 맛있는 과일이 열린다"면서 흑판에 '果木', '剪枝', '摘花'라고 쓰며 한자를 강조했다.

한자를 많이 쓰셨던 과수원예 선생님은 대학을 나온 분이고 아주 똑똑하고 좋은 분이었다. 그런데 '과목'이라는 말은 학과의 '과목'과 발음이 같아 혼란스럽고, '전지'란 말도 전기를 충전한 '건전지'로 이해되기도 해서 쉽게 알 수 없었다. '적화'도 그 당시 북한이 노린다는 '적화 통일'이란 말이 떠오르게 했다.

벼농사를 가르치셨던 선생님도 농대를 나온 분인데 '논'을 '답(畓)'이라고 쓰고, '논농사'를 '수도작(水稻作)'이라고, '거름 준다'는 말을 '시비(施肥) 한다'고 말하고 쓰셨다. '시비한다'는 말은 '시비 걸다'라는 말과 헷갈려 머리가 혼란스러웠다. 그러나 우리 고등학교만 나온 채소원예 선생님은 전처럼 변함없이 아주 쉬운 우리말로 가르치고 한글로 글씨를 예쁘고 깨끗하게 잘 쓰셔서 이해가 잘 되고 공부가 재미있었다.

세 분 모두 우리 고등학교 선배님이고 좋은 선생님들이었는데 말글살이는 서로 비교가 되고 차이가 있었다. 농대를 나온 두 분은 일본 농업잡지까지 가지고 오셔서 새로운 지식을 알려주기에 열심이었고, 품종 연구도 하시는 훌륭한 분들이었다. 그러나 우리에게 농업을 가르치는 데 한자를 강조함으로써 농업시간이 재미가 없어졌고 한문시간처럼 되어 버렸다.

나는 그때 쉬운 우리말로 하는 교육이 효과도 좋고 우리가 가야 할 말글살이란 것을 어렴풋이 깨달았다. 그리고 왜 많이 배웠다는 어른들은 쉬운 우리말과 한글을 쓰지 않을까 의문을 갖게 되었다.

앞뒤가 맞지 않는 교육, 근본을 벗어난 국어정책

어른들은 어린 학생들에게 한글은 세계에서 으뜸가는 글자이고 우리의 으뜸가는 자랑거리이며, 세종대왕은 위대한 조상이라고 가르쳤다. 그런데 어른들은 말로만 '한글을 사랑하자'고 하면서 실제로 쓰지 않았다. 말과 행동이 다른 것이다.

이것뿐이 아니다. 거북선은 세계 최초 철갑선으로서 우리의 위대한 발명품이고 이순신 장군은 왜적을 물리친 영웅이었다고 가르쳤다. 그런데 그 거북선이 어찌 생겼는지도 잘 모르고 있으며 그 흔적조차 찾을 수 없었다.

그 훌륭한 한글을 잘 이용해서 우리 자주문화를 꽃피울 생각은 전혀 하지 않았다. 또한 대단한 발명품인 거북선을 개선하고 발전시켜서 더 훌륭한 전투함도 만들고 기선을 만들지도 않았다. 한글이 진짜 좋은 글자라면 써야만 그 빛이 나고, 거북선이 진짜 대단한 군함이었으면 그걸 바탕으로 더 좋은 군함도 만들려고 해야 옳을 것이다. 그런데 그렇지 않았다. 이건 분명히 앞뒤가 맞지 않는 교육이고, 잘못된 세상이며 모순이었다.

오히려 똑똑하다는 국어학자들과 교수들이 한글 쓰기를 싫어했다. 정부는 한글만 써서 만들던 교과서에 한자를 섞어 쓰겠다고 발표했다. 앞으로 국어정책이 그렇게 갈 것이라고 하니, 우리 농업학교 선생님들도 한자를 강조하고 농업용어도 일본 한자말을 그대로 쓰면서 가르친 것이었다. 그러다 보니 재미있던 농업공부도 흥미가 점점 떨어지게 되었다. 정부가 국어정책 깃발을 잘못된 쪽으로 드니 국어교육과 생활이 뒤틀리고 모든 교육까지 삐뚤어지고 있었다.

학교 도서관에는 한글로 된 책이 없었다

지금도 '독서 주간'이 있는지 모르겠으나 그때 가을엔 책을 읽기가 좋은 계절이라면서 독서 주간을 만들고 책 읽기를 권장했다. 그래서 나도 책을 많이 읽어야겠다고 생각하고 도서관에 가보았다. 처음엔 어떤 책이 좋은지 잘 몰라서 신문만 읽었다.

그런데 신문도 조금 무게가 있다는 정치·경제면은 온통 한자혼용이고, 살인과 강도사건 기사가 많은 사회면과 소설·운동경기 소식을 적은 문화면만 한글이었다. 무언가 잘못이라는 생각이 들었다. 한글로만 써도 아무 불편 없이 신문을 보고 이해할 수 있는데, 왜 정치·경제 소식은 한자혼용으로 써서 읽고 이해하기 힘들게 한단 말인가? 한글만 아는 국민은 어두운 사건과 사고 소식이나 알라는 것인가?

그뿐이 아니었다. 나는 고등학교만 졸업하면 부모님 모시고 농사를 짓겠다고 부모님과 약속하고 고등학교에 왔기 때문에, 학교에 다닐 때 많은 책을 읽어서 지식을 넓히겠다고 생각하고 도서관을 자주 찾았다. 그런데 정작 읽고 싶은 농업전문서적은 우리말, 우리

글로 된 책이 없었다. 나는 농업학과여서 축산에 관한 교육은 깊게 배우지 않으니 도서관에서 책으로 축산공부를 하겠다고 마음먹고 도서 목록에서 《養豚全書》란 책을 열람신청해보니 일본 책이었다. 다른 농업전문 서적도 마찬가지였다.

그 당시에 도서관이 있는 학교가 드물었으나, 우리 학교는 역사가 깊어서 도서관 건물이 따로 있었다. 하지만 우리말로 된 책은 별로 없었다. 전문서적은 거의 일본말로 된 책이었다. 6·25 난리를 겪은 1950년대가 바로 지났을 때이니 제대로 된 책이 나오지도 않았고, 나왔어도 돈이 없어 도서관에 갖추지 못한 것 같았다.

예산읍내 책방에 가 봐도 한글로 읽기 쉽게 쓴 전문서적은 별로 없었다. 잡지라면 《새농민》, 《학원》, 《명랑》 같은 정도였다. 한글로 된 책은 소설과 시집 같은 문학 서적과 학교 참고서였다. 그래서 도서관에서 한글로 된 책을 찾아 읽다 보니 김소월의 시집, 이광수의 《흙》, 《무정》, 《유정》, 《사랑》 등 소설과 《카네기의 처세술》 같은 책을 감명 깊게 읽은 기억이 지금도 난다. 그리고 외국 번역 소설과 시를 닥치는 대로 읽었지만 영어나 일본 말투여서 글이 매끄럽지 못해 별 재미가 없었다.

도서관에서 더러 우리말로 된 전문서적을 찾아 읽어보려고 해도, 한자혼용에다가 우리 말투가 아니어서 이해가 잘 되지 않아 흥미가 떨어졌다. 일본 책을 번역한 이가 완전히 소화하고 쉽게 정리한 것이 아니라 그대로 베낀 수준이었다. 학생이 스스로 책을 많이 읽고 지식을 넓히고 싶어도 우리말로 쓴 책이 많지 않아 읽기 어려웠다. 지금은 어느 책방에 가더라도 우리말로 된 책이 산더미처럼 쌓였지만 그 당시는 안 그랬다.

죽는 날까지 국어독립운동을 하기로 다짐하다

6·25 전쟁이 끝나던 1953년에 나는 초등학교에 들어갔고, 중학교에 다닐 때 4·19 혁명과 5·16 정변이 일어났다. 그리고 고등학교에 들어가니 도지사가 현역 육군 소장이었고, 학교에 와서 정신교육도 했다. 나라가 몹시 어렵고 어지러울 때 학교에 다닌 것이다.

초등학교에 다닐 때에는 교실이 없어 천막을 치고 공부 했다. 공부시간에 운동장에 모래를 퍼 날라 뿌리기도 하고, 산에 나무도 심으러 다니고, 송충이 잡는 일을 하느라고 수업도 많이 빼먹었다. 중학교 때 반 학기 동안 국어 선생님이 없었던 일도 있고, 영어 선생님은 제대로 된 영문과를 나온 분이 아니고, 고등학교를 졸업하고 미군 부대에서 근무했다는 분이었다. 그래도 학교 다닌다는 게 좋고 사회에 대한 불만은 없었다.

그런데 고등학교에 들어 가니 세상이 잘못된 것도 보이고 무언가 개혁에 나서야겠다는 생각이 들었다. 더욱이 내가 다닌 예산농고는 교훈이 '국토개발'이었고 선생님들이 교과서 교육뿐만 아니라 농촌부흥운동과 애국을 유난히도 강조하고 가르치셨다. 그래서 대학에 가서 공부를 더하고 농촌운동과 국어운동을 해야겠다는 생각이 싹트기 시작했다.

전교생이 모인 조회시간에 여러 유명 인사를 초빙해서 교양교육을 자주 했다. 그 여러 분들 가운데, 내게 사회운동에 나서도록 감동을 많이 주신 분은 농촌 운동가인 한인수 선배와, 예산이 고향으로서 미국 유타 대학의 물리학 교수인 이태규 박사다. 이 두 분은 모두 자신만 잘살려고 할 것이 아니라 나라가 잘되게 힘써야 하고, 시골 사람이라도 큰 꿈을 가지고 더 큰일을 하라고 외치셨다.

　그래서 나는 우물 안 개구리로 고향에서 농사나 지으며 살 것이
아니라 대학에 가서 공부를 더 하고 나라를 위한 더 큰일을 하겠다
고 스스로 다짐했다. 바로 농촌운동과 국어독립운동을 할 결심을
한 것이다. 그러나 그게 쉽지 않았다. 대학 가기에 넉넉한 가정도
아니라서 학비가 걱정이었다. 입학시험에 합격하고 나서 등록금과
첫 달 하숙비만 내주시면, 내가 벌어서 학교에 다니겠다고 어렵게
부모님께 말씀드리고 시험을 봤으나 떨어졌다.

　어쩔 수 없이 부모님을 도와 농사일을 하고 있는데, 아버지 친구
인 한 씨 아저씨가 아버지에게 "저렇게 공부하려고 하는 애를 일만
시켜선 안 되겠다. 우리 집에 와서 우리 애들을 가르치며 공부하게
하자"고 설득하셔서 서산읍내 한 씨 아저씨 집에서 공부를 하게 되
었다. 그러나 혼자 공부를 하는 게 쉽지 않았다.

　그래서 마음고생을 하고 있을 때, 신문에서 한양대 김윤경 교수
의 한글사랑에 관한 글을 읽었고, 바로 김 교수께 내 심정을 편지
로 써 보냈더니 "나는 이제 늙어서 세상을 떠날 때가 가까웠다. 한
글을 사랑하는 너 같은 젊은이를 만나니 반갑다. 꿈을 포기하지 말
고 꼭 대학에 가라"고 바로 답장을 해주셨다.

　그 뒤 다시 기가 살아서 대학에 들어갔다. 그리고 한글은 세계
최고 글자이고 우리의 자랑이라고 침이 마르도록 가르치면서도 쓰
지 않는 이 모순, 우리말과 글로 쓴 책이 없는 이 나라는 분명히 잘
못된 것이고 이 잘못을 바로잡는 일에 내 한 삶을 바치겠다고 나서
게 되었다. 대학생 농촌운동 모임에 발 벗고 참여하고 스스로 국어
운동학생회를 만들었다. 그리고 내 이름도 아버지가 지어주신 '이
택로(李澤魯)'란 한자 이름을 '이대로'라고 한글로 바꾸고 국어독립
운동을 열심히 하게 되었다.

배달말 홀로서기는 1천5백 년 된 배달겨레의 꿈

내가 국어독립운동을 하면서 보니, 이 일은 우리 겨레의 수천 년 동안 바라고 바라던 일이었고, 많은 선조가 애썼으나 이루지 못한 겨레의 꿈이었다. 삼국시대부터 약 1천5백 년 동안 이어진 배달말 홀로서기운동(배달말 독립운동)이었으며 그 끝자락에 지금 내가 서 있다는 걸 깨달았다. 그리고 그 일을 우리 세대에 마무리하겠다는 욕심과 사명감을 갖게 되어서 남달리 싸운 것이다.

우리 겨레를 배달겨레라고 일컫는다. 그런데 안타깝게도 우리 겨레는 수천 년 동안 겨레말은 있었으나 우리 글자가 없어서 중국의 한자를 빌려 썼다. 입으로 하는 말은 배달겨레말인데 눈으로 보는 글은 중국 한문이었다. 한문은 중국말을 적은 글이다. 우리말은 우리 겨레의 생각과 삶이 담긴 말이고, 중국말은 중국 사람의 생각과 삶이 담긴 말이다. 그런데 이렇게 말과 글이 다른 절름발이 말글살이를 하다 보니 우리는 힘센 나라가 될 수 없었고 중국의 그늘 속에서 살 수밖에 없었다.

그래서 우리 한아비(조상)는 삼국시대부터 이 불편한 말글살이를 우리다운 말글살이로 바꾸려고 애썼다. 신라 때부터 쓴 향찰, 이두식 글쓰기가 그 첫 흔적이다. 이는 비록 한자를 빌려 쓴 것이지만 중국식이 아닌 우리다운 글쓰기다.

그러나 이두가 우리말식의 글쓰기라고는 하지만 중국 한자를 빌려 쓴 글이라서 껄끄럽기는 마찬가지였으며 누구나 쉽게 쓰기에 힘든 글쓰기였다. 그런 말글살이를 천 년 가깝게 하다가 마침내 조선시대 세종대왕이 우리말을 적기 좋은 진짜 우리 글자를 만들었다. 지금부터 약 6백 년 전에 온누리에서 으뜸가는 글자인 한글(훈민정음)을 만든 것이다.

우리말을 우리 글자로 적을 수 있는 길이 활짝 열렸다. 우리말이 독립할 수 있는 길을 닦아놓았다. 그러나 수천 년 동안 길든 한문은 쉽게 버릴 수 없었다. 강대국인 중국의 영향 아래 있었기 때문이기도 했지만, 한문이 일부 지배층의 출세와 권력 수단이었기 때문이다. 지배층은 쓰기 쉽고 알기 쉬운 한글보다 어렵고 까다로운 한문을 더 즐겨 썼다. 우리 글자가 있는데도 공문서와 책을 한문으로 쓰고, 시와 소설도 한문으로 적고, 편지도 한문이 절대적으로 많았다.

그러다가 19세기에 중국의 힘이 약해지면서 조선은 국호를 대한제국이라고 바꾸고 우리 글자를 나라글자로 인정하고 공문서에 쓰기 시작했다. 더욱이 서양 사람들이 쓰는 로마자가 우리 한글과 똑같은 소리글자이고, 한글이 한자보다 좋다는 것을 깨달은 주시경과 서재필 등, 선각자인 민족 지도자들이 애쓰면서 겨레 자주정신이 꽃피었다.

그런데 우리말이 살아나고 힘 있는 자주국가가 되기 전에 일본제국주의에 나라를 빼앗기니 우리말은 다시 사라질 뻔 한다. 그리고 중국 한문을 좋아하던 지배층이 일본말에 길들고 일본식 한자 섞어 쓰기를 좋아하게 되어 한글만 쓰는 것을 가로막는다. 그러나 일본이 패망해서 우리가 나라를 되찾고 한글을 쓸 수 있는 세상이 온다. 한글로 공문서도 적고, 교과서도 만들고, 신문도 만든다.

한글과 한자의 싸움이 50년 남짓 이어오다가 이제 한글이 이겨서 우리말이 독립하나 했더니 미국말 숭배자들이 다시 우리말 독립을 가로막고 있다. 중국의 영향 아래 있을 때는 중국 한문을 섬기고, 일본의 식민지 때는 일본말을 떠받들고, 미국의 그늘에 살게 되니 미국말 배우기에 목숨을 걸고 있다. 그런 말글살이를 여러 즈믄 해

[수천 년]나 하게 되니 우리(토박이)말이 점점 사라지고 한글은 제 빛을 내지 못하게 되었다. 강대국에 빌붙어 자신의 이익과 출세만 생각하는 사대주의, 기회주의, 이기주의에 빠진 자들이 판치기 때문이다. 그래서 배달말 홀로서기는 끝나지 않은 싸움이고 아직 이루지 못한 꿈이다.

왜 우리말이 홀로서야 하나?

그럼 먼저 배달말 홀로서기란 무엇인가 따져보자.

첫째, 우리말을 한글로만 적는 말글살이를 하는 것이다. 학교에서 공부하는 책도, 정부에서 쓰는 공문서도, 신문도, 문학작품, 학술논문도 우리 말글로만 쓰는 것이다. 둘째, 사람이름과 회사이름, 모임의 이름도 우리 말글로 짓고 쓰는 것이다. 중국 한자나 미국 영문이 아닌 우리 말글로만 이름을 짓고, 낱말을 만들어 쓰는 말글살이다. 셋째, 우리 말글을 스스로 바르게 쓰고 빛내는 일이다. 누구나 하고 싶은 말을 우리글로 마음대로 쓰며 우리뿐만 아니라 영어처럼 온누리 사람들이 즐겨 배우고 쓰게 만드는 일들이 배달말 홀로서기이고 한국어독립운동이다.

그런데 '왜 우리말이 굳이 독립해야 하는가' 묻는 이가 있다. 인간이 다른 동물을 지배하고 만물의 영장이 된 것은 말을 하고 글을 쓰기 때문이다. 동물 가운데서 코끼리나 고래가 사람보다도 힘은 더 셀 것이고, 싸움은 호랑이나 사자가 더 잘할 것이고, 예쁘기는 새나 나비가 더 예쁠 것이고, 하늘을 더 빨리 날기는 제비나 독수리일 것이다. 그러나 그들은 말을 할 줄 모르고 글을 쓸 줄 몰라서 사람을 이기지 못하고, 동물의 대장이 되지 못한다. 사람은 말로 서로 뜻과 마음과 지식을 주고받으며 뭉치고, 더 큰 힘을 쓸 수 있어 모든 동식물을 지배하는 만물의 우두머리가 된 것이다.

여러 겨레나 나라 가운데서도 말글을 잘 다루고, 좋은 말글을 가진 겨레와 나라가 더 잘살고 힘센 나라가 된다. 한마디로 제 나라의 말꽃[문학]과 글꽃[학문]이 활짝 필 때 문화강국이 되고, 정치·경제·과학도 발달하고 잘살게 된다. 중국이 일찍부터 한문으로 힘센 나라가 되었고, 영국·프랑스도 라틴말에서 영어나 불어가 독립함으로써 영국·프랑스 문화가 꽃피고 힘센 나라들이 되었다. 이탈리아가 그랬고 독일도 그랬다.

우리도 우리 말글을 살려 쓰려고 한 세종 때 문화와 과학이 발전했다. 오늘날 우리 경제와 문화가 빨리 발전한 것도 우리말을 한글로 적음으로써 글장님이 없는 나라, 똑똑한 국민이 되었기에 가능했다. 한마디로 쉬운 말글살이가 국민 지식수준을 높아지게 해서 국력을 강하게 한다는 것이다. 백 년 전 대한제국이 망할 때 주시경 선생이 "그 나라의 말이 오르면 나라도 오르나니"라고 하며 우리말과 한글을 살리고 빛내는 일에 힘쓴 것은 힘센 겨레, 잘사는 나라를 만들려는 뜻에서 한 일이었다.

오늘날 우리가 정보통신 강국이 되는 기초를 닦은 한글기계화 선구자인 공병우 박사는 "말글은 총칼보다도 강하다"고 했다. 최신 문화 창조 무기인 한글로 세계 최대 문화강국이 될 수 있다면서 셈틀(컴퓨터)로 한글 세상을 만들자고 외쳤다. 공 박사의 말씀대로 지금은 우리가 셈틀시대를 맞이해 한글이 빛나고 정보통신 선진국이 되었다.

그 겨레말이 튼튼할 때 그 겨레도 튼튼해지고 잘살게 된다. 한 겨레의 말은 그 겨레의 얼이고 나라가 잘되는 뿌리요, 길이다. 또한 우리 자주 문화가 꽃피게 하고 인류 문화발전에도 이바지한다. 우리말이 남의 말에 치여 흔들리고 약해지지 말아야 우리 문화가 꽃

핀다. 지금 우리는 강대국의 틈바구니에서 많은 고통을 받고 있다. 우리말이 독립해야 힘센 나라가 되어 강대국들의 지배를 벗어날 수 있기에 국어독립을 외치는 것이다.

그럼 어떻게 해야 국어가 독립하나?

먼저 우리말보다 힘센 남의 나라말을 더 우러러보는 버릇부터 버려야 한다. 한문이나 영어를 제 나라말보다 소중하게 생각하는 마음보, 외국 말글을 더 섬기는 풍조를 씻어내야 한다. 나는 지난날 우리 겨레의 마음에 남의 나라말과 강대국 것을 더 섬기는 사상이 깊게 박혔다고 보았다. 한마디로 사대사상에 깊게 물든 민족이란 것이다. 이는 우리 말글의 독립뿐만 아니라 정치·경제·문화가 발전하고 독립하는 데도 가장 큰 걸림돌이다. 한문이나 영어를 섬겨야 잘살고 출세한다는 생각부터 버려야 한다.

다음으로, 우리 겨레끼리는 우리말을 주고받아야 한다. 귀로 들어서 누구나 알아들을 수 있는 말을 해야 한다. 그 우리말을 한글로만 적어야 한다. 그래서 한국의 정부나 학자나 언론이 쓰는 글은 한국 사람이면 누구든지 쉽게 읽고 알아볼 수 있게 해야 한다.

특히 누리통신시대를 맞이해서 온 국민이 우리 말글만으로도 쉽고 마음대로 통신을 할 수 있게 해야 한다. 누리네(인터넷 주소)도 영문이 아닌 우리 말글로도 얼마든지 쓸 수 있게 하고, 학술이나 전문 용어를 한자말이나 미국말이 아닌 쉬운 우리말로 바꾸어야 한다. 입으로만 한글을 사랑하고 우리말을 살리자고 할 것이 아니라 실천해야 한다. 우리 말법에 맞는 말글로 좋은 글을 써야 한다. 신문이나 공문서, 명함, 간판은 우리 말글로 써야 한다. 우리 말글의 규정과 법을 국민 모두 잘 알고 지켜야 한다. 누구나 우리 말글을 남의 말글보다 더 소중하다고 생각해야 한다.

정부와 언론은 말할 것 없고 온 겨레가 우리 말글을 갈고 닦고 빛내는 일에 함께 나서야 한다. 남의 글자나 말에 기대지 않고, 우리말을 우리 글자로 적어서 서로 아는 것과 마음을 주고받을 수 있어야 한다. 그래야 마음과 뜻이 통하고 국민 지식수준이 높아지며, 뭉칠 수 있어 힘센 나라가 된다.

그런데 지금 일본 한자말과 한문과 영어에서 온 외국 전문용어를 그대로 쓰다 보니 서로 말이 잘 통하지 않고 있다. 그래서 지식수준도 빨리 높아지지 않고, 교육의 낭비가 많다. 외국에서 온 전문용어를 쉬운 우리말로 바꾸고, 될 수 있으면 우리 토박이말을 찾아 쓰는 노력과 정책이 절실하다.

우리 국민끼리는 우리 말글로만 지식과 정보를 마음대로 주고받고, 우리 말글로 생각하고 글을 쓸 수 있는 세상을 만들어야 한다. 이것은 우리 겨레가 1천5백 년 동안 노력한 일이고 꿈이다. 한문과 중국 문화로부터 해방되는 이 꿈이 이루어지려 하는데 새삼 영어 숭배자들이 우리 말글 독립을 물거품으로 만들고 있어 가슴 아프다.

차 례

1. 옛 한아비의 말글살이 발자취

우리 겨레의 말글살이 첫 흔적

우리 조상이 이 땅에 들어와 살아온 것은 수만 년이 되었을지도 모른다. 그러나 아쉽게도 오랜 옛날 한아비가 살아온 흔적을 남긴 글은 많지 않다. 중국이나 유럽, 중동의 박물관에 가면 5천 년 전에 쓴 글씨 흔적도 있는데 우리는 삼국시대 이전인 2천 년 전의 것도 찾아볼 수 없다. 외세의 침략과 지배를 많이 받았기 때문인지도 모른다.

이 땅에 살던 사람들이 남긴 가장 오래된 흔적은 글자가 아닌 '울산 대곡리 반구대 암각화'이다. 그리고 울주군 대운천변 바위의 그림이 있다. 울산 언양의 태화강가 바위에 새긴 것인데, 육지 동물과 바다고기 모양 그림이다. 이는 글자라고 말할 수 없지만 문자가 생기기 전인 신석기시대에 이 땅에 살던 사람들이 자신들의 삶을 드러낸 그림글자라고 할 수 있다. 이것은 우리 조상의 삶과 생각을 적은 중국 한자를 들여다가 쓰기 전의 첫 표현이고 글쓰기 시초라 할 수 있다. 그 뒤에도 어떤 자료가 있었을 터인데 그런 글이나 문

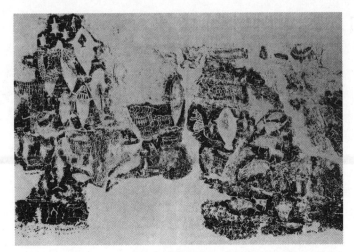

반구대 암각화(탁본, 경남 울주군 언양면 대곡리)

화유적이 아직 발견되지 않고 있다. 우리도 5천 년 역사를 가진 민족이니 분명히 그때의 역사 기록이 있었을 것이다. 그러나 아직은 드러난 것이 없다.

우리 겨레가 쓴 첫 글자, 한자

그림글자 말고도 그 뒤에 다른 글자를 썼을지 모른다. 그러나 삼국시대 이전에 글을 쓴 흔적은 아직 뚜렷한 것이 없다. 지금 알 수 있는 첫 흔적은 삼국시대부터 한자를 썼다는 것인데 그 시대에 쓴 역사책도 남아 있는 것이 없다.

지금 남아있는 가장 오래된 역사책은 고려시대에 한문으로 쓴 《삼국사기》(1145)와 《삼국유사》(1281)이다. 이 두 책이 나오기 전에도 역사책이 여럿 있었지만 전해지지 않는다. 중국 역사책이나 중국 측 기록에 우리 조상이 살아온 이야기가 있다고 하지만 그들이 보거나 들은 것들이어서 문제가 많다. 게다가 지금 더러 남아

있는 옛 기록이나 역사책도 모두 중국 한자로 쓴 한문이다.

한문은 지금 중국인들의 한아비 나라인 한나라, 수나라, 당나라 사람들이 자기들 말을 적은 글이다. 그런데 우리는 글자가 없어 그 글자를 썼다. 그리고 아직도 한국에서는 2천 년 전에 중국의 공자나 맹자가 쓴 책들을 명작이라고 읽히고 있다. 한문으로 쓴 것이라도 우리 한아비가 쓴 책에는 그만한 명작이 보이지 않는다. 그 시대에 우리가 중국 문화에 눌려 더 좋은 글을 쓰지 못한 것일 수도 있다.

한자는 대략 2천 년 전에 이 땅에 들어와서 조선시대까지 공문서와 여러 기록에 쓰였고 그리하여 이 한문 공부가 모든 공부요, 지식이었다. 그래서 오늘날 한글 쓰기를 반대하는 이들이 수천 년 동안 우리 조상이 한문을 배우고 썼다고 하여 한자도 우리 글자라고 말하기도 한다. 그러나 그것은 아니다.

더욱이 지금은 한글이 있는데 한자를 우리 글자라면서 한글 쓰기를 가로막는다는 것은 바보짓이고 한심한 일이다. 중국이나 일본은 말할 것 없고 세계 어느 나라 사람에게 물어봐도 한자는 중국 글자이지, 한국의 글자라고 말하는 이는 없다.

한자는 우리 조상이 한글이라는 편리한 우리 글자가 없을 때 빌려 쓴 중국 글자인 것이다. 우리가 중국의 변방이나 속국이 아닐진대 한자를 우리 글자라고 해선 안 된다. 그동안은 중국 한자를 고맙게 빌려 썼지만, 이제 우리 한글을 중국인에게도 빌려줄 때가 되었다.

향찰과 이두, 구결은 배달말 홀로서기 시작이고 새싹

한자는 배우고 쓰기도 힘든데다가 한문은 우리 말투로 된 문장이 아니어서 불편하기 그지없었다. 그래서 삼국시대 사람들이 한자를 우리식 문장으로 쓰려는 노력을 했다. 어쩔 수 없이 중국 한자를 쓰되, 우리 말투로 글을 쓰려고 몸부림친 것이다. 그게 바로 향찰과 이두, 구결식 글이다. 한자를 빌려서 우리말을 적은 것이지만 나는 이 글쓰기를 배달말 홀로서기(국어독립)의 첫 싹이라고 본다.

'이두'로 쓴 글은 서기 568년(신라 진흥왕 29), 북한산에 세운 순수비에 있고 또 다른 글에서도 볼 수 있다. '이두'에 관한 이야기는 《삼국사기》, 《삼국유사》, 《조선왕조실록》 들에 나와 있는데 신라 학자인 설총(薛聰, 665~?)이 이두를 만들었다는 말이 있다. 그런데 설총이 태어나기 전에 북한산순수비를 세웠다면 설총 이전에도 이 두를 썼다는 말이 되어 좀 혼란스럽다.

향찰, 이두, 구결은 한자의 소리[音]·새김[訓]·뜻[義]을 빌려 우리 말투로 글을 쓰는 표기법이다. 한문은 중국 말투이니 불편하기 때문에 그런 글쓰기를 새로 만들었던 것이다. 향찰은 우리말을 모두 한자로 표기한 문장이다. 향찰이 이두에 견주어 완전한 한국말 표기법이지만 이두보다 복잡하고 쓰기 어려워 고려 때까지 쓰다가 사라졌다고 한다. 이두는 향찰과 비슷하나 한문을 전제로 하고 한자의 소리(음)와 뜻(훈)을 빌려, 한문을 우리말 순서[語順]로 배열하기 위하여 주로 조사·접미사·부사·동사 따위에 사용하였던 글쓰기이다. 이 '이두'는 고려시대를 거쳐, 한글을 만든 뒤에도 계속 한문과 함께 쓰였다. 그러다가 19세기 말, 대한제국이 한글을 나라의 글자로 인정하고 공문에 쓰기 시작할 때 사라졌다.

구결은 순 한문을 읽기 편하도록 한문에 우리식 음을 살려서 한자 토(吐)를 단 것으로, 우리나라에서 한문독법으로 개발한 것이다. 간결하게 획으로 쓴 일이 있다고 하는데, 그 구결 글쓰기가 일본으로 건너가서 일본의 글자가 되었다는 말도 있다.

구결은 한문의 문장을 우리말로 번역하여 읽을 때 사용하는 것으로, 주로 실용적인 문장에 쓰인 이두와는 다소 차이를 보인다. 그리고 토 부분을 삭제해서 완전한 한문 문장이면 음독구결이고, 토 부분을 삭제하여도 한문 문장이 아닌 것이 이두문(吏讀文)인 것이다.

구결은 신라 의상시대부터 발달된 것으로 보인다. 우리의 한문 독법으로 발달되어 온 구결에는 세 가지가 있다. 부호구결(符號口訣)과 석독구결(釋讀口訣), 음독구결(音讀口訣)이 그것이다. 2007년 1월 10일치《한겨레》에 백제가 신라보다 백 년 앞서서 구결을 쓴 대나무쪽[竹竿]이 발견되었다는 보도가 있었다. 신라뿐 아니라 삼국시대 모두 이런 글을 썼을 것으로 짐작된다.

우리말 첫 훼방꾼, 통일신라의 왕들과 지배층

한자와 한문이 이 땅에 언제 처음 들어왔으며, 누가 처음에 들여와 쓰기 시작했는지 분명한 기록은 없다. 다만, 삼국시대에 이 땅에 들어왔고 많이 쓰기 시작한 것으로 알려져 있다. 삼국시대 중국에서 불교나 유교 책을 가져오면서 이 땅에 퍼진 것으로 전한다. 그런데 통일신라 이전에는 한자나 한문을 쓰더라도 관직이나 제도, 사람과 땅이름은 우리식으로 지었다. 그러나 신라가 당나라의 힘을 빌려 백제와 고구려를 차례로 멸망시키고 당나라의 문화를 받아들이고 그 지배를 받으면서 중국식으로 바뀐다.

제35대 경덕왕(재위 742∼765)이 한화정책(漢化政策 : 중국의 것을 모방하는 정책)을 강력하게 펴면서 한문과 중국 문화가 깊게 뿌리 내린다. 그때부터 완전히 우리말과 우리 정신과 문화가 당나라(중국)의 속국처럼 된다. 오늘날 김영삼 대통령이 세계화를 외치면서 영어 조기교육을 시작하고 그 이후 대통령들이 그 정책을 이어 강화해서 미국을 섬기고 닮는 정책(미국화 정책)으로 가는 것과 비슷하다. 머지않아서 신라의 경덕왕 같은, 더 얼빠진 대통령이 나와서 우리 관직과 사람이름, 땅이름까지 모조리 미국식으로 바꿀지 모르겠다.

신라가 삼국을 통일한 것은 제대로 한 것이 아니라서 오히려 고구려의 많은 땅을 잃고, 정치·군사뿐만 아니라 문화까지 중국의 지배를 철저하게 받게 되는 계기가 되었다. 이때부터 고구려와 백제의 역사 유적이나 유물과 문화도 많이 사라진다.

통일신라 이전에는 고구려와 신라, 백제의 관직이나 땅이름도 우리식으로 적었다. 사람 이름도 '김춘추'처럼 세 글자를 쓰는 이름이 아니고, '연개소문', '박혁거세'처럼 네 글자를 쓰는 이름도 있었다. 그러나 통일신라 때부터 사람이름을 세 자로 짓는 세상으로 바뀌어 오늘날까지 내려왔다.

신라 초기에는 임금의 명칭을 우리식으로 지어 불렀다. '거서간(居西干)', '차차웅(次次雄)', '마립간(麻立干)'이라 했는데 모두 한자의 음을 빌린 이두식 이름이란다. 또 다른 호칭인 '이사금(尼師今)'은 '잇금'이란 신라 방언으로서 그 뒤에 '임금'이란 말이 되었다는 이야기도 있다. 또 '마립간'은 신라방언 '마립(말뚝)'과 우두머리란 뜻을 가진 '간(干)'이 모아진 말로서 우뚝 선 말뚝 같은 '임금'을 뜻하는 말이라고 한다. 제22대 지증왕(재위 500~514) 때부터 중국식인 '왕'이란 호칭을 쓰게 되고 경덕왕 때 완전히 자리 잡게 된다.

그리고 삼국을 통일한 문무왕(文武王, 626~681)이 당나라 문화를 수입하는 데 힘을 기울여 664년 부인들의 의복을 당나라 복식에 따르게 하였고, 또 당악(唐樂)을 수입하였다. 제30대 성덕왕(재위 661~681)도 공자의 책과 중국 문화를 받아들인다. 그렇게 서서히 중국 문화에 물들다가 경덕왕(재위 742~765) 때 더 심해진 것이다.

오늘날 경상도에 가면 땅이름이 중국과 똑같은 것이 많다. '상주', '영주', '봉화' 등처럼 말이다. 한 달 전 중국에서 장개석의 고향을 가봤는데 그곳 지명이 봉화였다. 몇 년 전에 대구가톨릭대학교와 중국의 한 대학이 자매결연을 했는데 그때 중국의 대학총장이 경상도를 관광하고 와서 김수업 총장에게 "이곳에 오니 중국의 지명과 똑같은 게 많아서 반가웠다"고 말하더란다. 그때 김 총장이 "부끄러운 역사가 떠올라 얼굴이 화끈거렸다"고 말한 것을 들은 일이 있다. 그 지명들이 모두 통일신라 때 당나라의 지명을 따서 지은 것으로서 통일신라의 지배층이 첫 우리말 훼방꾼이었다는 본보기이다.

1천5백 년 전 통일신라의 잘못을 반복하는 오늘날 지배층

오늘날 지배층이 미국식으로 관직도 짓기 시작하고 회사이름과 사람이름까지 미국식으로 짓고 있으며 땅이름도 영문으로 짓는 것이 1천5백 년 전과 꼭 닮은꼴이다. 대한민국 청와대는 '테스크포스트 팀'이란 관직이름을 만들고, 서울시는 '미디어 팀'이란 관직 명칭을 짓고, 부산시는 '글로벌 빌리지'란 곳을 만들고, 인천시는 '잉글리시 커뮤니티', 밀양시는 '리틀 유에스'란 명칭을 지어 부르고 있으며 서울시 노원구는 주민들에게 영어 간판을 달으라는 규정까지 만들어 강요하고 있다.

그 이전에 큰 회사들이 미국식 창씨개명에 앞장을 섰다. '선경'이 'SK'로, '금성전자'가 'LG'로 바꾸기 시작해서 국민의 세금으로 만든 공기업들도 줄줄이 우리말 회사이름을 버리고 미국식 영문으로 바꿨다. 국가기관이었던 체신부 전화국이 공기업으로 변하면서 '한국통신'이라고 했다가 'KT'로 바꾸고, 일제강점기의 보상금으로 만든 '포항제철'은 'POSCO'로 바꾸었다.

통일신라가 당나라의 지명과 관직을 따라서 쓰던 잘못을 오늘날 지배층이 되풀이하고 있는 것이다. 백 년 전, 일제 식민지가 되어 강제로 창씨개명을 당한 것은 부끄럽다고 하면서, 지금은 스스로 우리 정부와 공기업과 학자가 나서서 그 일을 강요하고 있으니 어찌된 일인가! 그래서 우리말살리는겨레모임에서 '우리말 훼방꾼'을 뽑으며 그 잘못을 가르쳐주고 있으나 아직도 갈 길이 멀다. 좋지 않은 역사는 되풀이되지 않게 하자.

배달겨레말 홀로서기 첫발을 내디딘 설총

우리말을 우리식으로 적으려고 했다는 역사 기록은 신라 때 설총이 이두를 만들어 썼다는 것이 처음이다. 그 기록은 《삼국사기》와 《삼국유사》에도 나오고, 훈민정음을 만드는 것을 반대한 최만리 상소문에 반박을 한 세종대왕의 말씀에서도 나온다. 또한 진흥왕순수비에 이두가 있다. 그런데 앞서 말했듯이 순수비가 설총이 태어나기 전에 세워졌다고도 한다. 그렇다면 이두식 글쓰기는 이미 있었지만 설총이 제대로 된 체계를 잡아 뿌리내리게 한 것으로 짐작할 수 있다. 그러나 역사년대가 잘못된지도 모르고, 여러 기록에서 설총이 이두를 만들었다고 나타나있다.

설총은 한문이 우리에게 매우 불편한 글임을 잘 알았을 것이고 국어독립의 필요성을 깨달아 그 실천 운동에 힘쓴 것으로 보인다. 중국 말투로 된 중국식 한문이 아닌, 우리식 이두 글쓰기를 주장하고 자리 잡게 한 것이다. 오늘날 국어독립운동하는 이들이 영어 세상이 되는 것을 반대하는 것처럼 말이다. 그런 뜻에서 설총을 국어독립운동 할아버지요, 나의 최고 선배라고 부르고 싶다.

설총에 관한 역사 기록들

신라 원효대사(617~686)의 아들인 설총이 이두를 만들었다는 기록을 살펴보자. 먼저 《삼국사기》와 《삼국유사》에 나오는 이야기다. 여기서 방언·방음이라 함은 우리말을 뜻하고 이두를 뜻한다. 중국말에 빗대어 우리말을 지방사투리로 본 것 같다.

> 설총은 …… 방언(方言)으로써 구경(九經)을 읽어 후생을 가르쳐 지도하였으므로 지금까지 학자들이 그를 높이 받든다.
>
> 《삼국사기》 권46, 〈열전〉 제6, 설총조.

> 설총은 …… 널리 경사(經史)에 통달하니 신라 십현(十賢)의 한 사람이다. 방음(方音)으로써 중국과 우리나라의 지방 풍속과 물명(物名)을 막힘 없이 알아 육경(六經)과 문학(文學)을 해석하여 지금까지 해동(海東)에서 명경(明經)을 전문으로 하는 자가 전수하여 끊어지지 않는다.
>
> 《삼국유사》 권4, 〈의해〉 제5, 원효불기.

다음은 조선시대의 기록들이다.

> 신라 설총의 이두는 비록 비루하고 상스럽지만 모두 중국에서 통행하는 글자를 차용하여 어조사(語助辭)로 쓰기 때문에 문자(한자를 가리킴)와 애당초 서로 떨어질 수 없는 것입니다.
>
> 최만리 등 언문창제 반대상소문(1444).

옛날 신라 설총이 이두를 비로소 만들어서 관청이나 민간에서 오늘까지 행하고 있다.

《훈민정음해례본》, 〈정인지 서문〉.

자는 총지, 원효의 아들이다. …… 방언(方言)으로 구경(九經)의 뜻을 풀이하여 후생을 가르쳐 지도하였다. 또 이어(俚語)로 이찰을 만들어 관청에서 사용하게 하였다.

《동국여지승람(東國與地勝覽)》 권21, 경주부 인물조 설총(1481년, 성종 12).

설총이 태어나 활동한 시대는 통일신라 경덕왕 때였다. 경덕왕이 중국 문화를 받들고, 중국 한문을 많이 쓰게 하니 설총이 그에 반대해서 우리식 글쓰기 이두를 갈고 닦아 널리 쓰게 한 것으로 보인다. 난세에 영웅이 나온 것이다. 그때 사람들은 중국 산동반도와 절강성 지역을 많이 왕래했다. 그 흔적으로 중국에 신라방이라고 하는 곳이 있다.

설총 시대로부터 1천3백 년이 지난 지금 나는 중국에 우리 조상이 많이 왕래한 절강성에 와서 중국 대학생들에게 한국말을 가르치고 있다. 어쩌면 겨레말 독립운동 최초 선배인 설총의 발자취가 있을지도 모르는 이곳에서 그 정신을 떠올리며 그분의 기를 받으려고 애쓰고 있다. 그리고 이곳 중국의 여러 절에는 설총과 비슷한 시대에 중국에서 명성을 날린 신라 왕자 지장보살(서기 653년 삭발) 부처님이 어디에나 다 있다. 그래서 지금도 나는 글을 쓰면서 창밖에 보이는 회계산 향로선사를 바라보며 지장보살께 겨레말 독립을 우리 시대에 이루겠다고 빌고 다짐하고 있다.

2. 훈민정음과 한문시대

우리 글자, 훈민정음 태어나다

조선왕조 4대 임금인 세종대왕이 서기 1443년에 진짜 우리 글자, 훈민정음을 만들었다. 우리말을 마음대로 적을 수 있는 세계 으뜸가는 글자, 오늘날의 한글을 만든 것이다. 세종대왕은 우리 글자의 이름을 훈민정음이라고 지었고, 오늘날에는 '한글'이라고 부른다. 그리고 1446년에 이 글자를 만든 까닭, 원리, 그 쓰임새를 자세하게 적은 《훈민정음해례본》이란 책을 내놓았다. 우리는 지금 이 책이 나온 날을 '한글날'이라 이름을 붙이고 국경일로 제정해 경축하고 있다.

세종대왕과 한글은 우리 겨레의 자존심이고 긍지요, 꿈이고 보물이다. 세종대왕과 한글은 세계 어디에서 누구에게나 떳떳하게 자랑할 수 있다. 하늘이 우리 겨레에게 준 큰 선물이고 보물이다. 하늘은 우리 겨레에게 한글로 말꽃을 피워 온누리를 아름답게 만들 기회를 주었다.

정인지는 《훈민정음해례본》의 서문에서 "옛날, 신라의 설총이 처음으로 이두를 만들었는데, 관청과 민간에서는 이제까지도 그것을 쓰고 있다. 그러나 모두 한자를 빌려서 사용하므로, 어떤 것은 어색하고 어떤 것은 우리말에 들어맞지 않는다. 다만 속되고 이치에 맞지 않을 뿐만 아니라, 우리말을 적는 데 이르러서는 그 만 분의 일도 통달치 못하는 것이다"라고 했다. 그래서 세종대왕이 진짜 우리 글자인 한글(훈민정음)을 만든 것이다.

또한 정인지는 "계해년 겨울에 우리 전하께서 비로소 정음 28자를 창제하시고, 간략한 예를 들어 보이시고 이름을 훈민정음이라고 지으셨다. 이 글자는 상형해서 만들되 글자 모양은 고전(古篆)을 본떴고, 소리의 원리를 바탕으로 하였으므로 음은 칠조(七調)에 맞고, 삼재(三才)의 뜻과 이기(二氣, 陰陽)의 묘가 다 포함되지 않은 것이 없다"라고 분명하게 적고 있다.

《훈민정음해례본》

《훈민정음해례본》은 매우 중요한 책이다. 일제 강점기인 1940년 경북 안동에서 처음 발견된 책으로서 우리 국보이며 세계기록문화유산이다. 이 책은 〈예의편〉·〈해례편〉·〈정인지 서문〉의 세 부문으로 구성되어 있다. 〈예의편〉은 훈민정음을 만든 목적과 취지를 쓴 세종대왕의 말씀을 적은 《세종어제훈민정음》과 새 글자, 28자의 소리값과 쓰임새 등 크게 7가지로 되어있다. 〈해례편〉은 새 글자의 제자 원리와 그 소리값과 쓰임새, 문자가 표시하는 음운체계 등에 관한 내용으로, 제자해·초성해·중성해·종성해·합자해·용자례 등으로 나누어 썼는데, 정인지·최항·박팽년·신숙주·성삼문·강희안·이개·이선로 들 신하들이 썼다. 서문은 정인지가 썼고 새 글자의 훌륭함과 세종대왕이 직접 만들었다는 이야기들이 적혀 있다.

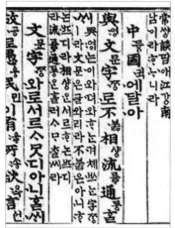

《훈민정음예의본》 세종대왕 말씀

《훈민정음해례본》은 매우 중요한 책이기에 정인지가 쓴 서문을
아래에 소개한다.

《훈민정음해례본》〈정인지 서문〉(1446. 9. 상한) 해설

천지자연의 소리가 있다면 반드시 천지자연의 글자가 있어야 하는
것이다. 그러므로 옛 사람이 그 소리에 따라서 글자를 만들어서, 그리
하여 온갖 사물의 실상과 통하게 하였고, 삼재의 도리를 책에 싣게 하
니, 후세 사람이 능히 바꾸지 못하였다.

그러나 세계는 기후와 토질이 나누어져 있으며, 말소리의 기운도
또한 따라서 서로 다르다. 대개 중국 이외의 나라말은 그 말소리는 있
으나, 그 글자는 없다. 중국의 글자를 빌려서, 그리하여 그 사용을 같
이하고 있으니, 이는 마치 둥근 구멍에 모난 자루를 낀 것과 같이 서
로 어긋나는 일이어서 어찌 능히 통달해서 막힘이 없을 수 있겠는가?
요컨대 모두 각자가 살고 있는 곳에 따라서 정해질 것이지, 그것을 강
요하여 같이하게 할 수는 없는 것이다.

우리 동방은 예악, 문장 등 문물제도가 중국에 견줄만하나 다만 방언 이어가 중국과 같지 않다. 그래서 글 배우는 이는 그 뜻의 깨치기 어려움을 근심하고 법을 다스리는 이는 그 곡절의 통하기 어려움을 괴롭게 여기고 있다.

옛날, 신라의 설총이 처음으로 이두를 만들었는데, 관청과 민간에서는 이제까지도 그것을 쓰고 있다. 그러나 모두 한자를 빌려서 사용하므로, 어떤 것은 어색하고 어떤 것은 우리말에 들어맞지 않는다. 비단 속되고 이치에 맞지 않을 뿐만 아니라, 우리말을 적는데 이르러서는 그 만 분의 일도 통달치 못하는 것이다.

계해년 겨울에 우리 전하께서 비로소 정음 28자를 창제하시고, 간략하게 예의를 들어 보이시고 이름을 훈민정음이라고 지으셨다. 이 글자는 상형해서 만들되 글자 모양은 고전(古篆)을 본떴고, 소리의 원리를 바탕으로 하였으므로 음은 칠조에 맞고, 삼재의 뜻과 이기(二氣, 陰陽)의 묘가 다 포함되지 않은 것이 없다.

이 28글자를 가지고도 전환이 무궁하여 간단하고도 요긴하고 정(精)하고도 통하는 까닭에, 슬기로운 사람은 하루아침을 마치기도 전에 깨우치고, 어리석은 이라도 열흘이면 배울 수 있다. 이 글자로써 한문을 풀면 그 뜻을 알 수 있고, 이 글자로써 송사를 심리하더라도 그 실정(實情)을 알 수 있게 되었다.

한자음은 청탁을 능히 구별할 수 있고, 악가(樂歌)의 율려(律呂)가 고르게 되며, 쓰는 데 갖추어지지 않은 바가 없고, 어떤 경우에라도 이르러 통달하지 않는 곳이 없다. 바람소리, 학의 울음소리, 닭 우는 소리, 개 짖는 소리일지라도 모두 이 글자를 가지고 적을 수가 있다.

드디어 세종께서 저희들에게 자세히 이 글자에 대한 해석을 해서 사람들을 가르치라고 분부하시니, 이에 신은 집현전 응교 신 최 항, 부교리 신 박팽년, 신 신숙주, 수찬 신 성삼문, 돈녕부 주부 신 강희안, 행

(行)집현전 부수찬 신 이개, 신 이선로 등과 더불어 삼가 여러 해(解)와 예(例)를 지어서 이 글자에 대한 경개를 서술하고, 보는 사람으로 하여금 스승이 없어도 스스로 깨우치도록 바랐사오나, 그 깊은 연원이나, 자세하고 묘한 깊은 이치에 대해서는, 신들이 능히 펴 나타낼 수 있는 바가 아니다.

공손히 생각하옵건대 우리 전하께서는 하늘이 내신 성인으로서 지으신 법도와 베푸신 시정 업적이 백 왕을 초월하여, 정음을 지으심도 어떤 선인(先人)의 설을 이어받으심이 없이 자연으로 이룩하신 것이라. 참으로 그 지극한 이치가 들어 있지 아니한 데가 없으니, 어떤 개인의 사적(私的)인 조작으로 이루어진 것이 아니다. 대저 동방에 나라가 있음이 오래되지 않음이 아니나, 문물을 창조하시고 사업을 성취시켜 주실 큰 지혜는 대개 오늘을 기다리심이 계옵셨구나!

정통 11년 9월 상한, 자헌대부·예조판서·집현전 대제학·지춘추관사·세자 우빈객, 신 정인지는 두 손 모아 절하고 머리 조아려 삼가 씀.

두 번째 큰 우리말 훼방꾼, 집현전의 일부 학자들

훈민정음(한글)이 만들어지기도 힘들었지만 쓰는 데도 힘들었다. 그 시대 학자들, 지배층들은 중국과 중국 한문을 받들고 있었다. 그래서 세종대왕은 그들의 눈치를 보느라고 혼자 몰래 만들었다. 그런데 그 글자를 다 만들고 쓰게 하려니 집현전 학자들이 거세게 가로막았다. 집현전 부제학 최만리와 신석조, 김문, 정창손, 하위지, 송처검, 조근 들 집현전 학자들이 세종대왕께 올린 반대 상소문이 그 대표가 되는 증거다. 이들은 통일신라 때 당나라의 문물을 들여와 중국 한문과 중국 문화 식민지로 만든 경덕왕과 그 무리 다음으로 우리말 발전을 가로막은 큰 훼방꾼이다.

세종대왕은 그들의 반대를 정면으로 반박하고 그들을 감옥에 가두면서까지 훈민정음을 널리 알리고 쓰게 한다. 세종대왕은 그 시대에 최고로 똑똑한 학자라는 집현전 학자들을 학문으로 누르고 옳은 말씀으로 이끈 슬기롭고 위대한 지도자였고 용기 있는 정치인이었다.

세종대왕이 궁궐 안에 불당을 지으려 하자 대신들이 중국과 중국의 유교를 섬기는 나라에서 있을 수 없는 일이라고 강력하게 반대해 그 뜻을 포기한 적이 있었다. 그때 세종대왕은 영의정 황희에게 눈물을 흘리며 그 답답함을 호소하였다고 한다. 그러니 중국 한자로 출세하고 잘사는 대신들이 한글을 만드는 일을 그대로 둘 리 없었고, 만든 글자를 반포하지도 못하게 했다.

더욱이 한문만 알고 숭상하는 학자들에게 우리 글자를 만들 뜻도 생각도 없었지만, 만들 수 있는 지식과 능력도 없었기에 세종대왕은 그들의 도움을 받을 필요도 없었다. 아예 그들에게 그 일을 감추었을 것이다. 그래서인지 세종대왕은 안타깝게도 훈민정음을 어떻게, 언제부터, 누구와 만들었는지 적어놓지 않았다.

그러나 그 기록이 따로 없다고 하여 훈민정음은 세종대왕이 만들지 않았고 전부터 있던 글자라는 등 제멋대로 추측해 말해서는 안 된다. 최만리·신석초·김문 등 집현전 학자들이 올린 상소문이 세종대왕이 직접 한글을 만들었다는 것을 반증해주고 있다. 《조선왕조실록》에도 세종대왕이 만들었다고 분명하게 써있다.

앞서 본 정인지가 쓴 서문에 "어떤 개인의 사적(私的)인 조작으로 이루어진 것이 아니다. 대저 동방에 나라가 있음이 오래되지 않음이 아니나, 문물을 창조하시고 사업을 성취시켜 주실 큰 지혜는 대개 오늘을 기다리심이 계웁셨구나!"라고 탄복하고 있다.

글자를 만들고도 바로 쓰게 하지 않고 정인지와 신숙주 등 학자

들에게 그 쓰임새를 연구하고 누구나 읽고 이해하기 쉬운 정음 28
자를 설명한 《훈민정음해례본》을 만든 것도 한글 창제를 반대하는
유학자와 선비들이 함부로 헐뜯지 못하게 하려고 한 것으로 보인
다. 여기서도 세종대왕이 얼마나 힘들게 우리 글자를 만들었고, 또
슬기로웠는지 엿볼 수 있다.

만약 훈민정음을 반포하려 할 때도 궁궐 안에 불당을 세울 때처
럼 세종대왕이 중국과 그 중국 숭배자들에 무릎을 꿇었다면 한글은
빛을 보지 못했을 것이다. 반대론자들에게 눌려 한글을 반포하지
못했다면 어떻게 되었을까! 그렇다면 오늘날 우리가 어떤 글자를
쓰고 있을까 상상만 해도 끔찍하다. 그래서 나는 훈민정음 반대 상
소문을 올린 한 무리의 집현전 학자들을 두 번째 큰 '우리말 훼방
꾼'이라고 말한다. 그러나 그 상소문의 역사적 가치는 대단하다. 최
만리, 신석조, 김문, 정창손, 하위지, 송처검, 조근 들 집현전 학자들
이 올린 언문창제 반대 상소문(《세종실록》 권 일백삼 십구장)과 그
에 대한 세종대왕의 반박문(《세종실록》, 1444년 2월)을 소개한다.

최만리와 집현전 학자들이 올린 상소문 풀이

1444년(세종 26) 갑자 2월 20일(경자)에 집현전 부제학 최만리 등
이 다음과 같이 상소하였다.

신들이 언문 제작함을 엎드려 뵈옵건대 대단히 신묘하여 사리를 밝
히고 지혜를 나타냄이 저 멀리 아득한 예로부터 나온 것을 알겠습니
다. 그러하오나 신들의 좁은 소견으로는 아직도 의심할 만한 점이 있
사옵니다. 감히 근심되는 바를 나타내어 다음과 같이 삼가 상소하오니
재결하여 주시옵소서.

1. 우리나라는 조정 이래로 지성껏 중국 문화를 섬기어, 오로지 중

국 제도를 따라왔습니다. 그런데 이제 바야흐로 중국과 문물제도가 같아지려고 하는 때를 맞이하여, 언문을 창제하시면 이를 보고 듣고 하는 사람들 가운데 이상히 여길 이가 있을 것입니다. 이럴 때 혹시 대답으로 말씀하시기를, 언문은 모두 옛 글자를 바탕으로 한 것이지 새 글자가 아니라고 하신다면, 곧 자형은 비록 옛날의 고전 글자와 유사합니다만, 소리로써 글자를 합하는 것은, 모두 옛것에 어긋나는 것이며, 실로 근거가 없는 일입니다. 그러하오니, 혹시 언문이 중국으로 흘러들어가서 이를 그르다고 말하는 이가 있으면, 중국 문화를 섬김에 있어 어찌 부끄럽지 않다고 하겠습니까?

1. 예부터 9개 지역으로 나뉜 중국 안에서 기후나 지리가 비록 다르더라도 아직 방언으로 말미암아 따로 글자를 만든 일이 없고, 오직 몽고, 서하, 여진, 일본, 서번과 같은 무리만이 각각 제 글자를 가지고 있는데, 이는 모두 오랑캐들만의 일이라 더 말할 가치도 없습니다. 전해오는 고전에 따르면, 중국[夏]의 영향을 입어서 오랑캐[夷]가 변했다는 이야기는 있어도, 오랑캐의 영향을 입었다는 이야기는 아직 못 들었습니다. 역대 중국이 모두 우리나라가 기자의 유풍을 지니고 있고, 문물제도가 중국과 견줄만 하다고 했는데, 이제 따로이 언문을 만들어 중국을 버리고 스스로 오랑캐와 같아진다면 이것이 이른바 소합향을 버리고 쇠똥구리의 환약을 취하는 것이니, 어찌 문명의 큰 해가 아니겠습니까?

1. 신라 때 설총이 만든 이두가 비록 거칠고 촌스러우나, 모두 중국에서 통행하는 글자를 빌려서 어조사로 쓰기 때문에 한자와 애당초부터 아무 상관이 없이 떨어져 있는 것이 아니어서 비록 서리나 하인들의 무리까지도 꼭 이를 익히려고만 한다면 먼저 한문 책 몇 권을 읽어서 약간 한자를 안 다음에 곧 이두를 쓰니, 이두를 쓰는 자는 모름지기 한자를 의지해야만 뜻을 달할 수 있으므로, 이두로 말미암아 한자를

아는 사람이 자못 많아, 역시 학문을 진흥시키는 데 도움이 됩니다. 만일에 우리나라가 원래 우리 글자를 몰라서 결승문자(結繩文字)를 쓰는 시대 같다면 아직 언문을 빌어서, 잠시의 변통으로 삼는 것은 오히려 옳습니다만, 옳은 의견을 가진 사람은, 반드시 저 언문을 써서 잠시 변통하기보다는 차라리 천천히 저 중국에서 통행하는 장기적인 계획을 삼는 것만 같지 못하다고 하겠거늘, 하물며 이두는 수천 년 동안 써 오면서, 관청의 문서기록과 약속, 계약 등으로 쓰이어서 아무 탈이 없는 것이어늘, 어째서 예부터 써온 폐단이 없는 글자를 고쳐서 따로이 속되고 이로움이 없는 글자를 만드시나이까? 만일에 언문이 통용되면 관리가 될 사람이 오로지 언문만 배우고 학문을 돌보지 않을 것이니, 이렇게 되면 한자와 관리가 갈리어 둘이 될 것이며, 진실로 관리된 자들이 언문으로써만 모든 일을 하고 또 벼슬길이 이루어질 수 있다면, 뒷사람들이 모두 이와 같이 됨을 보고 27자 언문만으로도 이 세상에서 입신하기에 족하다고 할 것이오매, 무엇 때문에 모름지기 고심하고 마음을 써서 성리의 학문을 닦겠나이까? 이렇게 나가면 수십 년 뒤에는 한자를 아는 사람이 반드시 적어질 것이오매, 비록 언문으로써 관공서 일을 수행할 수 있더라도 성현의 한자를 알지 못하면 배우지 않아 담에 얼굴을 댄 것 같아서, 사리의 시비를 가리기에 어둡고 다만 언문에만 공을 들일 것이니 장차 어디에 쓰겠나이까?

우리나라가 덕을 쌓고 어진 정치를 베풀어 문을 숭상해 온 교화가 점점 깨끗이 없어져 버릴지 두렵삽나이다. 이보다 앞서 쓰이어 온 이두가 비록 한자에서 벗어난 것이 아닌데도, 유식자들은 아직도 이를 천한 것으로 쳐서 이문(吏文)으로써 이를 바꾸려 하고 있는데, 하물며 언문은 한자와 조금도 연관이 없는 것이며 오로지 시장거리의 속된 말에만 쓰이는 것이 아니겠습니까? 만일에 언문이 전조부터 있어 온 것이라고 하더라도, 오늘날 문명의 정치와 노를 번해 도에 이르러 일

신하는 때에, 아직도 언문 같은 좋지 않은 습관을 이어받아야 하나이까, 하고 반드시 이를 바로잡겠다고 논의할 사람이 있을 것이니 이는 뚜렷이 알 수 있는 이치이옵나이다. 옛것을 싫어하고 새것을 좋아함은 예나 지금이나 다름없는 폐단이니, 이제 이 언문이 다만 하나의 신기할 재주일 뿐이오며, 학문을 위해서도 손해가 되고, 정치에도 이로움이 없으니, 되풀이해서 생각해 보아도 그 이로움을 알 수 없사옵니다.

1. 만일에 형을 집행하고 죄인을 다스리는 말을 이두 문자로 쓴다면, 글의 내용을 알지 못하는 어리석은 백성이, 한 글자의 차이로 혹시 억울함을 당하는 일이 있으나 이제 언문으로 죄인의 말을 바로 써서 읽어 주고 듣게 하면 비록 어리석은 사람일지라도 다 쉽게 알아들어서 억울함을 품을 사람이 없다고 한다면, 중국은 예부터 언어와 글자가 같은데도, 죄인을 다스리고 소송 사건에 원통한 일이 매우 많고, 만일에 우리나라로 말할 것 같으면, 옥에 갇힌 죄인 가운데 이두를 아는 사람이 있어서 자기가 공술한 내용을 직접 읽어보고, 그 내용에 사실과 다른 점을 발견하더라도, 매를 이기지 못하여 억울하게 승복하는 일이 많으니, 이로 보아 공술한 글의 뜻을 몰라서 억울함을 당하는 것이 아님이 분명합니다. 만일에 그러하다면, 비록 언문을 쓴다고 하더라도 이와 무엇이 다르옵니까? 이로써 죄인을 공정하게 또는 공정치 않게 다스리는 일이 옥리(獄吏)의 자질 여하에 달려있는 것이지, 말과 글이 일치하거나 일치하지 않거나 하는 데 달려있지 않음을 알 수 있습니다. 그리하여 언문을 가지고 죄인을 공정하게 다루려고 하신다면, 신들로서는 그 타당함을 알 수가 없습니다.

1. 무릇 일을 이루어 공을 세움에 있어서, 가깝게 속히 하는 것을 귀하게 여기지 않사온데, 국가에서 요 근래 하는 일이 모두 속성으로 힘쓰고 있사오니 나라를 다스리는 근본에 어긋날까 두렵습니다. 혹시 언문을 부득이 창제하셔야 될 일이라면, 이것은 풍속을 크게 바꾸는

일이오니, 마땅히 재상으로부터 하급관리와 백성에 이르기까지 상의하여야 하고, 설혹 모두 옳다고 하여도 오히려 정령스럽게 하여 사전에 변경을 도모하여 다시금 심사숙고하여, 역대 제왕에게 질문하여도 어그러지지 않고, 중국과 상고하여 보아도 부끄러움이 없으며, 후세에 성인이 나타나셔도 의심스러울 바가 없는 연후에야 곧 실행에 옮길 일이옵니다. 그러함에도 오늘날 널리 여론을 들어보지 않고 갑자기 하급관리 십여 인으로 하여금 배우게 하며, 또 가벼이 옛사람이 이미 미루어 놓은 문서를 고쳐서 황당한 언문을 붙이고 공장(工匠) 수십 인을 모아서 이를 새기어, 급히 널리 세상에 공표하려 하고 있사오니, 이 일에 대한 온 천하와 후세 사람들의 공론이 어떠하오리까?

또 이번의 청주 초수(椒水) 행차에는, 특별히 흉년을 염려하시와 호종 의식도 간략하게 하도록 힘쓰시어 그전에 견주어 열 가운데 여덟 아홉 정도로 줄이시고, 상감께 상주(上奏)할 공무도 대신들에게 위임하고 계시온데, 저 언문은 국가적인 급한 돌발사건이어서 기일 안에 꼭 이룩해야 될 일이 아니온데도, 어째서 유독 행재(行在)에서까지 이 일에 관한 일을 급히 서두르시어, 상감님 옥체를 조섭해야 할 시기에 괴롭히나이까? 신들로서는 그 타당함을 알지 못하겠사옵니다.

1. 옛 유학자가 말하기를, 모든 신기하고 보기 좋은 일들이, 모두 성현의 학문을 공부하는 뜻을 빼앗는다고 하고, 편지 쓰기는 유학자에게 가장 가까운 일이나 오로지 그 일에 사로잡히면 역시 스스로 뜻을 잃게 된다고 하였사온데, 이제 동궁이 비록 덕성이 함양되었다고 하더라도 아직도 마땅히 성학(聖學) 공부에 깊이 마음을 써, 그 모자라는 점을 더욱 닦아야 하옵니다.

언문이 비록 유익한 것이라고 하더라도 다만 선비의 육예의 하나일 뿐이오며, 하물며 도를 닦는 데에는 참으로 이(利)가 없는 것이온데, 무엇 때문에 이 일에 정신을 쓰고 마음을 쓰며, 날을 마치고 시간을 보낸다면 실로 현 시점에서 시급한 학문을 닦는 데 손해가 되나이다.

신들은 모두 보잘것없는 글재주를 가지고 상감님을 뫼시고 있는 죄가 크온데, 마음에 품은 바를 감히 담고 있을 수가 없어서, 삼가 가슴에 있는 말씀을 다 사뢰어 상감님의 어지심을 흐리게 하였나이다.

세종대왕의 반박문 풀이

그대들이 말하기를 음을 써 글자를 합하는 것이, 모두 옛것에 어긋나는 일이라고 하였는데, 설총의 이두도 역시 음을 달리한 것이 아니냐? 또 이두를 만든 근본 취지가 곧 백성을 편안케 하는 일이라고 한다면, 지금의 언문도 역시 백성을 편안케 함이 아니냐? 그대들이 설총이 한 일은 옳다고 하고, 그대들의 임금이 한 일은 옳지 않다고 하는 것은 무슨 까닭이냐?

또 그대가 운서를 아느냐? 사성과 칠음을 알며, 자모가 몇인지 아느냐? 만일에 내가 저 운서를 바로잡지 않는다면, 그 누가 이를 바로잡겠느냐? 또 상소문에서 말하기를, 새롭고 신기한 하나의 재주라 하였는데, 내가 늘그막에 소일하기가 어려워 책을 벗 삼고 있을 뿐이지, 어찌 옛것을 싫어하고 새것을 좋아해서 이 일을 하고 있겠느냐? 그리고 사냥하는 일들과는 다를 터인데, 그대들의 말은, 자못 지나친 바가 있다고 할 것이다. 또 내가 나이 들어 국가의 서무는 세자가 도맡아서, 비록 작은 일이라고 하더라도 의당 마땅히 참여하여 결정하고 있는데, 하물며 언문은 말하여 무엇하겠느냐! 만일에 세자로 하여금 늘 동궁에만 있도록 한다면 환관이 이 일을 맡아서 해야겠느냐! 그대들은 나를 가까이 뫼시고 있는 신하들로서, 내 뜻을 분명히 알고 있을 터인데도 이런 말을 하니 옳은 일이라고 할 수 있겠느냐?

왜 글자의 이름을 훈민정음이라고 했을까?

새로 만든 글자 이름을 왜 '조선 글자'나 '우리 글자'라고 하지 않고 '훈민정음(訓民正音)'이라고 했을까 의문이 생긴다. 그러나 곰곰이 생각해보면 짐작이 간다.

먼저 '훈민'이라고 한 것을 생각해보자. 앞에 든 한글을 만든 까닭을 살피면서 세종대왕이 '백성을 사랑하고 있는 마음'을 알 수 있었다. 백성들이 글자를 몰라서 법을 읽지 못해 죄를 짓는 것까지 안타까워하면서 글자를 가르치고 싶어하는 마음도 알 수 있었다. 그래서 새 글자를 만들고 그 이름을 '조선 글자'라 하지 않고 '백성을 가르친다'는 뜻을 담은 '훈민정음'이라 했을 것으로 보인다.

그리고 왜 '글자'나 '문자'라 하지 않고 '정음(正音)'이라고 했을까? 난 여기에 중국과 중국의 한자를 섬기는 신하와 학자의 눈치를 보느라고 글자라고 하지 않고 정음이라고 했을 것으로 본다. 중국 글자에 상대하는 새로운 글자라고 하지 않고 "말소리와 새소리까지 적을 수 있고, 중국말과 한자까지 적고 읽을 수 있는 소리"라고 표현했다. 글자라고 하면 '조선글'이나 '우리글'이라고 해야 하는데 중국과 중국 글자에 저항하는 꼴이 될 수 있다. 신라 때부터 우리 말을 '방언(사투리)'이라 한 처지이니 그럴 수밖에 없을 것이다. 여기에서도 세종대왕의 슬기를 엿볼 수 있다.

또 세종대왕은 소리와 음악에 빼어난 지식과 능력이 있는 분이었다. 악보는 소리의 높낮이를 적은 서양 악보와 소리의 길이를 적은 세종대왕 악보가 있다고 한다. 또 세종대왕이 훌륭한 정치를 한 것은 귀가 밝고 백성의 소리를 잘 들었기 때문이라고 한다. 소리를 잘 듣고, 잘 알고, 중요시한 세종대왕의 남다른 지식과 생각이 '정음'이라는 이름을 달게 한 것으로도 짐작된다.

'정음(正音)'이란 "우리말을 바르고 옳게 적는 글"이라고 《훈민정음언해》에서도 풀어쓰고 있다. 그러니 백성들이 우리말을 바르고 옳게 쓸 수 있게 하려고 새 글자를 만들었다는 말이고, 백성들이 이 글자를 가지고 우리말을 바르고 옳게 적어 공부하라는 뜻이 담긴 멋진 글자 이름이다.

세종대왕은 왜 우리 글자를 만들려고 했을까?

글자를 만든 이유에 대한 분명하고 자세한 기록은 없다. 그러나 세종대왕의 마음을 엿볼 수 있는 꼬투리가 있으니 그것은 바로 《삼강행실도》다. 이 책이 만들어진 동기는 세종 10년에 있었던 일과 관련이 있는 것 같다. 이 해에 진주사람 '김화'가 자신의 아버지를 살해하는 사건이 일어난다. 이에 충격을 받은 세종은 모두 왕인 자신의 잘못이라고 자책하며 효자·충신 등의 사례를 담은 행실도의 간행을 지시한 것이다. 이는 글자를 모르는 백성도 효도가 무엇인지, 어떤 짓을 하면 죄가 되고 어떤 처벌을 받는지 알고 법을 어기지 말라고 펴낸 책이다. 오늘날 만화책과 비슷한 판화책이다. 그 10년 뒤에 백성을 위한 새 글자가 태어났고, 그 글자의 이름을 '훈민정음'이라 했다. 백성을 위한 《삼강행실도》를 만들 생각을 할 무렵부터 쉬운 우리 글자를 만들 결심을 한 것으로 보인다.

그러나 세종은 글자를 알지 못하는 어리석은 백성이 그림만으로는 제대로 된 뜻을 이해하지 못할 것이라며 백성들이 글을 모르는 걸 안타까워했다. "한문은 백성이 배우고, 읽기가 힘드니 쉽게 읽고 쓰기 쉬운 글자가 있었으면 좋겠다"는 말씀을 한 일도 있다. 쉬운 글자 창제의 필요성을 생각하는 최초의 언급인 것이다.

그리고 10년 뒤,《훈민정음》서문에서 "글을 모르는 어리석은 백
성을 위해 새 글자를 만드니 잘 쓰기 바란다"는 말이 나온다.《삼강
행실도》에 백성이 알 수 있는 쉬운 글자로 설명하고 싶었던 세종대
왕이었지만, 한글판《삼강행실도》는 신하들의 반대로 그 사업은 중
단되고 뒷날 성종 때에나 간행될 수 있었다. 한글판《삼강행실도》
를 만들려는 것도 신하들이 반대했으니 새 글자인 한글을 만드는 일
은 신하들이 더 가로막았을 것이다.

세종대왕이 불쌍한 백성들을 끔찍하게 생각한 것을 알 수 있는
일은 많다. 허술한 감옥에서 노인과 어린 죄수들이 추위에 고생하
는 것을 보고 감옥을 새로 짓게 한 것이다. 또 법을 몰라 죄를 짓는
일이 없게 하기 위해 법전을 만들고 다듬은 일도 있다. 권위와 강
압으로 정치를 한 것이 아니라 법과 사랑으로 백성을 다스리고, 백
성이 글자를 알면 법도 잘 지키고 스스로 잘살 것이라 믿고 백성을
사랑하는 마음에서 쉬운 글자를 만들었다. 그것도 신하들 몰래, 비
밀을 지킬 수 있는 자식들과 10여 년 동안 애써서 만든 것이다.

세종대왕이 백성을 생각해 한글을 만들려고 마음먹은 동기로 볼
수 있는《조선왕조실록》한 대목(세종 14년(1432) 11월 7일, 한글창
제 11년 전)을 소개한다.

상참을 받고 정사를 보다 임금이 좌우 근신(近臣)에게 이르기를 "비
록 사리(事理)를 아는 사람이라 할지라도, 율문(律文)에 의거하여 판단
을 내린 뒤에야 죄의 경중을 알게 되거늘, 하물며 어리석은 백성이야
어찌 죄를 저지른 바가 크고 작음을 알아서 스스로 고치겠는가. 비록
백성으로 하여금 다 율문을 알게 할 수 없을지나, 따로이 큰 죄의 조
항만이라도 뽑아 적고, 이를 이두문으로 번역하여서 민간에게 반포해
보여, 어리석은 백성들로 하여금 범죄를 피할 줄 알게 함이 어떻겠는

가" 하니 이조판서 허조가 아뢰기를 "신은 폐단이 일어나지 않을까 두렵습니다. 간악한 백성이 진실로 율문을 알게 되오면, 죄가 크고 작은 것을 헤아려서 두려워하고 꺼리는 바가 없이 법을 제 마음대로 농간하는 무리가 이로부터 일어날 것입니다"라고 하므로, 임금이 말하기를 "그렇다면, 백성으로 하여금 알지 못하고 죄를 범하게 하는 것이 옳겠느냐. 백성에게 법을 알지 못하게 하고, 그 범법한 자를 벌주게 되면, 조삼모사(朝三暮四)의 술책에 가깝지 않겠느냐. 더욱이 조종(祖宗)께서 율문을 읽게 하는 법을 세우신 것은 사람마다 모두 알게 하고자 함이니, 경 등은 고전을 상고하고 의논하여 아뢰라"

이때 세종대왕은 윗대 조상이 법전을 만드신 것은 법을 알고 잘 지키자는 것인데, 이 법전이 어려운 한문으로 되어있어 백성들이 읽을 수 없으니 이두로 고쳐서 읽고 알게 하여 법을 몰라 지키지 못하는 일이 없도록 하자고 했다. 그런데 이조판서 '허조'는 오히려 백성이 법을 잘 알고 악용하면 어떻게 하느냐며 반대한 것이다.

세종대왕은 그때 벌써 백성을 쉬운 글자로 똑똑하게 만들어 스스로 민본정치를 하게 하려고 했다. 백성을 사랑해서 법을 쉽게 알아보게 하려고 판화로 《삼강행실도》를 만들고 큰 죄에 대한 조항만이라도 한문보다 쉬운 이두로 설명을 붙이려는 생각을 했으나 신하들은 그것마저 가로막은 것이다.

또 세종대왕이 글 모르는 백성들을 생각하고, 쉬운 글로 백성을 가르치려고 훈민정음을 만든 것임을 짐작할 수 있는, 훈민정음 반포를 반대하는 정창손과 나눈 대화를 적은 《세종실록》 대목(세종 26년(1446) 2월 20일)이 있어 소개한다.

정창손은 말하기를 "삼강행실을 반포한 뒤에 충신, 효자, 열녀의 무리가 나옴을 볼 수 없는 것은, 사람이 행하고 행하지 않는 것이 사람의 자질 여하에 있기 때문입니다. 어찌 꼭 언문으로만 번역한 후에야 사람이 모두 본받을 것입니까"라고 하니, 임금이 "이 따위 말이 어찌 선비의 이치를 아는 말이겠느냐. 아무짝에도 쓸데없는 용속한 선비이다"라고 하였다. 먼젓번에 임금이 정창손에게 하교하기를 "내가 만일 언문으로 삼강행실을 번역하여 민간에 반포하면 어리석은 남녀라도 모두 쉽게 깨달아서 충신, 효자, 열녀가 반드시 무리로 나올 것이다"라고 하셨다.

위 글에서도 백성이 글을 읽고 법과 예절을 알아서 스스로 행하길 바라는 마음이 엿보인다. 앞에서 집현전 학자들이 한글창제를 반대하는 상소문을 살펴보았는데 그 주장이 오늘날 한자파 주장과 똑같은 억지소리다. 세종대왕 때 집현전 학자들도 강대국인 중국과 중국 한문을 의식해서 우리 글자를 만들고 쓰는 것을 반대했는데, 오늘날 한자파는 일본과 일본 학문을 의식해서 한글만 쓰기를 가로막고 있는 것이 6백 년 전 그들과 같은 마음보요, 주장이다.

앞에서 말한 대로 세종대왕은 궁궐 안에 불당을 짓는 일은 신하들에 눌려 뜻대로 하지 못한 경험을 바탕으로 훈민정음을 만드는 일은 몰래 하셨다. 그리고 신하들은 반포하는 것도 반대했지만 백성을 생각하고 사랑하는 마음과 뜻이 너무 강해서 굽히지 않았다. 백성을 위하는 일은 어떤 어려움이 있어도 밀고 나가는 이 용기와 마음을 오늘날 정치인이 본받았으면 좋겠다.

훈민정음을 널리 쓰게 한 세종대왕

앞에서 살펴본 것처럼 훈민정음은 그것을 만든 동기와 만든 바탕이 매우 뜻 깊고 뚜렷하며 그 쓰임새가 빼어난 글자다. 그러나 아무리 좋은 글자를 만들었다고 해도 그 글자를 백성이 잘 부려 쓰지 않으면 모두 헛일이다. 세종대왕은 1443년, 훈민정음을 다 만들고 나서 바로 반포하지 않고 잘 쓸 수 있도록 준비하고 그 빼어남을 증명하는 데 힘썼다.

중국이나 몽골 등 이웃나라의 말글을 우리 글자로 번역해 적을 수 있도록 하려고 신숙주를 요동으로 보내 중국의 언어학자 '황찬'에게 여러 가지를 알아보고 배워오도록 했다. 그 당시 매우 중요한 중국어와 다른 외국어를 배울 때도 훈민정음이 요긴하게 쓰이는 글자라는 것을 보여주기 위함이었다. 왕조에 대한 위엄스런 이야기(《용비어천가》)와 거룩한 종교 이야기(불경)를 새 글자로 펴내게 했다. 새 글자가 쓸모 있고 위엄이 있고 성스런 글자임을 보여 주려고 한 것이다. 참으로 슬기롭고 영특한 지도자였다. 그런데도 집현전 학자들은 한문을 우리 글자로 번역하고 토를 달게 하는 것은 잘못이라며 반대했다.

그렇게 3년 동안 시험하고 준비한 다음 1446년에 훈민정음을 온 누리에 내놓으셨다. 그리고 바로 언문청을 만들고 훈민정음을 잘 쓸 수 있도록 하는 말글정책을 시행하였으며, 과거시험에도 한문과 함께 훈민정음을 쓰게 했다. 그 다음해인 1447년에는 석가모니 생애를 노래한 《월인천강지곡》과 《석보상절》을 훈민정음으로 펴냈다. 또 중국, 여진 등 이웃나라의 말을 훈민정음으로 적을 수 있게 연구한 《동국정운(東國正韻)》을 펴내고 옛 책을 훈민정음으로 번역하게 했다.

그 당시 중요시하는 한문공부를 훈민정음으로 할 수 있게 하고, 신성시하는 왕조에 대한 이야기와 종교에 관한 이야기를 훈민정음으로 쓰게 하고 옛 책을 번역해 읽게 한 일은 참으로 잘한 일이었

다. 그 시대에 가장 중대한 글을 훈
민정음으로 적게 한 것은 훈민정음
이 고귀하고 훌륭한 글자임을 증명
해 보여 널리 쓰게 하려는 슬기로
운 실천이었다. 또 세종대왕은 과거
시험에 한글 쓰기를 필수과목으로
넣었으며, 신하들에게는 문서를 한
글로 짓게도 하였다. 또한, 한글의
보급을 위해서 '효뎨례의(孝悌禮義)'
라고 새긴 특별한 돈인 한글 동전
을 만들기도 했다. 돈이 백성들의

한글날 국경일 제정 기념주화(2006)

손에서 손으로 돌면서 새겨진 우리 글자를 보도록 하려고 한글 동
전을 만든 세종대왕의 슬기와 의지가 대단하다.

오늘날 정부도 언문청과 같은 국어(정책)청과 번역청을 만들고 한
글을 갈고 닦고 널리 쓰게 하면 얼마나 좋겠는가! 세종 때 한자는
조그맣게 쓰고 우리 글자는 크게 쓴 것처럼 간판에도 영문은 조그맣
게 쓰고 한글은 크게 쓸 수 없을까. 옛 한문 책과 영문 책, 일본 책
을 한글로 번역하게 하면 우리 말글이 온누리에 빨리 퍼질 것이다.
한글사랑은 입으로만 하는 것이 아니고 실천해야 함을 세종대왕은
보여주셨다.

훈민정음은 집현전 학자들이 만들지 않았다

학교 책에서까지 훈민정음은 신숙주나 성삼문 들, 집현전 학자들
이 만들었다고 가르쳐왔다. 그런데 그는 매우 잘못된 것이다. 최근
에 어떤 이는 "새로 밝혀진 사실, 훈민정음 창제 주역은 집현전학

사 혜각존자 신미대사"라고 주장하는 책까지 펴내서 세종대왕이 훈민정음을 만든 것이 아니라고 말하고 있다.

그러나 앞에 든 집현전 부제학 최만리와 여러 학자가 훈민정음을 반대한 상소문과 세종의 반박문을 보면, 집현전 학자들이 만드는 데 참여하지도 않았고 오히려 반대했음을 알 수 있다. 최만리는 세종대왕과 나이도 비슷했고 세종대왕이 남달리 사랑한 학자로, 청백리로 뽑히기도 했다고 한다. 그러나 최만리와 집현전 학자들이 훈민정음을 만드는 것을 알았다거나 관여했다는 기록은 전혀 없고 반포할 때 반대 상소문을 냈다.

신숙주나 성삼문은 훈민정음을 만든 뒤에 훈민정음을 중국말이나 또 다른 외국말을 배우고 적을 때 이용할 수 있는 연구를 하고 훈민정음으로 한문 책을 언해하는 일을 했다. 훈민정음을 처음 만든 데 참여한 것이 아니고 훈민정음을 실제 활용하는 일을 했다. 신숙주가 1441년에는 집현전 부수찬이 되었고 1443년, 훈민정음을 반포하던 해에는 일본으로 가는 통신사 변호문의 서장관으로 수행한 일이 있고, 훈민정음 반포 다음해인 1447년에 문과 중시에 급제하여 집현전 응교가 되었다고 한다. 훈민정음을 만들 그때에는 초급 관리로서 젊었다. 성삼문도 신숙주와 같은 또래로서 훈민정음을 만들 만한 연륜이 아니었다.

또 신미대사가 훈민정음 창제를 주도했다고 말하는 이는 책(강상원, 《訓民正音 28字 語源的인 新解釋》, 한국세종한림원출판부, 2005)에서 "신미대사는 한글을 마무리 짓고 시험할 때 해인사에서 장경을 간인하여, 《법화경》과 《지장경》, 《반야심경》 등에 토를 달고 번역하여 시험을 끝내고 우리글이 완성되었다고 세종대왕께 보고를 올리니(세종 25년, 1443년 12월) 임금께서 기뻐하시었다"는 기록이 있다고 말하고 있다. 그러나 이는 다 만든 훈민정음으로 불경을 해석했다는 것이다.

또 이 책은 "신미대사는 동생 김수온과 함께 경기도 고양시 대자암에서 정음 반포 후 최초로 세종 29년 1447년에 한글로 《월인천강지곡》을 완성했다. 그런 공으로 문종이 즉위하자(1451년 7월 6일) 선왕인 세종대왕이 미리 정한 '혜각존자'라는 칭호를 금란지에 써서 하사하였다"고 쓰고 있다. 이는 신미대사가 한글을 창제한 뒤 신숙주나 성삼문처럼 한글 활용에 참여했다는 것이지 창제했다는 말은 아니다.

훈민정음을 살려 쓴 조선 초기 왕들

세종대왕뿐만 아니라 연산군 이전까지 임금들은 훈민정음을 살려쓰려고 애썼다. 그 가운데 한문 책을 훈민정음으로 번역한 것은 크고 중요한 일이다. 15세기 후반에는 한글 문학작품이 나타나기도 했으나 처음에는 한문을 옮기는 일에 더 큰 힘을 기울였다. 1460년대에는 많은 불교 경전이 번역되어 나오고, 15세기 말에는 민중교화를 위한 《수신서》가 옮겨졌다. 또 1481년에는 중국의 시인, 두보의 작품이 한글로 옮겨졌다. 이른바 《두시언해》다. 16세기에는 유교의 《경서》와 《수신서》, 농업·양잠에 관한 한문 책이 언문으로 번역되었다.

1493년에 나온 《악학궤범》에는 〈동동〉·〈정읍사〉·〈정과정〉·〈처용가〉 등 이전의 노래를 한글로 적었다. 한자의 소리는 뜻글자로써 풀이해야 했기 때문에 정확하게 설명하기는 힘들었다. 그러나 한글은 간단하게 그 소리를 적어낼 수 있다. 《동국정운》(1447)은 조선시대 한자음을 한글로 적은 것이고, 《홍무정운역훈(洪武正韻譯訓)》(1455)은 중국 소리를 한글로 적은 것이다.

  세종대왕의 아들인 문종과 세조는 왕자 때도 세종대왕을 도와 훈민정음을 만드는 데 참여했지만 임금이 된 뒤에도 훈민정음을 살려 쓰는 데 힘썼다. 세조는 간경도감을 통해 아버지 세종대왕의 정책과 뜻을 이어 불경 언해에 힘썼다. 2005년 12월 13일 《한겨레》에 나온 〈해인사 비로자나불상에서 15세기 때 추정 한글 육필 발원문 나와〉란 제목의 기사에 보면, "한글을 만든 15세기에 인쇄문이 아닌 손으로 쓴 한글 글씨로서 그 당시 지역, 계층별로 언문이 널리 쓰였음을 알려주는 자료다"라고 쓰고 있다. 이것은 한글을 만든 초기인, 세종대왕 때에서 성종 때까지 한글을 살려 쓰려고 애썼다는 표시라고 생각된다.

  성종은 《삼강행실도》를 언문으로 번역해 지방관청과 백성에게 보급해서, 행실이 좋은 백성에게 상을 주겠다는 조항까지 《경국대전》에 넣었다. 아녀자까지 읽을 수 있도록 언문으로 교지를 내리게 했다. 《조선왕조실록》 성종 대에 '언문'과 관련된 글이 60건에 달할 정도로 언문이 많이 사용되었다. 세종대왕이 공문서를 한글로 쓰게 한 것처럼 성종도 한글을 살려 쓰려고 애쓴 문화 정치인이었다. 그리고 연산군 때 조금 주춤하지만, 조선이 무너질 때까지 꾸준히 언문은 여성들과 일부 양반 사이에서 사용되었고 특히 편지로 많이 쓰였다.

조선시대의 법과 제도 측면에서 본 언문 쓰기

  세종대왕이 언문청과 정음청을, 세조는 간경도감이라는 기관을 만들어 훈민정음을 보급하고 쓰는 일을 열심히 했다. 세종은 훈민정음을 반포한 해인 1446년에 바로 언문을 공식문서에 쓰게 했을 뿐 아니라, 이과와 이전의 취재에 훈민정음을 시험보게 했고, 1447

년에 함길도 자제의 관리 선발 때 훈민정음을 과목으로 넣어 시험 보게 했다. 앞에서도 말했듯이 '효례례의'란 특별전을 만들어 백성에게 새 글자를 알리려고도 했다. 반포하자마자 이런 정책을 쓴 건 보통 일이 아니다.

세종대왕은 언문사용에 관한 법조항도 만들었다. 《경국대전》에 "사채의 증서를 언문으로 썼거나 또는 증인 및 필자의 서명이 없으면 청송(聽訟)하지 않는다"는 법조항이 한글 사용을 가로막기도 했으나 "삼강행실을 언문으로 번역하여 서울과 지방 사족(士族)의 가장(家長), 부로(夫老) 혹은 선생으로 하여금 부녀자와 어린이를 가르쳐 이해하게 하고, 만약 대의(大義)에 능통하고 몸가짐과 행실이 뛰어난 백성이 있으면 서울은 한성부가, 지방은 관찰사가 왕에게 보고하여 상을 준다"라는 조항을 만들어 언문 번역을 통한 백성 교육에 힘썼다. 한글만 알고도 똑똑하고 착한 사람이 될 수 있다는 것을 증명하려 했다.

그러나 아쉽게도 정음청은 단종 때(한글 반포 7년), 간경도감은 성종 때(한글 반포 25년), 언문청은 중종 때(한글 반포 60년)에 폐지되었다. 세종대왕의 정신으로 위 기관들을 백 년만 더 유지하면서 한글을 빛낼 연구를 했다면 우리 말글살이와 문화는 몰라보게 발전했을 것이다. 또한 한글이 몇 백 년 동안 쓰였더라면 백성을 똑똑하게 만들고 정치를 안정시켜서 임진왜란 같은 난리나 일제 식민지를 겪지 않았을지도 모른다.

한글을 살려 쓰려는 연구와 노력이 나라와 정책 차원에서는 부족했으나 다행히 왕실 부녀자들과 백성들 사이에 꾸준히 쓰여서 죽지 않았다. 실록에 "1539년(중종 37), 한어에 능통한 최세진이 죽었는데 그의 저서에는 《언해효경》, 《훈몽자회》, 《이문집람》 등이 있다. 1668년(헌종 9)에 좌참찬 송준길 등이 자음의 고저와 말소리의 청탁, 고문의 구두법과 우리 언문의 법칙을 갖추어 논했다"는 기록이 있다. 언문을 깊이 연구한 흔적이다.

그러다가 1832년(순조 32)에는 "법령을 시행하기 전에 법령 취지문(교지)을 미리 한문과 언문으로 써서 방방곡곡에 함께 알리라"라는 전교가 내린다. 한문으로만 쓰던 교지를 한글로도 써서 한문을 모르는 백성이 볼 수 있게 한 것이다. 1866년(고종 3)에 "대왕대비가 천주교를 금하는 교서를 한문과 언문으로 반포하도록 지시하다"처럼 백성들에게 알리는 포고문을 한글로도 쓰게 된다.

그리고 마침내 1894년(고종 32)에 고종 칙령 1호 공문식 제14조에서 "법률과 칙령은 국문을 기본으로 하고 한문으로 번역을 붙이거나 혹은 국한문을 섞어 쓴다"라고 규정했다. 한글을 나라의 글자로 인정하고 공문서에도 쓰도록 하는 첫 규정이다.

조선왕실과 관공서에서 한글을 쓴 발자취

2005년 8월 24일, 상명대학교에서 박사학위를 받은 김슬옹이 쓴 논문 〈《조선왕조실록》의 한글 관련 기사를 통해 본 문자생활 연구〉를 보면 "조선시대에도 한글이 공문서에 많이 쓰이고, 양반들도 많이 썼다. 왕조실록에 한글이 언급된 문건이 947건이나 된다"라고 발표했다. 오늘날처럼 공문서는 한글로만 써야한다고 법으로 정한 것은 아니었지만 한문을 주로 쓰면서 한글도 썼다는 기록이 《조선왕조실록》에 여러 번 나오는 것이다.

임금이나 왕비가 내린 교지나 언간, 상소문과 그 답변, 포고문, 관공서나 관리 사이에 주고받은 문서와 편지도 공문서다. 《조선왕조실록》에 공문서를 한글로 썼다는 수백 개에 이르는 사실 가운데 몇 개를 소개한다.

1446년(세종 28년) 10월 10일에 대간의 죄를 언문으로 써서 의금부
　　와 승정원에 보이다. 같은 해 10월 13일, 한연·김종서 등이
　　정창손·조욱 등의 용서를 청하자, 그들의 죄를 적은 언문서를
　　수양대군을 통해 가져와 보이다.

1457년(세조 3), 중궁이 임금에게 감형을 언문으로 청하다.

1469년(예종 1), 신미가 언문으로 상소하여 벌하다.

1492년(성종 23), 대비의 언간을 대간과 홍문관에게 보이게 하다.

1513년(중종 8), 임금이 의정부에 검소를 권장하는 교지를 언문으로
　　번역하여 부녀자와 어린이도 모두 읽게 하라고 지시하다.

1565년(명종 20), 대왕대비가 언서 유교를 내리다.

1592년(선조 25), 칙서를 반포하되 언문으로 써서 함경도에 많이 보
　　내라고 전교하다.

1594년(선조 27), 비변사가 왜적을 이간시킬 계책을 아뢰면서 관련
　　문서를 일본 정탐을 우려하여 언서로 한다고 하다.

1627년(인조 5), 인목대비가 농우의 죽음을 염려하여 쇠고기를 올리
　　지 말라고 언문교지를 내리다.

1728년(영조 4), 난역을 평정한 뒤 비망기를 대제학 윤순에게 언문으
　　로 번역해 널리 선포하라고 명하다.

1734년(영조 10), 《경국대전》의 사치를 금하는 조항을 언문으로 번
　　역해서 방방곡곡에 퍼트리게 하다.

1801년(순조 1), 대왕대비가 홍낙임을 사사하는 언문교지를 내리다.

1832년(순조 32), 법령의 시행 전에 법령취지문(교지)을 미리 한문과
　　언문으로 방방곡곡에 널리 펴게 하다.

1865년(고종 2), 대왕대비가 경복궁 공사에 나오지 말고 농사를 짓는
　　일에 힘쓰라고 한문과 언문으로 반포할 것을 지시하다

한문을 언문으로 바꾸는 언해 사업

한글(언문)을 만든 세종대왕부터 세조, 성종, 중종, 영조, 정조를
거쳐 조선왕조 말 고종 때까지 《삼강행실》과 《사서삼경》 같은 한
문 책을 언문으로 번역 출간하는 일을 꾸준히 했다.

1444년(세종 26), 집현전 교리 최항, 부교리 박팽년에게 언문으로 운
회를 번역하게 하다.

1461년(세조 7), 최항, 한계희 등 30여 인에게 명령해 한글을 사용해
누에치기 책[蠶書]을 번역하게 하다.

1464년(세조 10), 김수온, 한계희, 노사신에게 《금강경》을 번역하게 하다.

1481년(성종 7), 임금이 언문으로 된 《삼강행실열녀도》를 박아서 부
녀에게 강습하도록 예조에 교지를 내리다.

1506년(연산군 12), 대비의 탄일 전문을 언문으로 번역해 분포하게 하다.

1514년(중종 9), 한글로 번역한 의학 책을 정원에 내리고 약을 만들
어 군사들에게 나누어주게 하다.

1546년(명종 1), 백성의 교화를 얘기하며 중종 때 언문으로 번역한
《소학》, 《삼강행실》을 반포했으나, 풍속을 문란하게 만드는
이가 간혹 있으니 거듭 반포해야 함을 아뢰다.

1596년(선조 29), 포수와 살수의 교육방법으로 《기효신서》 언문번역
문제를 훈련도감이 아뢰다.

1613년(광해 5), 홍문관이 효자, 충신, 열녀의 자료를 모아 간행하는
방법으로 시종조 때의 시찬 언해를 언급하다.

1658년(효종 9), 완남부원군 이후원은, 김정국이 해서 관찰사로 있을
때 펴낸 강민 편을 언해하여 시골 백성을 교화한 경험을 얘기

하여 이 책의 간행을 허락받다.

1668년(현종 9), 중부시가 《소학언해》를 종친의 교육용으로 인쇄하기를 청하다.

1734년(영조 10), 《경국대전》의 사치를 금하는 조항을 언문으로 번역하게 해서 방방곡곡에 배포하게 하다.

1784년(정조 18), 운관으로 하여금 《무원록언해》를 인쇄·반포하게 하다.

오늘날 정부와 한문 학자가 부지런히 해야 할 일이 옛 한문을 쉬운 한글로 되치는 일이다. 하지만 한문 전문가를 키우는 일은 게을리 하고 있다. 아직 옛 한문을 읽을 사람이 조금 있지만 머지않아 모두 사라질 것이다. 중국에서조차 간체자를 쓰기 때문에 옛 책을 읽을 수 있는 사람은 자꾸 줄어든다고 한다.

온 국민이 그 옛 책을 읽을 만한 한문공부를 한다는 것은 불필요하고 낭비다. 그렇지 않아도 우리에겐 조상의 발자취를 적은 역사 기록이 적은데 그나마 있는 한문을 읽을 전문가가 없다는 건 큰 문제다. 온 국민에게 한문 교육과 한문 섞어 쓰는 말글살이를 강요할 것이 아니라 한문 전문가를 양성해 국역 사업을 서둘러 키워야 한다.

편지와 상소문, 투서와 방(대자보)에 쓰인 언문

조선시대에도 한글을 쓴 자취가 많다. 양반들도 아녀자에게 쓰는 편지는 한글로 많이 썼고, 백성이 올린 상소문과 이름을 숨긴 투서는 한글로도 많이 썼다. 또 임진왜란 같은 전쟁이 있을 때 외국인이 모르게 하려는 외교나 군사 비밀 편지를 한글로 쓴 일도 있다. 《조선왕조실록》에 있는 내용을 보자.

1449년(세종 31), 세종이 의정부 하연 등에게 언문으로 20여 장 기록하여 불교에 대한 사대부들의 태도와 집현전 학사들의 그릇된 점을 비판했는데, 어떤 사람이 하정승을 비난하는 글을 벽 위에 쓰다.

1453년(단종 1), 별감 부귀가 시녀 월계에게 서신을 언문으로 중비에게 써 주도록 청하다.

1458년(세조 4), 중궁이 임금에게 김분, 김인의 감형을 언문으로 청하다.

1466년(세조 12), 대사헌 양성지가 군사기밀 보호를 위해《총통등록》등 문적을 언문으로 베껴 쓰고 태워 없애자는 상소문 올리다.

1469년(예종 1),《금강경》과《법화경》에 능하지 못한 자를 환속시킨다는 말을 듣고, 신미가 언문으로 상소하여 벌 받다.

1485년(성종 16), 호조판서 이덕량 등이 저자 사람들의 익명 투서 두 장을 바치다. 저자 사람들이 언문으로 호조 당상을 욕한 것은 용서할 수 없다고 하다.

1504년(연산 10), 신수영이 언문으로 된 익명 언문투서를 비밀히 아뢰다.

1527년(중종 22), 대신들을 불러 세자에 대한 양법 범인을 찾는 문제를 의논하며 자수하는 자는 죄를 면해주고 알면서도 고하지 않는 자는 죄준다고 포고문을 언문으로 바꿔 써서 내외에 방을 붙이기로 하다.

1545년(명종 1), 윤임이 언서로 비밀하게 통하다.

1610년(광해 1), 의금부에서 이홍로의 처, 기씨가 언문으로 쓴 단자를 상언하다.

1624년(인조 2), 황정욱 탄원서에 언서로 밀통한 왕자의 밀찰이 언급되다.

1629년(인조 7), 임금이 대신과 비국 당상을 인견하고 왜차에 대한 실정을 묻다. 왜차가 중국을 도와 오랑캐를 토벌하고 언문과 악장을 배우러 왔다고 하다.

1684년(숙종 10), 경안군 부인 허씨가 보낸 혼사에 관한 언서 청원을
　　해결하다.

1743년(영조 19), 정몽주 후손 가운데 늙은 부인이 언단을 올려 제사
　　지낼 것을 청하다.

1752년(영조 28), 익명 시가 나돈다는 대신의 말에 영조가 온천에 갔
　　을 때 익명 언서로 수령을 비방한 사건을 언급하다.

1787년(정조 11), 김동익 등 여러 사람들의 역모에 대해 이유적이 언
　　서로 아비 유학 이복운에게 보내오다.

1801년(순조 1), 이만수 천주교를 비난하는 상소에, 이가환은 이승훈
　　이 구입해 온 사서(邪書)를 언문으로 번역하여 널리 전파하였
　　다고 한다.

조선시대 한글 훼방꾼들

한글(훈민정음)은 태어나기도 힘들었지만 세상에 펴고 쓰게 하기
도 쉽지 않았다. 독특한 우리 글자를 만들고도 제대로 된 글자 이
름을 지어주지 못하고, 떳떳하게 '조선 글'이라고 하지 못했다. 한
문은 '진서', '참글'이라고 하고 한글은 '언문'이나 '암클', '반절'이
라고까지 불렸다. 이 모든 배경에는 중국과 한문, 그리고 그를 숭상
하는 사대근성과 중국 문화 숭배 때문이었다. 조선시대에 한글이
훌륭하고 중요함을 깨닫지 못한 어리석은 정치인과 학자들이 한글
을 우습게 여기거나 짓밟은 중요한 사건을 살펴보자.

한글의 첫 번째 훼방꾼은 앞에서 보았듯이 집현전 학자들이었다.
한글을 반포하기 2년 전인 1444년에 최만리, 신석조, 김문, 정창손,
하위지, 송처검, 조근 등이 언문창제 반대 상소문을 올리고 한글은
만든 것부터 잘못이고 쓰지도 말아야 한다고 주장했다. 이들은 우

리 글자를 만드는 것은 중국을 떠받드는 시대 상황과 정신에 크게
어긋난다고 했다. 임금이 백성들이 편리하게 쓰게 하려고 새 글자
를 만든 것을 세차게 반대한 것은 큰 잘못이었다.

김문은 처음에 훈민정음을 만드는 것이 괜찮다고 했다가 뒤에 말
을 바꾸어 반대해서 세종대왕으로부터 꾸지람을 들었고, 정찬손은
《삼강행실》 들을 한글로 번역해봤자 효과가 없다며 세종대왕과 논
쟁을 한다. 그러나 세종대왕은 굽히지 않고 그들이 잘못임을 타이
르고 벌까지 준다. 한글을 쓰게 하려고 할 때도 반대가 거셌는데,
만약에 한글을 만들려는 것을 그들이 알았다면, 한글을 만들지도
못하게 했을 것이다. 하지만 세종대왕이 그들보다 학식이 높았고,
한글을 써야한다는 믿음이 강해서 그들과 벌인 논쟁에서 이겼고,
우리는 지금 한글을 가질 수 있게 되었다.

한글을 힘들게 한 또 다른 사건은 언문으로 쓴 책을 못 보게 불
태운 일이다. 조선 제10대 왕 연산군(재위 1494~1506)은 한글이
태어나고 50년 뒤인 1504년, 무오사화를 일으키고 포악한 정치를
했다. 연산군의 잘못을 지적하는 한글 벽서(대자보)사건이 나자, 연
산군은 모든 백성에게 한글 쓰기를 금하고, 한글로 된 책들을 불사
르게 한 것이다. 이 사건 때문에 사대부들은 언문을 터놓고 쓰지
못하고 일반 백성과 아녀자 중심으로만 쓰였다.

이 밖에도 한글을 우습게 여기고 짓밟은 일들이 많이 있다.

1450년 문종 첫해, 간언이 정음청을 혁파할 것을 상소하다.
1451년(문종 1), 대사헌 정창손, 예조 참판 정척, 좌승지 정이한 등이
　　　　　주자소가 글자를 전담하니 책방, 정음청은 없어도 된다고 아
　　　　　뢰다.
1454년(단종 2), 정음청을 혁파하다.

1471년(성종 2), 간경도감을 파하게 하다.

1482년(성종 13년), 대사헌 채수가 승지일 때 폐비사건을 언문으로
　　　　내린 적이 있는데, 한문으로 번역해야 후세 사람들이 제대로
　　　　알 수 있다고 건의하다.

1482년에 대사헌 채수가 윤씨 죄를 언문으로 적고 한문으로 옮기게
　　　　한 일에 대죄를 청하다.

1684년(숙종 10), 남구만이 젊은이들이 어려서 언문을 해득하여 구송
　　　　만 하고 한문해득을 못하는 현실을 탓하다.

　연산군이 훈민정음을 가르치지도 못하게 하고, 쓰지도 못하게 했
지만 훈민정음 불씨는 꺼지지 않고 살아있었다. 1527년(중종 22) 4
월 20일에 최세진이 어린이를 위한 한자공부 책《훈몽자회》를 편
찬했는데 한글 자모의 이름을 처음 정하고 순서와 받침을 정리한
것으로서 한글을 다듬고 연구한 것이다. 훈민정음 28자 가운데 'ㆆ'
이 빠진 체계이고 닿소리와 홀소리의 이름과 순서는 오늘날과 같
다. 그 시기에 여러 한문 책을 훈민정음으로 많이 번역했다. 모두
우리말과 글자가 살아나는 데 중요한 일들이다. 최세진의 한글연구
와 정비는 매우 큰 업적이었다. 조선시대 중반에《두시언해》,《노
걸대언해》,《명의록언해》로 이어진 언해 사업도 중요한 일이다.

문필가와 백성의 삶 속에서 목숨을 이어온 언문

　조선시대에는 우리 글자로 문학작품도 쓰고 편지나 일기, 자서전도
썼다. 정철(鄭澈, 1536~1593)은 〈사미인곡〉, 〈관동별곡〉 등 가사(歌詞)
를 우리 말글로 지었고, 그 뒤를 이어 윤선도(尹善道, 1587~1671)도
〈오우가〉, 〈어부사시사〉 들을 우리 말글로 지었다. 1600년 초에는 허

균(許筠, 1569~1618)이 한글로 《홍길동전》이라는 소설을 쓴다. 1636
년(인조 14) 12월부터 1637년 1월까지 청(淸)나라가 조선을 침략하여
일어난 전쟁인 병자호란 때 인조가 남한산성에서 겪은 아픈 이야기를
일기식으로 쓴 《산성일기(山城日記)》는 작가는 밝혀지지 않았으나 한
글로 쓴 중요한 책이다. 허균보다 68년 뒤에 서포 김만중(金萬重,
1637~1692)이 한글로 《구운몽》과 《사씨남정기》라는 소설을 썼다.

　근래 파평 윤씨 옛 무덤을 옮길 때 한글 편지가 나왔는데, 1556
년에 쓴 것이란다. 또 비슷한 시기에 산 이응태(1556~1586) 부인의
무덤에서 나온 편지도 1586년에 쓴 한글 편지였다. 서울 수락산 자
락에 가면 1536년에 세운 한글 비석도 있는데 한글 창제 백 년 뒤
에 한글이 널리 쓰인 증거들이다.

　1795년(정조 19)에 사도세자의 비이자 정조의 어머니인 혜경궁홍
씨(惠慶宮洪氏, 1737~1815)는 《한중록》이라는 자서전을 우리 말글
로 썼고 1772년(영조 48)엔 신대손(申大孫)의 부인 의령남씨(宜寧南
氏) 의류당이 순 한글로 기행문을 썼으며, 정조도 장모에게 한글 편
지를 썼고, 효종도 장모에게 한글 편지를 썼는데 아녀자들이 한문
은 모르고 한글만 알기 때문이었을 것으로 보인다.

　1830년에 익종이 《학석집》이라는 한글 문집을 냈으며, 1800년대
에 추사 김정희(金正喜, 1786~1856)가 그 부인에게 쓴 한글 편지가
30여 편이 남아있다. 조선 고종 때 흥선대원군도 한글로 붓글씨를
썼고, 명성황후가 쓴 한글 편지도 여주 명성황후 생가 터 박물관에
가면 볼 수 있다. 모두 한자혼용을 한 것이 아니고 한글만으로 썼
다. 그 시대 나의 고조부가 한글로 살아온 이야기를 쓰신 것을 지
금 내가 가지고 있는데, 그것을 보아도 한글이 많이 쓰였음을 알
수 있다.

한글을 쓴 선비와 한문만 즐긴 선비들

앞에서 든 한글로 작품활동을 했던 문필가에 대해 자세히 알아보면, 먼저 허균은 훈민정음이 나온 지 120년이 지난 뒤에 이 땅에 태어났다. 그런데 그가 《홍길동전》(1612)을 최초로 훈민정음으로 썼다는 것은 매우 뜻 깊은 것이다. 허균은 학문이 뛰어나 중국어에도 능통하였고 개혁에 앞장선 선비로서 선조 22년에 과거에 급제했다고 한다. 명나라에 가서 한국 최초의 천주교 신도가 되었고, 천주교 12단(端)을 얻어왔다.

서포 김만중은 조선 현종과 숙종 때 관리를 지냈으며 학자요, 개혁 문인이었다. 그도 한글 소설인 《구운몽》과 《사씨남정기》를 썼다. 지구가 둥글다는 것을 우리나라에서 최초로 확신한 인물이다. 그 당시 한문을 섬기던 사대부들은 그가 '지구는 둥글다'고 말하는 것을 비판했다. "천체는 둥글어서 지구가 한가운데 있으니, 비록 해와 달의 운행이 남북이 있다고 하지만, 지구에서 원근 거리는 원래 차이가 없다"고 《서포만필》에 쓰고 있다.

김만중이 살던 당시에는 유교 주제를 다룬 한시가 유행했고 소설은 하찮게 여기는 분위기였다. 게다가 사대부가 한문이 아닌 한글로 소설을 쓴다는 것은 의외의 일로 여겼다. 한글 소설을 쓴 허균과 김만중, 한글 가사를 쓴 정철 같은 분들은 시대를 앞서 가는 선구자, 선각자, 개척자였고 국어독립운동가였다.

그런데 허균과 비슷한 시대 인물인 이황(퇴계), 김만중보다 꼭 백년 뒤에 태어난 실학자 박지원(朴趾源, 1737~1805)도 학문이 뛰어난 인물이라지만 한문으로 글을 많이 썼다. 박지원이 1780년(정조 4)에 청나라에서 보고 들은 것을 남긴 글인 《열하일기》와 〈허생

전〉, 〈양반전〉 같은 소설도 유명하지만 모두 한문이어서 아쉬움이 남는다. 다산 정약용(丁若鏞, 1762~1836)도 이름난 실학자로서 《목민심서》 같은 좋은 책을 많이 썼으나 역시 한문으로 썼다.

똑똑한 이황이나 박지원, 정약용이 한문이 아니고 훈민정음으로 좋은 글을 많이 썼다면 우리 학문은 더 많이 발달했을 것이란 안타까움이 있다. 더욱이 정약용을 좋아하는 오늘날 어느 정치인이 정약용의 글을 읽으려면 한글 세상이 되어서는 안 된다는 말까지 하고 있다.

조선시대에 언문을 갈고 닦지 않은 것을 반성하자

《조선왕조실록》을 보면 조선 5백 년 동안 한글은 왕실의 부녀자와 평민들 사이에서 꾸준히 쓰였음을 알 수 있다. 그러나 나라에서 한글을 빛낼 기관을 만들고 정책을 세우고 널리 사용하지 않은 것은 잘못된 일이다. 만약에 한글을 나라의 글자로 인정한 다음에 정부와 백성이 즐겨 쓰게 했더라면 조선이 더 잘살고 힘센 나라가 되었을 것이다.

중국의 눈치를 보느라고 정부에서도 터놓고 쓰지 못했고, 중국 문화와 유교에 찌든 사대부들은 한문만 섬기고 우리글을 우습게 여겼다. 《조선왕조실록》에 보면, 1539년(중종 39)에 "주양우가 중국인에게 언문을 가르쳐 준 사건이 있어 사신에게 누설하지 말 것을 당부했다. 중국인에게 언문을 가르쳐 준 주양우를 추국하여 처벌하다"라는 대목이 그런 짐작을 하게 한다. 19세기 청일전쟁에서 중국이 지면서 우리는 중국의 지배를 벗어났고 국호를 '대한제국'이라고 하고 우리 글자를 처음으로 나라글[國文]이라고 한 것에서도 알 수 있다.

또 《조선왕조실록》에는 "1809년(순조 9) 도해 역관 현의순 등이 아뢰기를, 일본에서는 남녀 막론하고 6, 7세부터 언문(가나)을 배운다고 한다"는 내용이 있다. 여기서 일본은 우리보다 일찍부터 제 글자로 백성을 교육한 것을 알 수 있다. 그런데 일본 글자도 언문이라고 한 것을 보면 한문이 아닌 글자는 모두 언문이라고 하여 천시한 것을 알 수 있다. 조선에서 한문은 나라와 지배자의 글이고 제 나라의 글자는 한 등급을 낮추어 백성이 쓰는 글이라고 보았음이 짐작가는 대목이다.

한글기계화 선구자 공병우 박사는 "일본은 비록 한자를 혼용했지만 우리보다 5백 년이나 앞서서 제 나라의 글자를 가르치고 쓰게 했기에 우리보다 먼저 자주문화가 꽃피고 발전했다. 일본의 글자인 '가나'보다 더 훌륭한 한글을 이제라도 잘 부려 쓰면 우리가 일본보다 더 빨리 발전할 것이다"라고 하며 타자기와 셈틀을 통한 한글 세상 만들기에 힘썼다. 그런 그의 품안에서 우리가 즐겨 쓰는 한글 문서 편집기 '흔글'도 나왔다.

이제 중국이나 일본 때문에 한글을 우리 글자라고 떳떳하게 말하지 못하는 세상이 아니다. 우리를 지배하던 중국과 일본인들이 우리말을 배우고 한글을 많이 쓰고 있다. 우리 정부와 국민부터 한글을 사랑하고 우리말을 바르게 즐겨 쓰면 우리 자주문화가 꽃필 것이고 이웃 나라도 우리를 무시하지 않게 될 것이다.

그런데 아직도 정부와 관리들이 제 나라의 말글보다 강대국의 말글을 더 섬기고 있으니 답답하다. 한 지방자치단체가 영어 발전에 쓰는 예산이 수천억 원인데 나라 전체에서 우리말 발전에 쓰는 예산은 백억 원도 안 된다. 조선시대에 한글을 즐겨 쓰지 않은 것을 반성하고 이제라도 한글과 우리말을 지키고 발전시키는 예산을 늘려야 할 것이다.

3. 조선어와 일본어 시대

최초 한글 신문, 《독립신문》이 태어나다

대한제국 말기인 1896년 4월 7일에 우리나라 최초로 한글만으로 만든 신문을 서재필과 주시경 들이 냈다. 이 신문은 한글만 썼을 뿐 아니라 처음 띄어쓰기를 했고 토박이말을 살려 쓰려고 애썼다. "마포에 어선이 입항했다"라고 쓸 것을 "삼개에 고깃배가 들어왔다"라고 토박이말로 쓴 예도 볼 수 있다. 그 당시 서양 선교사들이 한글로 성경을 뒤쳤지만 어려운 한자말을 사용하고, 띄어쓰기를 하지 않은 것에 견주면 매우 중대한 진전으로서, 우리 말글의 발전사에 길이 남을 일이다.

서재필은 1884년 김옥균, 박영효 들과 함께 갑신정변을 일으켜 정권을 잡고 나라를 개혁하겠다고 나섰으나 3일 만에 정권을 빼앗기고 미국으로 망명해 의학과 새 학문을 배우고, 11년 뒤인 1896년 1월에 돌아왔다. 그리고 그해 4월에 《독립신문》을 만들고 국민을 계몽해 나라를 다시 일으키려고 했다. 갑신정변이 민중의 지지를 얻지 못하고 실패한 것은 민중이 아무것도 몰랐기 때문임을 뼈저리

《독립신문》 창간호(1896. 4. 7.)

게 경험했기에, 서재필은 백성을 깨우쳐 힘센 나라를 만들려고 언론 사업을 벌였다.

서재필이 미국에서 돌아와 신문을 만든 것은 권력이 있는 벼슬이나 돈 잘 버는 의사 일보다 신문이 더 중요하다고 생각했기 때문이다. 그러나 시대가 도와주지 않아서 3년 만에 문을 닫고 다시 미국으로 쫓기어 가게 되었다. 비록 3년이란 짧은 동안이었지만 《독립신문》은 한글과 언론 발전에 큰 의미가 있다. 그래서 창간일인 4월 7일이 오늘날 '신문의 날'이 되었다. 《독립신문》 창간 논설에 그 높은 뜻이 담겨있기에 그 창간 논설을 옮겨 싣는다.

《독립신문》 창간사

우리가 《독립신문》을 오늘 처음으로 출판하는데 조선 속에 있는 내외국 인민에게 우리 주의(주장)를 미리 말씀드려서 아시게 하는 것입니다.

우리는 첫째 편벽되지 아니하므로 무슨 당에도 상관이 없고 상하귀천을 달리 대접하지 아니하고 모두 조선 사람으로만 알고 조선만 위하며 공평히 인민에게 말할 터인데 우리가 서울 백성만 위할 게 아니라 조선 전국 인민을 위하여 무슨 일이든지 대언(대신 말하여)하여 주려함입니다.

정부에서 하시는 일을 백성에게 전할 터이요, 백성의 정세를 정부에 전할 터이니 만일 백성이 정부 일을 자세히 알고 정부에서 백성의 일을 자세히 아시면 피차에 유익한 일만이 있을 것이요, 불평한 마음과 의심하는 생각이 없어질 것입니다.

우리가 이 신문 출판하기는 이익을 취하려는 것이 아니므로 값을 싸게 하였고 모두 언문(한글)으로 쓰는 것은 남녀 상하귀천이 모두 보게 함이요, 또 구절을 떼어 쓰는 것은 알아보기 쉽도록 함입니다.

우리는 바른대로만 신문을 할 것이므로 정부 관원이라도 잘못한 것이 있으면 우리가 말할 것이요, 탐관오리들을 알면 세상에 그 사람의 행적을 펼(알릴) 터이니 사사(일반) 백성이라도 무법한 일 하는 사람은 우리가 찾아 신문에 설명할 것입니다.

우리는 조선 대군주 폐하(고종황제)와 조선 정부와 조선 인민을 위하는 사람들이므로 편당 있는 의논이든지 한쪽만 생각하고 하는 말은 우리 신문상에 없을 것입니다.

또 한쪽에 영문으로 기록한 것은 외국 인민이 조선 사정을 자세히 모른즉 혹 편벽된 말만 듣고 조선을 잘못 생각할까 보아 실상 사정을 알게 하고자 하여 영문으로 조금 기록하였습니다.

그러한즉 이 신문은 꼭 조선만 위함을 가히 알 터이요, 이 신문을 인연으로 하여 내외 남녀 상하귀천이 모두 조선 일을 서로 알 것입니다.

우리가 또 외국 사정도 조선 인민을 위하여 간간이 기록할 것이오니 그것을 인연으로 하여 외국은 가지 못하더라도 조선 인민이 외국 사정도 알 것입니다.

오늘은 처음이므로 대강 우리 주의(주장)만 세상에 고하고(알리고) 우리 신문을 보면 조선 인민이 소견과 지혜가 진보함을 믿습니다.

논설 끝내기 전에 우리가 대군주 폐하께 송덕하고(덕을 칭송하고) 만세를 부르나이다.

우리 신문이 한문은 아니 쓰고 다만 국문(한글)으로만 쓰는 것은 상하귀천이 다 보게 함입니다. 또 국문을 이렇게 구절을 떼어 씀으로써 누구라도 이 신문 보기가 쉽고 신문 속에 있는 말을 자세히 알아보게 함입니다.

각국에서는 사람들이 남녀 물론하고 본국 국문을 먼저 배워 능통한 후에야 외국 글을 배우는 법인데 조선에서는 조선 국문은 아니 배우더라도 한문만 공부하는 까닭에 국문을 잘 아는 사람이 드문 것입니다.

조선 국문하고 한문하고 비교하여 보면 조선 국문이 한문보다 얼마나 낫다는 것이 무엇인가 하면, 첫째는 배우기가 쉬우니 좋은 글이요, 둘째는 이 글이 조선 글이니 조선 인민들이 알아서 백사(모든 것)를 한문 대신 국문으로 써야 상하귀천이 모두 보고 알아보기가 쉬울 터이라 한문만 늘 써 버릇하고 국문은 폐한 까닭에 국문으로 쓴 것은 조선 인민이 도리어 잘 알아보지 못하고 한문을 잘 알아보니 그것이 어찌 한심하지 않으리오.

또 국문을 알아보기가 어려운 건 다름이 아니라, 첫째는 말마디(구절)를 떼지 아니하고 그저 줄줄 내려쓰는 까닭에 글자가 위에서부터인지 아래부터인지 몰라서 몇 번 읽어 본 후에야 글자가 어디부터인지 비로소 알고 읽으니 국문으로 쓴 편지 한 장을 보자면 한문으로 쓴 것보다 더디(늦게) 보고 또 그나마 국문을 자주 아니 씀으로써 서툴러서 잘못 보는 것입니다.

그러므로 정부에서 내리는 명령과 국가 문적(문서)을 한문으로만 쓴즉 한문 못하는 인민은 남의 말만 듣고 무슨 명령인 줄 알고 이편이 친히(스스로) 그 글을 못 보니 그 사람은 무단히 병신이 되는 것입니다.

한문 못한다고 그 사람이 무식한 사람이 아니라 국문만 잘하고 다른 물정과 학문이 있으면 그 사람은 한문만 하고 다른 물정과 학문이 없는 사람보다 유식하고 높은 사람이 되는 법입니다.

조선 부인네도 국문을 잘하고 각가지 물정과 학문을 배워 소견이

높고 행실이 정직하면 물론 빈부귀천 간에 그 부인이 한문은 잘하고
도 다른 것은 모르는 귀족 남자보다 높은 사람이 되는 법입니다.

　우리 신문은 빈부귀천을 다름없이 이 신문을 보고 외국 물정과 내
지(국내) 사정을 알게 하려는 뜻이니 남녀노소 상하귀천 간에 우리 신
문을 하루걸러 며칠간 보면 새 지각(깨달음)과 새 학문이 생길 것을
미리 알 것입니다.

독립신문사 안에 만든 국문동식회(國文同式會)

주시경은 《독립신문》이 창간된 바로 뒤인 1896년 5월에 독립신
문사 안에 '국문동식회'라는 국문연구단체를 만들고 국문법 연구를
시작한다. 《독립신문》을 국문으로만 만들게 됨에 따라 '국문을 동
일(통일)하게 쓰는 방식'을 연구하여 오늘과 내일에 나오는 신문 문
장이 하나같은 낱말과 문법체계를 갖추도록 한 것이다. 그래서 신
문 글을 체계 있게 쓸 수 있었다. 그 정신이 《독립신문》 1897년 4
월 24일치에 쓴 〈국문론〉에 잘 나타나 있어 옮긴다.

　…… 우리나라 사람들이 종시 이것(옮긴이 주 : 한문)만 공부하고
다른 새 사업을 배우지 아니하거드면 우리나라가 어둡고 약함을 벗지
못하고 머지아니하야 자기 조상들에게 전하야 받아 내려오는 전지(田
地)와 가장과 자기의 신골과 자손들이 다 어느 나라 사람의 손에 들어
가 밥이 될지 아지 못할 증거가 목하에 뵈이니 참 놀랍고 애탄할 곳
이로다. 어찌 조심치 아니 할 때이리오.
　만일 우리로 하여금 그림글자(한문)를 공부하는 대신에 정치 속의
의회원 공부나 내무공부나 외무공부나 재정공부나 법률공부나 수륙군
공부나 항해공부나 위생상 공부나 장색(匠色)공부나 장사공부나 농사

공부나 또 그 외의 각생 사업상 공부들을 하면 …… 그제야 바야흐로 우리나라가 문명 부강하야 질 터이다. 간절히 비노니 우리나라 동포 형제들은 다 깨달아 실상 사업에 급히 나가기를 바라노라.

지금 우리나라 한 시 동안은 남의 나라 하루 동안보다 더 요긴하고 위급하오니, 그림(한문) 한 가지 배우려고 이렇게 아깝고 급한 때를 허비시키지 말고, 우리를 위하야 사업하신 큰 성인(옮긴이 주 : 세종대왕)께서 만드신 글자는 배우기가 쉽고 쓰기도 쉬우니 이 글자들로 모든 일을 기록하고 사람마다 젊었을 때에 여가를 얻어 실상 사업에 유익한 학문을 익혀 각기 할 만한 직업을 지켜서 우리나라 독립에 기둥과 주초가 되어 …… 우리의 부강한 위엄과 문명한 명예가 세계에 빛나게 하는 것이 마땅하도다.

주시경은 1897년 9월에도 《독립신문》에 〈국문론〉을 발표하면서 "국문전용할 것, 국문법을 만들고 맞춤법을 통일할 것, 국문 띄어쓰기 할 것, 국어사전을 만들 것, 한문 배울 시간을 줄여서 독립 부강한 나라를 만들 과학 교육할 것"을 주장했다. 모두 옳은 말이고 오늘날도 따라야 할 주장이다. 이 말대로 관민이 힘썼다면 어찌 나라를 일제에 빼앗겼겠는가! 이 국문동식회의 주시경의 정신과 주장에 따라 국문연구소(國文硏究所)가 되고 국문연구회를 거쳐서 조선어학회가 되고, 오늘날 한글학회로 이어졌다.

대한제국 때 학부 안에 설치한 국문연구소

1907년(광무 11), 학부(學部) 안에 국어연구기관인 국문연구소를 설치한다. 그해에 지석영이 낸, 맞춤법과 한글 쓰기에 관한 〈신정국문〉 청원을 고종이 들어주고 발표했는데, 그 문제로 국어논쟁이 생겨서 국문에 관심이 높아지게 되었다. 그 분위기에 힘입어, 지석영과 주시경은 "연산군 이래 정부가 우리글을 돌아보지 않은 건 잘못이니 세종 때 '정음청'과 같은 연구기관을 두어 국어와 국문을 부흥시키지"라고 건의했고, 정부가 그 건의를 들어주어 국문연구소가 문을 열었다고 한다.

학부 학무국장 윤치오를 위원장으로 하고 학부 편집국장 장헌식, 한성법어학교 교장 이능화, 내부 서기관 권보상, 주시경, 학부 사무관 일본인 우에무라(上村正己) 등이 위원으로 임명되었고 뒤에 어윤적, 지석영 등이 추가되었다. 주시경이 국문연구소에 들어간 것을 보면, 독립신문사에 설치했던 국문동식회 정신이 살아서 정부 기관 안에 뿌리내린 것으로 보인다. 이 연구소에서 우리말과 한글을 연구하고 살리려고 애썼는데, 세종대왕 때 언문청 다음으로 뜻 깊은 말글 연구기관이었다.

'국문연구소규칙'의 제1조를 보면, "국문의 원리 및 연혁과 현재의 행용(行用) 및 장래발전 등의 방법을 연구한다"라는 취지를 밝히고 있다. 1907년 9월 16일 제1차 회의를 연 뒤, 1909년 12월 27일까지 총 23차례의 회의를 열었다. 여기서 토론과 의견을 거친 14개 항의 문제가 1909년 12월 28일 학부대신에게 제출되었고 이 보고서는 〈국문연구의정안(國文硏究議定案)〉으로 꾸며졌으나 정부가 이에 대한 조치를 취하지 않아 세상에 공포되지는 못했다.

〈국문연구의정안〉의 내용은 ① 국문의 연원, ② 초성 'ㆁ·ㆆ·ㅿ·◇·ㅱ·ㅸ·ㆄ·ㅹ' 여덟 자의 사용여부, ③ 초성 'ㄲ·ㄸ·ㅃ·ㅆ·ㅉ' 다섯 자의 병서법(竝書法)의 일정화, ④ 중성 'ㆍ'의 폐지와 '=' 자의 창제여부, ⑤ 종성 'ㄷ·ㅅ'의 용법 및 'ㅈ·ㅊ·ㅋ·ㅌ·ㅍ·ㅎ' 여섯 자의 종성 통용여부, ⑥ 자모 7음과 청탁(淸濁)의 구별, ⑦ 사성표(四聲票)의 사용여부와 높낮이, ⑧ 자모의 음독(音讀) 일정화, ⑨ 자순(字

順)과 행순(行順)의 일정화, ⑩ 철자법 등이다. 'ㆍ'자를 쓰기로 한 것을 제외하면 현재의 문자체계 및 맞춤법의 원리와 일치한다.

1910년 한일합병 뒤 이 연구소는 해체되었다. 참으로 안타깝다. 《독립신문》을 만들고 그 안에서 국문동식회를 만들어 한글을 연구한 일이나 학부 안에 국문연구소를 설치한 일만 봐도, 그분들이 얼마나 한글을 살려 쓰려고 애썼는지 알 수가 있다. 오늘날도 제 나라의 글을 우습게 여기고 한글 세상을 가로막는 무리가 많은데, 그때는 더 힘들었을 것이다. 오늘날 국민도 그 정신을 이해하고 한문과 영어만 섬기지 말고, 한국말 독립운동에 참여하면 좋겠다.

주시경 선생의 발자취

주시경 선생은 세종대왕 다음으로 한글 역사에 빛나는 분이다. 그분의 뜻과 발자취를 더듬어본다.

주시경 선생은 서기 1876년(단기 4209년, 고종 13)에 태어나서 1914년, 돌아가실 때까지 한글을 갈고 닦고 빛낸 분이다. 우리 말글을 짜임새 있게 연구하는 모임을 만들고 최현배, 김윤경, 이윤재, 이병기, 신명균, 권덕규, 이상춘, 이극로, 김선기, 김두봉 같은 제자들을 키워서 돌아가신 뒤에도 한글을 빛내는 일이 이어지게 함으로써 오늘날 우리가 우리 말글을 마음대로 쓸 수 있게 되었다. 또한 국어학자로서 글자 표기법, 문법책 만들기, 말모이(사전) 만들기에 힘쓴 일은 한글 역사에 빛날 큰일이었다. 1897년의 《국문론》에서부터 《국문연구》, 《대한국어문법》, 《국어문전음학》, 《국어문법》, 《말의 소리》 들 저서와 조선말 사전 《말모이》 등을 낸 일은 국어 독립으로 가는 바른길이고 근본이었다.

주시경 선생은 기독교 학교인 배재학당에서 신학문을 배우며 자

연스럽게 기독교를 받아들이고 아
펜젤러(Appenzeller, Henry Gerhard,
1858~1902)가 설립한 삼문출판사
에서 아르바이트 직공으로 일하며
기독교 관계 서적을 접하게 된다.

삼문출판사는 《천로역정》, 《신학
월보》, 《독립신문》, 《협성회보》 등
을 인쇄하던 신(新)문화의 산실이며
기독교 서적의 중심지였다. 그리고
서재필이 지도하는 학생운동단체인
협성회 창립위원으로 들어간 주시

주시경 선생

경 선생은 《협성회보》, 《독립신문》의 교정을 맡아 보면서 한글연구
를 했으며, 국문동식회를 설립, 한글연구와 한글사용운동을 했다.

1906년부터 1910년까지 서울 시내의 18개 중학교에서 주 평균
40여 시간씩 국어 강의도 하였다. 나는 지금 중국에 있는 대학에서
일주일에 12시간을 강의하는 것도 많다고 하는데 날마다 6시간이
넘게 강의하셨으니 얼마나 힘들었을까 짐작이 간다. 이것이 한 학
교에서만 하는 강의가 아니라 서울 시내에 흩어져 있는 여러 학교
를 돌아다니며 한 강의였기 때문에 점심시간도 내지 못하여서 굶으
면서 이 일을 담당하였단다. 여름방학에는 서울 상동교회의 청년학
원(靑年學院)에 '하기국어강습소(夏期國語講習所)'를 설립하여 청소년
들을 모아서 무료로 국어국문을 교육하였다. 강의 책을 보따리로
싸들고 바삐 다니는 걸 보고 '주보퉁이'란 별명까지 들었다니 얼마
나 한글 교육에 힘썼는지 알 수 있다.

또한 1907년 헤이그밀사사건이 일어나 그 여파로 고종황제가 물
러나고 한일신협약이 맺어져 일본의 차관정치가 실시될 때에는 한

자어를 토박이말로 바꾸고 한글을 전용하려고 했다. 주시경 선생은 종교도 그리스도교에서 토속종교인 대종교로 바꾸고, 이름을 한글 식으로 '한힌샘'이라 지어 부르기도 했는데 이는 우리말로 이름짓기 시초다.

앞서 말했듯이 1907년 고종 때 학부 안에 '국문연구소'란 기관이 설치되었다. 국문연구소가 새로운 철자법을 연구하고 국문의 연원, 자체(字体)와 발음의 연혁, 반시옷(△), 된이응(ㆆ) 등 안 쓰던 초성 여덟 자를 다시 쓰는 내용으로 새 철자법 안을 냈는데, 이 또한 주시경 선생이 한 일이었다. 〈국어문전음학〉(1908. 11. 6.)과 〈국어문법〉(1910. 4. 15.) 두 연구 보고서도 냈다. 하지만 이 건의들은 학부 대신이 갈리고 나라가 기울어 흐지부지 되었다. 주시경 선생이 1910년 6월 10일, 나라가 일본에 완전히 먹히던 국치일 두 달 전에 보성중 친목회보에 〈한나라말〉이란 글을 썼는데 선생의 사상과 정신이 잘 나타나 있어 옮긴다.

한나라말
── 말이 오르면 나라도 오르나니

말은 사람과 사람의 뜻을 통하는 것이라. 한 말을 쓰는 사람과 사람끼리는 그 뜻을 통하여 살기를 서로 도와주므로, 그 사람들의 한 덩이가 되고, 그 덩이가 점점 늘어 큰 덩이를 이루나니, 사람의 제일 큰 덩이는 나라라. 그러함으로 말은 나라를 이루는 것인데, 말이 오르면 나라도 오르고 말이 내리면 나라도 내리나니라. 이러하므로 나라마다 그 말 힘쓰지 아니할 수 없는 바니라.

글은 말을 담는 그릇이니, 이지러짐이 없고 자리를 반듯하게 잡아 굳게 선 뒤에야 그 말을 잘 지키나니라. 글은 또한 말을 닦는 기계니,

기계를 먼저 닦은 뒤에야 말이 잘 닦아지나니라.

그 말과 그 글은 그 나라에 요긴함을 이루 다 말할 수가 없으나, 다 스리지 아니하고 묵히면 덧거칠어지어 나라도 점점 내리어 나나니라. 말이 거칠면 그 말을 적는 글도 거칠어지고, 글이 거칠면 그 글로 쓰 는 말도 거칠어지나니라.

말과 글이 거칠면 그 나라 사람의 뜻과 일이 다 거칠어지고, 말과 글이 다스리어지면 그 나라 사람의 뜻과 일도 다스리어지나니라. 이러 하므로 나라를 나아가게 하고자 하면 나라 사람을 열어야 되고, 나라 사람을 열고자 하면 먼저 그 말과 글을 다스린 뒤에야 되나니라.

또, 그 나라 말과 그 나라 글은, 그 나라 곧 그 사람들이 무리진 덩 이가 천연으로 이 땅덩이 위에 홀로 서는 나라가 됨의 특별한 빛이라. 이 빛을 밝히면 그 나라의 홀로 서는 이도 밝아지고, 이 빛을 어둡게 하면 그 나라의 홀로 서는 일도 어두워 가나니라.

우리나라의 뜻있는 이들이여, 우리나라 말과 글을 다스리어 주시기 를 바라고, 어리석은 말을 이 아래 적어 큰 바다에 한 방울이나마 보 탬이 될까 하나이다.

주시경 선생의 우리말 이름짓기

주시경 선생은 일제에 나라를 빼앗긴 뒤에도 사전을 '말모이'라 고 하고, 우리 글자를 '한글'이라고 하고, 우리말을 '한말'이라고 새 이름을 지어 불렀다. 또 단체 이름의 '회'를 '모임'이라고 짓기도 했다. 호도 다른 이들은 한문으로 짓는데 '한힌샘'이라고 했다.

주시경 선생이 대한제국 말기에 만든 국어연구학회는 1910년 나 라를 일제에 빼앗겨서 국어가 일본말이 되니 1911년에 배달말글몬 음(조선언문회)으로 이름을 바꾸었다. '배달말글몬음'이란 토박이말이름이 정겹다.

주시경 선생의 토박이말을 살려서 쓰려는 정신과 우리말로 이름을 짓는 정신은 개척 정신이고 우리말을 살리는 바른길이다. 오늘날 우리가 이어가야 할 위대한 일이고, 본받아야 할 좋은 일이다. 그런데 이 정신을 우습게 보는 한문과 영어 노예가 이 세상을 지배하고 이끄니 힘들고 또 어렵다.

한글 성경은 우리말을 빛나게 했다

기독교는 서양 종교인데 19세기에 이 땅에 들어와 동양 종교인 불교와 유교를 제치고 급속하게 퍼졌다. 기독교가 그렇게 빨리 퍼진 것은 그때 세상이 서양 문화와 문물을 받아들이는 흐름이었고, 그들의 포교 방법이 토착 종교와 다르고 또한 열심이었기 때문이다. 그 방법 가운데 가장 남달랐던 것은 성경을 쉬운 우리 말글로 뒤친 것이었다. 이 일은 기독교도 살고 한글도 살게 된 그 시대 큰 사건이었다.

유교 학자들은 한글이 태어날 때부터 한글을 싫어하고 가로막았지만 불교는 그렇지 않았다. 세종대왕은 궁궐 안에 절을 지으려고 힘쓰기도 했고, 새로 만든 한글로 처음 쓴 책이 왕조와 석가모니에 관한 책이었다. 한글이 태어나고 자리 잡을 때 스님인 신미대사가 애썼다고 하니 한글과 불교는 가까운 관계였으며 인연이 깊었다.

그런데 불교인들은 그걸 깨닫지 못하고 최근까지도 한문 불경만을 좋아했다. 나는 특별한 종교인이라고 말하기 힘들지만 어려서부터 유교와 불교 분위기에서 자랐고 지금도 가끔 절에 가서 부처님께 절을 하며 마음을 달랜다. 어느 종교인이라고 따질 때 스스로 불교인이라고 말하기도 한다. 그런데 한문으로 된 성경만 고집하는 스님들이 많아 답답하다.

내가 볼 때 부처님 말씀과 공자
님의 말씀도 예수님 말씀 못지않게
좋은 것이다. 그런데 유교와 불교
지도자들이 2천 년 전 한문에 눈이
가려서 기독교에 밀렸다고 본다. 한
문은 삼국시대와 고려 때엔 불교와
유교를 받아들이는 데 이바지했지
만 조선시대부터는 한문이 한글과
두 종교가 자라는 것을 막은 큰 걸
림돌이었다.

기독교는 불교나 유교처럼 중국을 거쳐서 이 땅에 들어왔지만 한
문 경전을 사용하지 않았다. 일찍이 1700년대 말에 한문으로 글을
많이 쓴 실학자 정약용의 형 정약종(丁若鐘, 1760~1801)은 《주교요
지》라는 천주교 교리서를 한글로 썼다고 한다. 2005년 6월 12일치
《국민일보》에 박용수 교수는 "1876년 봄, 선교사 로스는 한글을 가
르쳐 줄 수 있는 사람을 발견하였는데 그 이름은 이응찬이었다. 로
스는 한글 선생을 고용하는 것이 얼마나 어렵고, 불확실한 것인가를
알았기 때문에 돈을 아끼지 않았다. 로스는 1877년 이응찬과 함께
미래의 선교사들을 위한 기초 한글교재(Corean Primer)를 간행하였
고, 1878년 봄에는 〈요한복음〉과 〈마가복음〉을 번역하였다"라고 썼
고 "1887년 최초의 한글번역성서인 《예수셩교젼서》가 완간되었다"
라고 했다. 이렇게 만든 한글 성경은 기독교를 키우고 한글을 살아
나게 했다.

조선인보다 한글을 더 사랑한 미국인 선교사 헐버트 박사

1886년 대한제국 때 기독교 선교사로 온 미국인 선교사 헐버트 (Homer Bezaleel Hulbert, 1863~1949) 박사는 조선육영공원의 교사로 와서 《사민필지》라는 한글 지리 교과서를 우리나라 최초로 만들어 학생들을 가르치고 한글을 살리고 빛내려고 애썼다. 또한 그는 일본제국이 조선을 강제로 침략하는 것을 막으려고 조선인보다도 더 외국에 알리고 힘썼다. 고종황제의 밀사로 이준 선생들과 네덜란드 헤이그만국회의에 가기까지 한다.

헐버트 박사는 조선 사람이 조선 글인 한글로 백성의 지식을 높이는 길만이 일제를 이기는 것이라고 말하며 한글로 교과서를 만들고 고종황제에게 '한글 보급청'을 만들라고 건의도 한다. 그리고 1903년 미국 대통령과 의회에 보내는 스미스소니언 협회 연례보고서에 한글은 독창성, 과학성 등에서 영어보다도 뛰어나고 배우고 쓰기 쉬운 글자라고 말했다. 또 1901년에 쓴 《한국사》에서 부산 건너편에 있는 대마도가 본시 한국 부속이었으며 땅이 척박하여 매년 조선의 도움을 받았다고 주장하기도 했다.

그가 쓴 《사민필지》는 배재학당과 한성사범학교 등 여러 학교에서 교재로 썼으며, 그는 서재필, 주시경과 함께 《독립신문》을 만드는 일도 함께 했다. 조선 사람들이 한글보다 한자를 더 섬기는 것을 안타깝게 여기면서 조선인에게 새 지식을 빨리 쉽게 가르치려고 한글로 교과서를 만든 헐버트 박사의 마음이 담긴 《사민필지》〈서문〉(옛 글자를 현대 글로 번역)을 소개하니 오늘날 한국인이 귀담아 들어 깨닫는 것이 있기 바란다.

《사민필지》〈서문〉

천하 형세가 옛날과 지금이 크게 같지 아니하여 전에는 각국이 각각 본지방을 지키고 본국 풍속만 따르더니 지금은 그러하지 아니하여 천하 만국이 언약을 서로 믿고 사람과 물건과 풍속이 서로 통하기를 마치 한 집안과 같으니 이는 지금 천하 형세의 고치지 못할 일이라.

이 고치지 못할 일이 있는즉 각국이 전과 같이 본국 글자와 사적만 공부함으로는 천하 각국 풍습을 어찌 알며 알지 못하면 서로 교접하는 사이에 마땅치 못하고 인정을 통함에 거리낌이 있을 것이오. 거리낌이 있으면 정의가 서로 두텁지 못할지니 그런즉 불가불 이전에 공부하던 학업 외에 각국 이름, 지방, 폭원, 산천, 산야, 국경, 국세, 재화, 군사, 풍속, 학업과 도학이 어떠한가를 알아야 할 것이다.

이런고로 대저 각국은 남녀를 막론하고 칠, 팔 세가 되면 천하 각국 지도와 풍속을 가르친 후에 다른 공부를 시작하니 천하의 산천, 수륙과 각국 풍속, 정치를 모르는 사람이 별로 없는지라 조선도 불가불 이와 같게 한 연후에야 외국 교접에 거리낌이 없을 것이요. 또 생각건대 중국 글자로는 모든 사람이 빨리 알며 널리 볼 수가 없고 조선 언문은 본국 글일뿐더러 선비와 백성과 남녀가 널리 보고 알기 쉬우니.

슬프다. 조선 언문이 중국 글자에 견주어 크게 요긴하건마는 사람들이 요긴한 줄도 알지 아니하고 오히려 업수이 여기니 어찌 아깝지 아니하리오. 이러므로 한 외국인이 조선말과 언문법에 익숙치 못한 것에 대한 부끄러움을 잊어버리고 특별히 언문으로써 천하 각국 지도와 목견한 풍기를 대강 기록한다. 땅덩이와 풍우박뢰의 어떠함을 먼저 차례로 각국을 말씀하니 자세히 보시면 각국 일을 대충은 알 것이요. 또 외국교접에 적이 긴요하게 될 듯하니 말씀의 잘못됨과 언문의 서투른 것은 용서하시고 이야기만 보시기를 그윽히 바라옵나이다.

조선 육영공원 교사 헐버트 씀

일본이 퍼트린 한자혼용 글쓰기

지금까지 유길준이 1895년에 쓴 《서유견문》이 가장 먼저 쓴 한자혼용 글이고 그가 한자혼용 글쓰기를 퍼트린 사람으로 아는 이들이 많은데, 그렇지 않다. 그보다 10년 전에 나온 《한성주보》가 처음으로 한자를 섞어 글을 썼다. 《한성주보》는 1883년 박문국에서 만들던 《한성순보》가 갑신정변으로 문을 닫았다가 3년 뒤인 1886년에 다시 내면서 일주일에 한 번씩 나온 주보인데, 이노우에 가쿠고로(井上角五郎)가 낸, 한자를 섞어 쓴 신문이다.

《한성순보》는 신문과 잡지를 만들던 정부기관인 박문국에서 냈는데, 박문국은 1883년(고종 20) 8월 김옥균(金玉均)·서광범(徐光範)·박영효(朴泳孝) 등의 노력으로 설치되었으며, 민영목(閔泳穆)·김만식(金晚植) 등을 당상관(堂上官)으로 하고, 이노우에가 고문이었다. 그때 조선은 신문을 만든 경험이 없었기에 실제로는 이노우에가 만든 것이나 다름없다.

한글을 갈고 닦는 첫 학회, 조선어학회

조선은 점점 기울어 갔고, 1894년 아관파천이 일어난 뒤 이름을 대한제국으로 바꾼다. 이때 우리말을 한글로 적는 바람도 일어난다. 앞에서 말한 것과 같이 1896년에 《독립신문》이 창간되고, 그 신문의 한글판 교열을 맡은 주시경 선생이 신문사 안에 국문동식회를 만들고 국어 연구와 국어 강습을 한다. 그 정신을 이어 1907년 국

어강습소(강사 주시경)가 싹트고 1908년 국어연구학회(회장 김정진)
가 결성되는데 이 학회는 우리말과 한글을 연구하는 첫 학회로서
일제 때 조선어학회로 이름을 바꾸었다가 오늘날의 한글학회가 되
었다.

　국어연구학회는 1910년 나라를 일제에 빼앗겨서 국어가 일본말
이 되니 1911년에 배달말글몯음(조선언문회)으로 이름을 바꾸고
1914년까지 활동하다가 그해 주시경 선생이 갑자기 세상을 떠나
김두봉이 뒤를 이어 활동한다. 그러나 일제 탄압이 심해지자 김두
봉도 상해로 망명하게 되어 활동이 시들해진다. 1921년 12월 3일,
국어학과 국어운동 선구자인 주시경 선생의 문하생 임경재·최두선·
이규방·권덕규·장지영·신명균 등 10여 명이 휘문의숙에서 조선어
연구회로 이름을 바꾸고 다시 활동한다.

　서울의 사립학교 교사들과 교육자들이 중심이 되어 조직한 조선어
연구회는 강습회와 강연회 개최, 회보 발간, 한국어 학자 양성 등 다
양한 활동을 통해 한글 연구와 보급운동을 한다. 1926년에는 '가갸날
(뒤에 '한글날'로 고침)'을 제정하고 해마다 기념식을 열어서 민족문화
유산과 그 보존의 의미를 되새겼다. 조선어연구회는 1931년 조선어
학회로 확대 개편하여 전국 각지에서 한글보급운동을 적극 전개하였
으며, 동시에 우리말을 연구한 성과로 《훈민정음언해본》(1932), 《한
글맞춤법통일안》(1933), 《사정한 조선어표준말모음》(1936), 《계몽야
학회속수독본》(1938), 《외래어표기법통일안》(1941) 등을 발간하였다.

　일제 식민지시대에 국내에서 우리말과 글을 갈고 닦고 보급하면
서 한글날을 만들고 한글맞춤법을 제정한 것은 중대한 민족독립운
동이고 광복 뒤 나라를 세울 준비운동이었다. 일제는 우리말을 지
키고 연구하는 이 민족독립운동단체를 1942년에 탄압한 일이 있는
데 이른바 조선어학회사건이다. 1942년 10월부터 8·15 광복까지

90

조선어학회사건으로 학회의 관계자 33인이 일본 경찰에 검거되어 옥고를 치르는 수난을 겪었으며, 이윤재·한징 두 분은 감옥에서 돌아가셨다.

이 학회는 광복 뒤인 1949년에 한글학회로 이름을 바꾸고 사전을 만들면서 한글만 쓰기운동, 국어순화운동, 한글기계화운동을 계속했다. 한글학회는 일반 학생과 시민, 한글단체 중심이 되어 일본식 한자혼용 주장자들과 50년 동안 싸울 때 그 중심이었고 본부였다. 나는 한글학회 회원은 아니지만 국어운동학생회 지도교수였던 허웅(한글학회 회장)과 함께 앞에 서서 40년 동안 줄기차게 활동했다.

최초로 펴내려 했던 우리말 사전 이름 '말모이'

주시경은 대한제국 때 한글을 살려 쓰려는 노력을 하면서 우리말의 규범이 되는 사전이 필요함을 느끼게 된다. 그래서 최남선, 박은식 들이 우리 옛 문화를 빛내겠다고 만든 광문회에서 김두봉, 이규영, 권덕규와 함께 일제 초기인 1911년부터 사전을 만들기 시작한다. 1914년에 사전 원고 집필이 거의 마무리 되어갈 때 주시경이 갑자기 죽게 되고, 김두봉이 중국으로 망명하니 출판이 미루어진다. 그러다가 1927년, 그 원고는 계명구락부에 넘어갔다가 조선어연구회로 넘어오는데 이때 그 말본 책 이름이 '말모이'였다고 한다. 그때 말모이가 햇빛을 못 본 건 안타깝지만 '사전'이란 한자말이 아닌 우리말을 모았다는 뜻이 담긴 '말모이'란 새말을 만들어 쓴 일은 매우 뜻 깊은 일이다.

당시 주시경은 39살의 젊은 나이였는데 일제가 독살했다는 말도 있다. 참으로 안타깝고 분한 것은, 그때 주시경이 죽지 않고 김두봉이 중국으로 망명하지 않았다면 분명히 말모이가 나왔을 것이다. 그리고 새말을 만들어 쓰는 정신과 노력이 계속 이어왔다면 오늘날 우리말과 우리 겨레의 모습이 매우 달라졌을 것이다. 일제에 나라를 빼앗긴 것은 우리 민족의 큰 부끄러움이며 아프고 슬픈 일이었다.

아쉽게도 그때 집필한 원고 가운데는 그 첫째 권으로 보이는 'ㄱ~걀죽'까지의 표제어가 포함된 1권만이 남아있을 뿐이다. 이 《말모이》는 알기·본문·찾기·자획찾기의 네 부분으로 짜여 있으며 각 표제어는 '외래어 표시부호, 표제어, 한자·영자, 문법용어, 전문용어, 의미풀이' 순으로 구성되어 있다. 《말모이》 엮은이는 용언의 어미와 체언의 조사를 포함하는 이른바 '토'를 독립된 품사로 설정했기 때문에 용언의 표제어는 체언의 표제어처럼 그 어간만이 제시되었다. 예를 들어 '가다', '까다' 등은 '가', '까'로 올라 있다. 현재 고본(稿本)으로 전하는 《말모이》에는 고유어와 외래어, 전문용어가 표제어로 올라 있는데 어원의 제시 등이 없는 실용적인 성격의 사전이라 할 수 있다. '알기'와 '본문'은 1986년 서울대학교 한국문화연구소에서 간행한 〈한국문화〉 제7집에 소개되었다.

그 《말모이》의 표지 이름은 'ㅁㅏㄹㅁㅗㅣ'로 가로 풀어쓰기인데 로마자 영향을 받은 것으로 보인다. 이 풀어쓰기는 한동안 외솔 최현배 선생도 연구했지만 초성·중성·종성으로 음절을 만드는 한글의 특징과 장점을 죽이는 일이라 인정을 받지 못했다. 그때 조선어학회와 관계된 사람들이 풀어쓰기를 시도한 일을 가지고 반대파들이 비판하는데 이는 한글을 발전시키려고 애쓴 시도로 보아야 한다. 한자 세상을 깨부술 길을 찾다가 손을 댄 일이며 주시경 선생이 얼마나 한글을 살리려고 애썼는지 알 수 있는 일인 것이다. 풀어쓰기는 문제가 있지만 한글을 누구나 쉽게 배우고 쓸 수 있는 글자로 만들려는 정신은 앞으로도 이어야 한다.

우리는 새말을 만드는 능력과 기술이 모자란다. 그래서 다른 나라 사람이 만든 말을 그대로 들여다 씀으로써 우리말이 힘을 쓰지 못하고 발전하지 못하고 있다. 학술 전문용어가 일본 한자말이나 미국말로 된 것이 많은 까닭이 그래서이다. '말모이'란 새 토박이말을 만들어 쓴 정신을 살려서 말 다듬기에 힘쓰자. 그 정신으로 말글살이를 할 때 우리말이 더 빛이 날 것이다.

한글날(가갸날)을 만들다

일제 때 한글날을 만든 것은 우리말을 지키고 빛내는 데 매우 중대한 일이었다. 한글이 태어난 지 480년이 되는 1926년 음력 9월 29일에 조선어학회는 신민회와 함께 가갸날을 만들고, 첫 기념식을 4백여 명이 모인 가운데 서울 시내 식도원에서 크게 열었다. 일제 때에 국어학자와 민족지도자들 4백여 명이 모였다는 것은 매우 뜻깊은 일이었다.

이날은 한글을 자랑하는 날이고 우리 겨레의 우수성을 되새기는 날이었으며, 겨레 독립과 나라를 되찾을 다짐을 하는 날이었다. 민족시인 만해 한용운은 〈가갸날〉이라는 시를 써서 《동아일보》 제2247호(1926. 12. 7.)에 발표했는데, 그때 분위기와 심정이 잘 나타나 있다. 한글날은 온 국민의 가슴에 한글 사랑정신을 품게 해주었고, 한글이 우리 글자임을 되새기도록 했다.

가갸날

아아, 가갸날
참되고 어질고 아름다와요.
'축일(祝日)', '제일(祭日)'

'데이', '시즌' 이 위에
가갸날이 났어요, 가갸날.
끝없이 바다에 쑥 솟아오르는 해처럼
힘있고 빛나고 뚜렷한 가갸날.

'데이'보다 읽기 좋고 '시즌'보다 알기 쉬워요.
입으로 젖꼭지를 물고 손으로 다른 젖꼭지를 만지는
어여쁜 젖꼭지를 물고 손으로 다른 젖꼭지를 만지는

어여쁜 아기도 일러 줄 수 있어요.
아무것도 배우지 못한 계집 사내도 가르쳐 줄 수 있어요.
가갸로 말을 하고 글을 쓰셔요.
혀끝에서 물결이 솟고 붓 아래에 꽃이 피어요.

그 속엔 우리의 향기로운 목숨이 살아 움직입니다.
그 속엔 낯익은 사랑의 실마리가 풀리면서 감겨 있어요.
굳세게 생각하고 아름답게 노래하여요.
검이여, 우리는 서슴지 않고 소리쳐 가갸날을 자랑하겠습니다.
검이여, 가갸날로 검의 가장 좋은 날을 삼아 주세요.
온 누리의 모든 사람으로 가갸날을 노래하게 하여 주세요.
가갸날, 오오 가갸날이여.

우리말 사전 만들기 때문에 벌어졌던 조선어학회사건

일제는 1931년 만주사변을 일으키고, 또한 중국침략을 앞에 놓고
조선 민족에 대한 압박을 한층 더 강화하여 나갔다. 그리하여 1936

조선어학회사건 수난동지회 기념사진(1949년 6월)

년에 조선사상범 보호관찰령을 공포하고, 1937년에는 수양동우회 회원을, 1938년에는 흥업구락부 회원을 검거하기에 이르렀다. 1940 년, 문맹퇴치운동을 하는 한글 신문인 《동아일보》와 《조선일보》를 강제 폐간했고, 1941년 4월에는 문예지인 《문장》과 《인문평론》도 폐간했다. 그리고 조선 민족사상을 꺾고 나아가 조선 민족을 말살하기 위하여, 조선어 교육을 차츰차츰 폐지하는 한편, 1941년에는 조선사상범 예방구금령을 공포함으로써 언제든지 독립운동가를 검거할 수 있는 길을 터놓았다.

1942년 제국주의 일본은 조선어학회 회원과 그들을 돕는 민족지도자들을 잡아가 감옥에 가두었다. 민족운동, 조선말 지키기 운동본부인 조선어학회를 짓밟은 것이다. 일제는 우리를 영원히 식민지로 만들려고 창씨개명을 강요하고 조선말 죽이기 정책을 세워 일본어만 쓰도록 강요하는 정책을 밀어붙였다. 그 당시 조선어학회가 우리 사전을 만드는 일은 그에 반대하는 일이었기에 탄압한 것이다. 조선어학회사건은 조선 민족 말살정책 실천이었으며 민족자주독립과 국권회복운동을 가로막는 못된 짓이었다.

그 과정에서 처음에 함흥 영생여고에서 학생들을 가르친 정태진 선생을 잡아가 꼬투리를 잡은 뒤 10월 1일에 이중화, 장지영, 최현배 들 학자와 재정을 도와준 애국자 등 33인을 치안유지법의 내란죄로 잡아가두었고, 증인으로 취조를 받은 사람만도 48명이었다.

사건을 취조한 홍원경찰서에서는 사전편찬에 직접 가담하였거나 재정 보조를 한 사람들과 기타 이에 협력한 33명을 모두 치안유지법의 내란죄로 몰아, 이극로·이윤재·최현배·이희승·정인승·김윤경·김양수·김도연·이우식·이중화·김법린·이인·한징·정열모·장지영·장현식·이만규·이강래·김선기·정인섭·이병기·이은상·서민호·정태진 등 24명은 기소, 신윤국·김종철·이석린·권승욱·서승효·윤병호 등 6명은 기소유예에, 안재홍은 불기소, 권덕규·안호상은 기소 중지하자는 의견서를 담당검사에게 제출하였다.

이때 일본인들에게 고문당한 일에 대해서 최현배 선생이 쓴 글을 보면 "나는 삼십여 명의 동지들과, 한 일 년 동안 홍원경찰서에서 비행기를 타고 기절하였고, 물을 먹고서 까무러쳤으며, 목총으로 머리를 두들겨 맞고 유혈이 낭자하였고, 곤장을 맞아 등과 궁둥이가 터졌으며, 발길로 종아리를 채여서 워낙 상하였기 때문에 40도의 신열이 나고 앓았으며, 이러한 고문에 짝하여 갖은 모욕과 천대를 받았다. 이것이 나 하나만의 겪음이 아니라, 삼십여 동지들이 똑같이 겪은 바이며, 그 밖에 우리들의 가족과 친구들까지 불려 와서 모욕과 박해를 당하였다"라고 적혀있다. "고유 언어는 민족의식을 양성하는 것이므로 조선어학회의 사전편찬은 조선 민족정신을 유지하는 민족운동의 형태다"라며 내란죄로 판결을 내려서 감옥살이를 시킨 것이다.

일제 강점기 때 우리말 사전을 만든 일, 그리고 이 일을 한다고

일제에 끌려가서 매를 맞고 죽음까지 당한 것은 매우 중대한 민족
독립운동사로서 잊어서는 안 될 일이다.

일제시대 주시경의 한글만 쓰기를 반대한 '자산 안확'

문화관광부는 국학자 자산 안확(安廓, 1886~1946)을 2003년 1월
'문화의 인물'로 정하고 한자혼용을 주장하는 한국어문교육연구회
(회장 강신항) 주최로 학술 강연회를 열고 그를 기리는 행사를 성대
하게 열었다. 그러나 안확은 한글 쓰기를 가로막고, 신채호의 자주
역사관을 반대한 사람으로서 오히려 우리말 훼방꾼으로 봐야 할 사
람이다.

자산은 1886년에 서울에서 소학교를 졸업하고 독학하다가 일제
때인 1914년 일본으로 건너가 니혼 대학(日本大學)에서 정치학을 공
부했다. 그는 말글 문제에는 주시경과, 역사 관점에선 신채호와 반
대 주장을 했는데 그 바탕은 일제 교육에서 온 것으로 보인다. 안
확은 식민교육에 따른 사대주의 언어관과 식민역사관의 입장에서
민족주체 학문을 연구한 주시경과 신채호의 주장에 반대를 한 것으
로 보인다.

안확이 훈민정음이 소리, 음악정리에 기초를 둔 것이라고 하는
악리기원설(樂理起源說)을 제시하면서 일본인들이 주장한 범자(梵字)
모방설이나 몽골 글자 모방설 등을 부정한 것은 잘한 일이다. 그러
나 한글은 세종대왕이 백성을 위해서 만든 것이 아니고 한자를 적
는 보조수단으로 만든 것이라는 주장을 했다. 또한 입말을 적기 때
문에 '한글'이라 하지 말고 '언문'이라고 하자고 하고, 일본식 한자
혼용과 한자말을 그대로 써야한다고 주장하며 조선어학회의 한글맞
춤법을 반대했는데 그것은 큰 잘못이다.

토박이 역사학자인 신채호(申采浩)는 "역사는 우리[我]와 우리가 아닌 자[非我]의 투쟁"이라고 하고, "남의 것을 멀리하고 우리 것을 키우는 게 역사 발전의 마땅한 길이다. 민족 고유의 문화는 우리[我]이고, 중국 문화는 남[非我]이어서, 서로 싸워 승패를 나눌 수밖에 없다. 고대 시대에 '독립당 묘청'을 '사대당 김부식'이 제압해서 '국풍파' 대신에 '한학파'가 득세한 것이 남의 승리를 가져온 우리 역사의 가장 큰 비극이다. 그런 비극을 역전시켜 한학을 배격하고 국풍을 되살려, 사대에서 벗어나 독립을 이룩하는 것이 민족사의 마땅한 방향이다"라고 주장했다.

그런데 안확은 신채호의 주장에 반대해서 "고유한 문화를 발전시키기 위해서 필요했기 때문에 한문을 받아들였으며, 한문을 수입해서 자기 것으로 만들었다. 불교와 한학을 수입한 이래로 조선 특유의 문화도 자체로 발달의 기운을 나타냈다. 그러므로 한학의 전통을 계승해서 민족 문학을 발전시키는 데 더욱 힘써야 하고, 한학을 받아들여 우리 것으로 만든 경험을 살려 외래문화의 주체적 수용을 위한 지침으로 삼아야 한다"면서 한글만 쓰기와 외래어 배격을 반대했다. 한글과 토박이말을 살려 쓰려고 한 주시경과 민족 주체 역사관을 가진 신채호에 반대 주장을 한 안확은 무조건 숭배할 인물이 아니라고 본다.

일제강점기에 우리 말글로 좋은 글을 쓴 분들

일본말이 국어여서, 일본말만 알고 우리말은 모르는 조선 사람이 수만 명에 이르렀던 일제시대에 우리말과 한글로 시와 소설을 쓰고 노랫말을 짓고 글을 쓴 작가들이 있다. 한용운, 이상화, 이육사, 윤동주 시인의 시, 이광수의 《흙》, 심훈의 《상록수》와 또 다른 여러 분들의 소설, 방정환과 윤석중의 동요들이 모두 겨레와 나라를 사랑하는 마음으로 씌어 우리 말글의 우수성을 증명했다.

많은 조선 사람이 일제에 빌붙어 관리를 하고 앞잡이 노릇을 하며 떵떵거리고 살면서 같은 민족을 짓밟을 때, 이들은 우리 얼을 간직하고 우리 말글로 일제에 저항하는 시와 글을 썼으니 장한 일이다. 민간신문인《조선일보》와《동아일보》가 브나로드운동과 한글강습회를 열고 한글보급운동을 한 것도 잘한 일이다.

일제는 1884년부터 이 땅에 일본말 씨앗을 뿌리고 1894년부터는 일본말을 뿌리내리게 하고, 을사늑약을 체결한 뒤 1906년부터 조선말과 일본말을 함께 쓰게 하다가 1937년부터 일본말만 쓰게 해서 1945년에는 10살이 안 된 아이들을 제외한 총 인구의 일본어 해득률은 41퍼센트에 이르렀다. 일제가 몇 십 년만 더 이 땅을 지배했다면 우리말을 모르는 조선인도 많아져서 우리말은 물론 우리 겨레도 사라졌을지 모를 일이다. 일제시대에 한글로 글을 쓰고 신문을 만든 이들은 모두 우리 말글이 살아남는 데 크게 이바지했다.

주시경이 일제 교육에 일본 혼이 들었으니 우리 한글만 살려 쓰자는 주장을 하자, 안확은 언어학을 모르는 주장이라고 비판했는데, 안확의 정신과 주장이 오늘날 경성제국대학 출신인 이희승과 그 제자들이 중심인 한자혼용파에까지 이어져서 똑같은 소리를 하고 있다. 이들은 한글만으로는 학문이 되지 않고 한문과 한자말이어야 한다면서, 일본이 한자를 혼용해서 강국이 되었으니 우리도 그것을 본받자고 한다.

몇 사람이 일제 말에 친일한 흔적이 있어 논란이 있고, 완전히 일본 혼이 들어서 광복이 된 뒤에도 일본처럼 한자를 혼용해야 한다고 주장하는 무리에 견주면 일제시대에 한글로 좋은 문학작품을 쓴 분들은 우러러 받들 한글 지킴이들이었다.

'한자 섞어 쓰기' 본보기 글, 〈기미독립선언서〉

일본제국이 이 나라를 짓밟고 남긴 찌꺼기 가운데 오늘날까지 남아있는 가장 큰 것은 한자를 섞어 쓰는 말글살이다. 이는 우리 토박이말의 쓰임을 가로막고 우리말이 꽃피지 못하게 하는 큰 걸림돌이다. 일본 말글살이가 한자혼용인데 그걸 닮은 본보기가 되는 글들이 〈기미독립선언서〉와 유길준이 쓴 《서유견문》, 이인직이 쓴 《血의 淚》, 최남선이 쓴 시 〈海에서 少年에게〉 들이다.

이 글들은 일본과 중국 말투 표본인데 국어 교과서에서도 소개하고 있으니 한심하다. 아무리 좋은 내용과 뜻을 담은 글이라고 해도 한자혼용으로 된 문장은 국어 교과서에 들어가서는 안 된다. 이 글들이 얼마나 우리 말글살이를 뒤틀리게 하는지 살펴 볼 수 있는 〈기미독립선언서〉 원문 일부를 소개한다.

기미독립선언서

吾等은 玆에 我 朝鮮의 獨立國임과 朝鮮人의 自主民임을 宣言하노라. 此로써 世界萬邦에 告하야 人類平等의 大義를 克明하며, 此로써 子孫萬代에 誥하야 民族自存의 政權을 永有케 하노라.

半萬年 歷史의 權威를 仗하야 此를 宣言함이며, 二千萬 民衆의 誠忠을 合하야 此를 佈明함이며, 民族의 恒久如一한 自由發展을 爲하야 此를 主張함이며, 人類的 良心의 發露에 基因한 世界改造의 大機運에 順應幷進하기 爲하야 此를 提起함이니, 是 天의 明命이며, 時代의 大勢며, 全人類 共存 同生權의 正當한 發動이라, 天下何物이던지 此를 沮止抑制치 못할지니라.

舊時代의 遺物인 侵略主義, 强權主義의 犧牲을 作하야 有史以來 累

千年에 처음으로 異民族 箝制의 痛苦를 嘗한 지 今에 十年을 過한지
라. 我 生存權의 剝喪됨이 무릇 幾何며, 心靈上 發展의 障애됨이 무릇
幾何며, 民族的 尊榮의 毁損됨이 무릇 幾何며, 新銳와 獨創으로써 世
界文化의 大潮流에 寄與補裨할 奇緣을 遺失함이 무릇 幾何뇨.

噫라, 舊來의 抑鬱을 宣暢하려 하면, 時下의 苦痛을 파탈하려하면
장래의 협위를 삼제하려 하면, 民族的 良心과 國家的 廉義의 壓縮銷
殘을 興奮伸張하려 하면, 各個 人格의 正當한 發達을 遂하려 하면, 可
憐한 子弟에게 苦恥的 財産을 遺與치 안이하려 하면, 子子孫孫의 永
久完全한 慶福을 導迎하려 하면, 最大急務가 民族的 獨立을 確實케
함이니, 二千萬 各個가 人마다 方寸의 刃을 懷하고, 人類通性과 時代
良心이 正義의 軍과 人道의 干戈로써 護援하는 今日, 吾人은 進하야
取하매 何强을 挫치 못하랴. 退하야 作하매 何志를 展치 못하랴.

丙子修好條規 以來 時時種種의 金石盟約을 食하얏다 하야 日本의
無信을 罪하려 안이 하노라. 學者는 講壇에서, 政治家는 實際에서, 我
祖宗世業을 植民地視하고, 我 文化民族을 土昧人遇하야, 한갓 征服者
의 快를 貪할 뿐이오, 我의 久遠한 社會基礎와 卓락한 民族心理를 無
視한다 하야 日本의 少義함을 責하려 안이 하노라. 自己를 策勵하기
에 急한 吾人은 他의 怨尤를 暇치 못하노라. 現在를 綢繆하기에 急한
吾人은 宿昔의 懲辯을 暇치 못하노라.

한자혼용에 길든 시기

일본제국에 이 땅을 강제로 점령당한 시기는 36년이라고 하지만
침략에 시달린 대한제국 때까지 더하면 50년이 넘는다. 그 시기에
이 땅을 짓밟히고 백성들의 삶이 망가진 피해도 크지만 우리 말글
살이가 일본식 한자혼용에 길든 피해 또한 엄청나게 크다. 조선일

보와 동아일보 같은 신문사에서 한때 한글 강습회를 열고 한글도 썼다지만 완전한 한자혼용 신문이었고, 학교의 교과서가 한자혼용한 일본말 책이어서 한자혼용이 바른 말글살이처럼 뿌리내렸다.

　일제 강점기에 일본 국민으로 태어나서 일본 초등학교에서 일본말을 국어로 배우고 길든 세대는 일제가 물러간 뒤 한글만 쓰는 것이 더 불편하고 잘못된 말글살이로 알고 반대했다. 이들은 한글로만 쓰인 글은 읽기도 힘들다고 하고, 맞춤법을 몰라서 한글만으로는 글을 제대로 쓸 수 없었다. 그들은 한글만 쓰기를 우습게 여기고, 그 말글살이로는 지식인 행세를 할 수 없으니 대한민국이 건국되고도 죽자 살자 한글 세상을 되는 것을 반대했고 결국 엄청난 국력 손실을 가져오게 만들었다.

4. 한글을 살리고 우리말을 되찾는 시대

광복 뒤 미국 군정시대의 우리말 살리기

제2차 세계대전에서 일본이 미국과 소련 들 연합국에 항복함으로써 우리도 광복을 맞이하게 되었다. 그러나 우리 힘만으로 일본을 밀어낸 것이 아니어서 남쪽은 미군이, 북쪽은 소련이 1945년부터 1948년까지 3년 동안 우리 땅을 다스리게 된다. 그리하여 남쪽에서는 이른바 미국 군사정권시대가 된다. 그래서 군사 문서는 영어를 공용어로 하고 일반 국민을 상대로 한 공문서와 학생 교과서는 우리 말글로 만들게 되었고 우리말이 영어와 함께 쓰인다. 그래도 5천 년 역사에 처음으로 한글이 공문에 쓰여서 널리 퍼지게 되었다.

이때 미국말과 일본말이 아니고 우리 말글로 공문서를 쓰고 교과서도 만들 수 있었던 것은 일제 때 조선어학회 학자와 민족독립 운동가들이 우리 말글을 갈고 닦고 지켰기 때문이다. 이스라엘 민족이 2천 년 동안 나라를 잃고 떠돌아 살면서도 제 겨레말을 지키고 살려 썼기에 다시 나라를 세우고 제 말글을 쓸 수 있었듯이, 우리도 일제 때 민족지도자들이 한글날을 만들고 한글맞춤법을 만들고, 국어 문

104

법책과 사전을 만들고 우리말을 지켰기에 일본이 물러간 뒤에 바로 우리 말글로 말글살이를 할 수가 있었다. 만약에 일제가 36년이 아니라 50년이나 백 년 동안 우리를 지배했거나, 선열들이 겨레말을 지키지 않았다면 만주족처럼 겨레말을 잊어버렸을지도 모른다.

미군정 때 조선어학회는 국어교사 양성소를 만들고 국어 교재를 만들었으며, 나라 안 곳곳에 한글강습소를 열어 우리 말글 교육에 힘썼다. 또 우리말 도로 찾아 쓰기 운동을 벌이고 1947년 10월에는 일제 때부터 만들던 국어사전(《우리말 큰사전》) 첫째 권을 출판한다. 그리고 다시 한글날 기념식을 하면서 한글사랑, 겨레사랑 정신을 키운다. 나라를 빼앗겼던 일제시대에도 조선어학회 회원들이 우리 말글을 지키고 빛내는 일을 많이 했지만 미군정시대에도 큰일을 많이 한다. 그 가운데 외솔 최현배는 바로 미국 군정청 편수국장으로 들어가 한글만으로 교과서를 만들었다. 만약 그때 최현배 같은 이가 아닌 박승빈이나 안확을 섬기는 이희승이나 이숭녕 같은 이가 미국군정청에 들어가서 교과서를 만들었다면 틀림없이 한자혼용으로 만들었을 것이다.

일제가 물러간 뒤, 조선어학회와 애국지사들이 일제가 못 쓰게 한 우리말을 다시 찾아 쓰려고 한 일은 참으로 잘한 일이고 옳은 일이다. 일본말 '벤또'는 '도시락'으로, '스시'는 '초밥'으로 하자고 하고, '건널목' 같은 새말도 만들어 썼다. 그런데 일제 찌꺼기 한자파들은 이 우리말 도로 찾기 운동도 잘못된 일이라고 방해하고 비난했으니 통탄한 일이다.

미군정 때 우리말 관련된 중요한 일들

앞서 말했듯이 일제가 물러가고 미국 군정시대가 되었지만 민족

지도자와 한글학자들은 우리 말글을 살려 쓰려고 애썼다. 그때 말 글살이 관련된 중요한 일들을 들면 아래와 같다.

1945년 8월 25일 : 서울 안국동 예배당에서 조선어학회 회원들이 모여 임시총회를 열고 미군정청이 마련한 '초·중등학교 교사 한글강습'과 각급 학교 국어 교재를 맡아 만들기로 함.

1945년 8월 31일 : 광복 뒤 두 번째로 창간된 호남신문사(사장 이은상)가 한글만으로 신문을 만듦.

1945년 9월 7일 : 미국 태평양 방면 육군 총사령부(사령관 맥아더) 포고 제1호 5조에서 "군사적 관리를 하는 동안에는 모든 목적을 위하여서 영어를 공용어로 한다"고 함.

1945년 9월 8일 : 조선어학회가 일제에 압수당했던 《우리말 큰사전》 원고를 서울역 창고에서 발견.

1945년 9월 29일 : 미군정 법령 제6호 4조. "조선학교에서 교육 용어는 조선어로 한다."

1945년 10월 9일 : 한글날 첫 기념식.

1945년 11월 30일 : 문자생활을 우리글만 쓰기로 하려고 '한자 폐지회(위원장 이극로)' 만듦.

1945년 12월 8일 : 미국 군정청 '조선 교육 심의회(미군정청 문교부 자문기관, 위원 80명, 1945년 11월 발족)'는 '교과서 분과 위원회(최현배·장지영·조윤제·조진만·황신덕·피천득·미국인 편수국장)'가 마련한 "한자 사용을 폐지하고, 초·중등학교의 교과서는 전부 한글로 하되, 다만 얼마 동안 필요에 따라 한자를 도림(괄호) 안에 넣을 수 있다"는 결의안을 채택한다.

1946년 1월 11일 : 미군정청 사회과는 1945년 12월 22일부터 일주일 동안 종로 거리에서 1,822명에게 한글전용 여론조사를 해서

72.5퍼센트가 찬성이라는 결과를 발표한다.

1946년 1월 15일 : 한글학회는 국민학교용《초등국어교본》과 교사용
《한글 교수 지침》을 만듦.

1946년 10월 9일 : 군정청에서 '한글날'을 공휴일로 정함.

1947년 1월 10일 : 한글학회는 중학교용《중등국어교본》을 만듦.

1947년 6월 28일 : 미군정장관 밑에 한국인 민정장관을 두고 '미군정
청'이라고 부르던 정부를 '남조선 과도정부'라고 하면서 7월
1일에 "남조선 과도정부의 공용어는 조선어로 함"이란〈행정
명령 제4호〉를 공포하여 우리말과 우리글이 정부의 공용어로
지시된다.

위와 같이, 조선 교육 심의회가 채택한 안이 이 땅에서 한글전용
을 한다는 첫 공식 결의이다. 그리고 다음과 같은 발표가 나온다.

미군정청 한글만 쓰기 발표문

(1) 한자 폐지 여부에 관한 일

① 초등, 중등 교육에서는 원칙적으로 한글을 쓰고 한자는 안 쓰기로
한다.

② 일반의 교과서에는 과도기적 조치로 필요하다고 생각하는 경우에
는 한자를 함께 써서 대조시킴도 무방하다.

③ 중학교에서는 현대 중국어 과목 또는 고전식 한문 과목을 두어서
중국과의 문화적·경제적·정치적 교섭을 이롭게 하며, 또는 동양 고
전에 접근할 길을 열어주기로 한다. 다만, 한자에 한하여 원문에 섞
어 써도 좋다.

④ 이 '한자 안 쓰기의 실행'을 미끄럽게 빨리 되어가기를 꾀하는 의
미에서 관공서의 문서와 지명·인명은 반드시 한글로 쓸 것(특히 필

요하다고 생각하는 경우에만 한자를 함께 써도 좋음)을 당국과 긴
밀한 연락을 취하기로 한다.

⑤ 위의 제4조와 같은 의미에서 사회 일반, 특히 보도기관, 문필가,
학자들의 협력을 구해야 한다.

(2) 가로 글씨(횡서)에 관한 일

① 한글을 풀어서 왼쪽에서 오른쪽으로 나아가는 순전한 가로 글씨로
함이 자연적인 동시에 이상적임을 인정한다.

② 그러나, 이 이상적 가로쓰기를 당장에 완전히 시행하기는 어려우
니까, 이 이상에 이르는 계단으로 오늘의 맞춤법대로의 글을 여전
히 쓰더라도 그 글줄[書行]만은 가로[橫]로 한다.

③ 첫째 항목(項目)에서 규정한 이상적 순전한 가로 쓰기로 적당한 방
법으로 조금씩 차차 가기로 한다.

대한민국 정부수립 시기의 한글 살리기

조선어학회는 미국 군정 때 한글을 가르치고 갈고 닦던 일을 정
부수립 뒤에도 계속한다. 1948년에 '중등 국어교사 양성소'를 만들
고 1949년에 학회이름을 한글학회로 바꿨으며, '한글전용 촉진회'
를 만들어 우리말과 한글을 살리고 펴기에 힘쓴다. 조선어학회사건
때 관련된 분인 안호상 박사가 초대 문교부장관이 되고 김법린 박
사가 그 뒤에 문교부장관이 되었으며 외솔 최현배 박사가 편수국장
으로 다시 들어감으로써 교과서에 한글 쓰기는 튼튼하게 자리 잡게
된다. 최현배, 안호상, 김법린 박사는 한글을 사랑하는 정신이 강했
고, 이승만 대통령도 한글을 사랑하는 분이었다. 이 대통령은 1890
년대에 배재학당에서 한글로 《독립신문》을 만든 서재필 박사로부

터 주시경 선생과 함께 교육받고 독립협회 활동을 했다.

한글학회는 광복 뒤 미군정 때에도 바로 한글교육을 실시하고 정부수립 뒤에도 한글만 쓰기와 함께 우리 토박이말 살려 쓰기에 힘썼으나 이 일은 뜻대로 되지 못했다. 일제 때 창씨개명한 이름을 버리고 우리말 이름은 찾아 썼지만, 일본식 한자말로 바꾼 우리 땅 이름이나 학술용어는 그대로 쓰자는 일제 세대가 많아서 토박이말로 바꾸지 못했다. 그 당시 글자를 안다는 사람들은 일본어를 국어로 알고 자란 사람들로서 공무원이나 학교 선생이었는데 일본말은 잘 알아도 우리 말글을 잘 몰랐던 탓도 있다.

한글학회와 민족지도자들은 일제 때 우리말과 한글을 지키고 갈고 닦은 바탕 위에서 정부에 한글 쓰기를 건의하고 한글전용법을 만들도록 한다. 그리고 한글로 교과서도 만들고 공문서도 쓰게 한다.

조선어학회 '한글전용법' 건의문

── 남의 버릇을 흉내 내면서 부끄러운 줄 모르며, 남의 장단에 춤을 추면서 오히려 자랑으로 안다면

새 나라의 건설 대업이 바야흐로 본궤도에 오르게 된 중대한 시기에 임하여, 우리의 할 일은 실로 백 가지나 천 가지만이 아니다. 그 근본정신은 오직 하나가 있을 뿐이요, 또 하나가 되지 않아서는 안 될 것이니, 이는 곧 태산교악과 같이 움직임이 없는 '자주 정신'을 앞세우고 나가는 일이다.

과거 약 천여 년 동안, 우리는 남의 문화의 종노릇을 하고, 남의 정신에 사로잡히어, 제 역사가 혁혁하건만 이를 덮어 두었고, 제 문화가 찬란하건만 이를 묻어 버렸었다. 이것이 인습이 되고 고질이 되어, 남의 버릇을 흉내내면서 부끄러운 줄을 모르며, 남의 장단에 춤을 추면

서 오히려 자랑으로 알게까지 됨에 이르러 버린다면, 실로 보람 있는 앞날을 기약할 수 없으며, 단대의 자손에게 노예의 굴레를 전하여 주는 반역 대죄를 면할 길이 영원히 없을 것이다.

그러나, 우리의 정신은 과연 그렇게 마비되었을까? 아니다. 먼지에 쌓인 거울이요, 구름에 덮인 태양이다. 닦으면 반드시 밝아질 것이요, 구름을 헤치면 다시 명랑해질 것이다. 과연이다. 참으로 과연이다. 이번 국회에서 공포한 새 헌법의 원본을 한글로 기록한 것은 곧 우리 문화가 어엿함을 확인함이요, 우리 정신이 새로워짐을 증명하는 것이다. 훈민정음 창제를 자주 정신의 발로라고 한다면, 한글 헌법의 공포는 자주 정신의 부흥을 뜻한 것이라 보지 않을 수 없다.

이와 같이, 문화와 정신을 부흥시키기 위한 노력과 공로는 오로지 2백의 국회의원의 민족적 자주 정신에 말미암은 것이매, 만감의 감사를 드리는 동시에 다른 모든 국사도 이와 같은 정신으로 의정할 것을 믿고 생각할 때, 우리 민족의 광명한 앞날이 눈앞에 보이는 듯하며, 마음에 든든함을 가득히 느끼는 바이다.

앞으로, 일반 법문을 전부 한글로 제정하고, 모든 공용문서와 성명, 지명도 단연 우리 글자로 사용하도록 시급히 법적으로 정할 것을 믿고 바라며, 특히 이 정신의 실현이 촉진, 완수되게 하기 위하여, 앞으로 문교 행정을 담당한 부문에는 더욱 이 한글 헌법 공포의 정신을 여실히 또 원만히 살리어 나가기에 확고한 신념과 역량이 구비한 인사가 전적으로 배치되어야 할 것을 또한 믿고 바란다.

이에, 우리 학회는 감히 과거 삼십 년 동안 오직 한마음, 우리글과 우리말을 부둥켜안고 지키기에 온전히 바치어 온 붉은 피와 뜨거운 정성을 가지고, 이제 삼천만 형제자매로 더불어, 우리 민족 문화의 급속한 향상과 국가 만 년의 영원한 발전을 위하여, 이 자주 정신의 실천궁행에 굳은 결의로써 일치 매진하도록 전력할 것을 선명하는 동시

에, 또 감히 책임 당국에 대하여 이 거족적 행진 전도에 조금도 장애
가 없도록, 길 인도를 잘하여 주기를 거듭 부탁하는 바이다.

1948년 7월 24일
조선어학회

한글로 쓴 새 헌법 원문과 한글전용법 제정

1948년 대한민국을 세우고 7월 17일에 새 헌법을 만들어 공포할
때 제헌국회가 새로 만든 우리 헌법 원문을 한글로 쓴 것은 참으로
잘한 일이다. 새 나라를 세우며 우리 글자로 헌법을 쓴 것은 자주
정신을 나타낸 것으로서 당연한 일이고 역사에 길이 남을 일이다.
그런데 그 뒤 모든 법령 문장에 한자를 섞어 쓴 것은 그때 글자를
아는 사람 거의 모두가 일본식 한자혼용에 길들었기 때문이라고 하
지만 큰 잘못이다. 더욱이 일제가 물러간 뒤 60년이 지난 지금까지
도 일제 법률 용어를 쓰는 것은 못나고, 게으르고, 답답하고, 가슴
아픈 일이다.

앞쪽에 소개한 조선어학회가 쓴 건의문을 보면 공문서를 한글로
만 쓰도록 하는 한글전용법을 제정해달라고 했다. 다행스럽게 제헌
국회는 한글전용법을 제정해 공포한다. 1945년, 일제가 물러가고
1948년, 대한민국을 세우기 전까지 미국 군정시대에도 공문서와 교
과서를 한글로 썼는데 우리 국회의 많은 국회의원이 한글 쓰기를
반대해서 힘들었다고 한다. 미국 군정청만도 못한 우리 국회요, 정
부였다.

한글전용법(법률 제6호) 내용은 "모든 공용문서는 한글로만 쓰는
걸 원칙으로 한다. 다만, 얼마 동안은 한자를 병용한다"는 것이다.

이 법은 일제 식민지가 되기 전인 1894년 대한제국 때, 고종 칙령 1호 "공문서는 국문으로 쓰는 것을 기본으로 하되 부득이한 경우 한문으로 해석하고 한자와 국문을 혼용한다"는 내용과 정신을 다시 살리는 것이었다. 그런데도 이 법 제정을 반대한 국회의원이 있었다.

이 법은 일본식 한자혼용 글 적기에 찌든 일제 지식인과 공무원들이 지키지 않아 힘을 제대로 쓰지 못했지만, 단 하나뿐인 국어 관련법으로서 한글이 살고 자라는 데 큰 버팀목이 되었다. 우리말을 살리고 한글을 빛내려는 분들이 정부에 이 법을 잘 지키라고 끈질기게 건의하고 투쟁해 한글을 살리고 지키는 근거로 삼았기 때문이다. 나도 대학생 때부터 41년 동안 이 법을 지키려고 몸과 마음을 다 바쳤다. 이 법은 2005년에 좀 더 크고 많은 내용을 담은 국어기본법이 통과되면서 없어졌다.

한글과 마찬가지로 한글전용법은 태어날 때 어려움이 많았고 또 자라는 데도 온갖 설움과 아픔이 있었다. 한자혼용파는 국어기본법에 한글 쓰기 조항이 있다고 반대했다. 조상이 온누리에서 으뜸가는 글자를 만들어 주었는데, 쓰지 않는 이 나라의 지배층이 못나고 어리석고 못되었기 때문이다. 1948년, 국회에서 한글전용법을 만들 때 썬 회의록을 아래에 옮긴다.

제1회 국회 제79차 본회의
── 한글전용법안 제1독회

한글전용법을 반대하는 의원은 없을 것이므로 제1독회를 생략하고 제2독회를 부치자며

김장렬 의원 : 대개 문자라는 것은 그 민족의 문화사상 다른 전 세계

에 대한 문자사상(文字史上)에 가장 특수할 뿐만 아니라 지존
지귀(至尊至貴)한 그러한 성격을 띠고 있는 것입니다. 하니까
우리 민족의 제 문자를 우리 민족이 전용하자고 하는 데 다른
논의가 없을 줄 생각합니다.

서용길 의원: 우리 '한글'전용에 대해서 배달민족으로서 조선의 혼이
있는 분은 누구도 이 문제에 대해서 반대하실 분은 계시지 않
으리라고 생각합니다. …… 제1독회를 생략하고 곧 제2독회
에 부쳐주시기 바라며 의장에게 특청(特請)합니다.

부의장(김동원): 서용길 의원의 특청은 제1독회를 생략하자는 ……
거기에 이의 있어요? 이의 없습니까? 그러면 결정되었습니다.

권태희 의원: 의장에게 제안할 것은 이 '한글전용법안'은 대단히 중
요한 문제입니다. 이것을 우리 국회에서 통과하더라도 결국은
행정부에서 취급하는가 여하에 달려 있는 대단히 중요한 문제
입니다. 그러기 때문에 문교부장관으로 하여금 본 법안에 대
한 의견을 우리에게 들려주셨으면 하는 견해를 말씀드리는 것
입니다.

문교부장관, 檀紀(단기)를 아직까지 모르고 쓸 줄도 모른다면서 한글
사용 필요성 피력

부의장(김동원): 여러분이 반대가 없으시면 문교부장관으로서 거기에
대한 의견을 잠깐 들으면 어떻습니까? 이의있습니까?("없습니
다" 하는 이 있음)

문교부장관(안호상): 세계 역사가 증명하는 바와 같이 '독일'문화는
'독일'말을 알아야 '독일'문화가 비로소 발전되고, '영국'문화
는 '영국'말을 쓰기 때문에 '영국'문화가 발전하며, 또는 '중

국'문화가 발전된 것은 '중국'사람은 자기 고유의 한문을 쓰기 때문입니다. …… (흑판을 가리키면서) 저기 써있는 "檀紀 四二八一年" 저기 "檀紀"가 무엇입니까. 저 자(字)는 '박달나무 단(檀)' 자요. 난 아직까지 모릅니다. …… 한자를 폐지하자는 것이 아니고 여러분과 같이 한글을 쓰시기를 바라고 만일에 한글을 폐지하고 한문을 전용한다면 우리는 외국에 대한 수치올시다.

한글전용을 법으로 제정할 필요가 있는지 '갓' '망건' 다시 쓰는 것 반대해

최문교 의원 : 대개 입헌정치에 있어서 법을 만드는 것은 국민에게 어떠한 권리·의무 또는 국민의 재산·생명·명예·지위에 대해서 어떠한 제한을 단다든지 이 세 가지 조건을 구비하지 않으면 일반적 국민에게 대한 법이라고 하는 것은 법을 세울 필요가 없는 것입니다. …… 한문을 폐지하고 한글을 전용하자고 하는 것이 우리 국민에 중대한 의식(衣食)의 문제를 제정하는 법인가 그러한 근본적으로 법을 만드는 데에 근본을 만드는 취지를 알 수가 없습니다.

이호석 의원 : 내가 일본에서 이러한 구경을 했습니다. 소위 제국대학이라고 하는 그 학교에서 전람회를 하는데 우리 조선에서 보지 못한 서적이 있었습니다. …… 이것을 어디서 왜 모았느냐 하면 남의 나라 글을 알고 그 나라 글을 그 나라 문화를 연구하고 그 나라의 글을 알아야 발전한다는 것입니다. …… 조선 두루마기를 입고 '갓' '망건'을 다시 쓰고 여기에 앉아야 깨끗한 조선 사람이 됩니다. 나는 그러한 사람을 반대합니다. 우리

나라를 위해서는 남의 나라 양복을 입어도 좋고 남의 나라 말을 써도 좋고 남의 나라 글을 배워도 좋습니다.

김명동 의원: 한글을 절대 찬성하는 사람입니다. 우리 한국사람으로서 누구? 제 나라 글을 찬성하지 않는 사람이 어디있습니까. 또 저는 유경(儒經), 유림도(儒林道), 유림론(儒林論)을 배우라고 역설하는 사람인데 경서를 읽으려면 한문을 배워야 합니다. 그런데 저는 경서를 대중화시키려면 경서를 번역해서 일반 국민이 다 읽을 수 있도록 항상 싸우는 사람이 저입니다. 한국사람으로서는 당연히 한글을 배워야 될 것이요, 또 정부로서는 당연히 한글을 장려해야 할 것입니다.

당분간 한자병용 단서 조항을 넣은 수정안이 제출되어 통과되고

조헌영 의원: 이것이 다 알맞는 방법이라고 생각해서 수정안을 냈습니다. 원칙적으로 한글을 쓴다는 것을 결정하고 다만 얼마동안 필요한 때에는 한자를 병용할 수 있다는 것입니다.

한석범 의원: 지금 모처럼 이 기회를 얻어서 건국 초에 있어서 우리 글로 우리가 쓰자고 하는 데에는 전문을 쓸 것이지 병용한다고 해가지고 나갈 것 같으면 백 년을 가도 이것은 안 됩니다. 그러므로 수정안에 절대 반대하고 우리글로 찾아가지고 국문으로 합시다.

부의장(김동원): 그러면 이제 순서대로 수정안을 먼저 묻겠습니다. 수정안을 표결에 부칩니다. (거수표결) 재석인원 131, 가86, 부22, 수정안대로 가결되었습니다(저자 주: 여기서 반대표는 수정안에 대한 반대이지 한글전용을 반대한다 반대표가 아님).

《국회보》, 2000년 3월호, 80~81쪽.

초대 문교부장관 안호상 박사의 증언

앞에서 한글전용법안이 만들어 통과되는 과정을 살펴봤다. 안호
상 박사는 "'檀紀'라고 쓸 때 '檀' 자가 '박달나무 단' 자이지만 난
아직 모릅니다"라고 했는데 그 한자를 모른다는 것이 아니라 나라
기원을 나타내는 '단기'라는 말을 왜 중국 한자로 써야 하느냐는
말이다. 한글로 쓰면 더 많은 사람이 알아보니 좋다는 것이다.

이제 안호상 박사는 돌아가셨지만 살아계실 때 내가 모시고 국회
의원 이름패 쓰기 운동, 한글전용운동을 한 일이 있다. 안호상 박사
가 한글문화단체모두모임 회장이었는데, 국회의원들에게 한글 이름
패를 쓰라고 건의하려고 국회에 갈 때 내 차로 문제안 사무총장과
함께 모시고 여러 번 갔었다. 차를 타고 가면서 안 박사는 나와 문
제안 사무총장에게 "국무회의에서 한글전용법안을 만들 때도 여러
장관이 반대해서 설득하느라 애를 먹었다"는 말씀을 했다.

안 박사는 한글전용법 제정을 반대하는 장관에게 "국무위원 중에
서 한글만 쓰면 무식해지고 한자를 써야 유식해 보인다면서 한글전
용법을 반대하는 분이 있었다. 그 장관에게 '좋다'를 '조타'로, '학
교'를 '하꾜'로 쓰는 당신, 한글로 쓴 글을 제대로 읽고 쓰지 못하
고 한문으로 쓴 글만 잘 읽고 쓰는 당신이 대한민국 시대에 무식한
것이다"라고 말해서 그들의 반대를 막았다고 했다. 대한민국의 장
관이 대한민국 글자는 잘 모르고 일본의 글자와 한자만 잘 아는 게
진짜 무식하고 부끄러운 것이라고 말하니 기가 죽더라는 것이다.

정부수립 초기에는 한글을 제대로 읽고 쓸 줄 모르는 장관과 국
회의원이 많았고, 거의 모든 지식인들이 우리말과 한글을 잘 몰라
서 문제가 많았단다. 일제 때 태어나 일본말을 국어로 배웠으니 그

랬던 것이다. 자주의식이 있는 사람이면 우리말을 배우고 쓰려고 노력했겠지만 대부분 학자나 지식인들이 그렇게 하지 않고 오히려 한글 쓰는 것을 반대했다.

안호상 박사는 중국에서 유학한 다음 독일에 가서 철학박사 학위를 딴 분으로서 한문도 잘 아는 분이었다. 그리고 일제 말기에 조선어학회사건에 걸려서 조사를 받기도 했다. 그는 "나는 중국 유학을 한 사람이다. 나는 어려서 한문공부를 잘한다고 천재소리도 들었기에 한문을 많이 아는 편이었다. 그리고 중국에 유학해서 한문으로 공부도 했다. 그런데 지금 그 한문을 많이 잊어버렸다. 한글은 쓰지 않아도 잊어버리지 않는데 한문은 계속 쓰지 않으면 잊어버린다. 거기다가 내가 중국에서 공부할 때는 옛 한자와 백화문이었는데 지금 중국은 간체자를 많이 써서 오늘날 중국 신문도 못 읽는다. 한자파가 온 국민에게 강요하는 한문은 이렇게 불편하고 쓸모가 떨어진 글자다"라며 한문을 버리고 한글을 쓰는 것을 행운으로 알고 한글을 사랑해야 한다고 했다.

일제 한자혼용 세력의 저항과 한글 간소화 파동

앞에서 말했듯이 한글전용법은 일제에 나라를 빼앗기기 전, 대한제국 때 한글을 살려 쓰려는 기운을 다시 되살리는 것이었는데 일제의 한자혼용 말글살이에 길든 세력이 이를 반대해서 어려움이 컸다. 조선시대 이전에 한자만 쓰던 버릇에다가 일제시대 일본말에 길들고 겨레 얼이 빠진 이들이 한글을 우습게 여겼다.

결국 한글전용법이 통과되었지만 잘 지켜지지 않았다. 한글만 쓰기가 불편했던 이 지식인들은 1949년 11월 5일, 국회의원 25명과 함께 〈교과서에 한자사용 건의안〉을 내서 국회에서 이를 긴급 결의

4. 한글을 살리고 우리말을 되찾는 시대 117

안으로 채택하기도 했다.

1949년, 이승만 대통령이 대한제국 때 쓰던 성경 철자법으로 쓸 것을 지시했고, 1953년 4월 국무총리훈령 제8호로 〈정부의 문서와 교과서 등에 현행 철자법 폐지하고 구식 기음법(記音法)을 사용〉을 발표한다. 이른바 한글 간소화 파동이 일어난 것이다. 이승만 대통령은 한글맞춤법을 만들기 전인 대한제국 때 사람으로, 일제시대에는 미국에 망명했었기에 한글맞춤법을 몰라 일어난 일이다.

대통령의 한글 간소화 지시를 한글학회와 학자들이 강력하게 반대했으나 일제 때 한글맞춤법 제정을 반대한 박승빈의 아들인 박정서가 참여한 대한어문연구회가 한글 간소화 지시를 찬성한다며 〈한글간소화방안 건의서〉도 냈다. "된소리는 된시옷표로 저거야 한다. 바침은 12개로 정하여야 한다"는 등의 내용인데 "저거", "바침"을 소리 나는 대로 썼다. 또 자유당이 조선어학회의 김두봉과 이극로가 한글맞춤법을 만들어 국민의 국어생활을 불편하게 만들었다고 비난했는데 위 두 사람이 공산당이라는 것까지 들추어 반대 여론을 누르려고 했던 것으로 보인다.

1954년 7월 3일에 문교부와 공보처가 아래와 같은 〈한글 표기법 간소화 공동안〉을 발표한다.

(1) 받침은 끝소리에서 발음되는 것에 한하여 사용한다. 따라서 종래 사용하던 받침 가운데 ㄱ, ㄴ, ㄹ, ㅁ, ㅂ, ㅅ, ㅇ, ㄺ, ㄻ, ㄼ 10개 만을 허용한다. 다만, 받침으로 사용된 때의 'ㅅ'의 음가는 'ㄷ'의 음가를 가지는 것으로 하고, 'ㄷ'은 받침으로 아니 쓴다(보기 : 믿다 → 밋다, 밋고, 미더, 미드니).

(2) 명사나 어간이 다른 말과 어울려서 딴 독립된 말이 되거나 뜻이 변할 때에 그 원사(原詞) 또는 어원을 밝히어 적지 아니한다.

(3) 종래 인정되어 쓰이던 표준말 가운데 이미 쓰이지 않거나 또는 말
이 바뀌어진 것은 그 변천된 대로 적는다.

이들의 주장도 일리는 있으나 더 혼란을 가져오는 일이므로 한글
학회와 많은 국민이 강력하게 반대하니 1955년 9월에 이승만 대통
령은 "민중이 원하는 대로 하도록 자유에 부치고자 한다"는 내용의
담화를 발표하고 〈한글 표기법 간소화 공동안〉을 폐지해 한글 간소
화 파동은 일단락된다. 그리고 1956년 10월 9일 이승만 대통령은
한글전용을 강조한다. 또 한글학회의 건의를 받아들여 한글전용 실
천 요강을 발표한다. 다음은 1957년 12월 6일 국무회의의결, 1958
년 1월 1일부터 시행하기로 하는 내용이다.

한글전용 실천 요강

(1) 공문서는 반드시 한글로 쓴다. 그러나 한글만으로 알아보기 어려
운 말에는 괄호를 치고 한자를 써넣는다.
(2) 각 기관에서 발행하는 간행물은 반드시 한글로 한다.
(3) 각 기관의 현판과 청내 각종 표지는 모두 한글로 고쳐 붙인다. 특
히 필요한 경우에 한하여 한자나 다른 외국어로 쓴 현판 표시를 같
이 붙일 수 있으나, 반드시 한글로 쓴 것보다 아래로 한다.
(4) 사무용 각종 인쇄 및 등사도 한글로 한다.
(5) 각 기관에서 사용하는 관인 기타 사무용 각종 인쇄물은 한글로 하
고, 이에 필요한 경비는 각 부에서 부담한다. 관인 조처의 상세한
것은 따로 정한다.
(6) 각 관공서는 그 (관할)감독 밑에 있는 사사단체에 대하여도 위의
각 항목에 따르도록 한다.

한글 간소화 파동 때 최현배 선생과 전택부 선생의 이야기

한글 간소화 파동 때 전택부 선생은 잡지 《사상계》의 주간으로 일하고 있었는데 '한글 간소화 문제점에 대한 특집'을 냈다고 한다. 한글 간소화 방안이 잘못된 것임을 쓴 것인데 그 특집이 정부가 그 안을 포기하는 데 크게 이바지 했던 것으로 보인다. 14대 국회 때 한글 이름패를 쓰게 하려고 국회에 다닐 때 나는 오리 전택부 선생으로부터 들은 이야기가 있다.

오리 선생이 《사상계》에 있을 때 일이다. 어느 날 시골 할아버지 같은 노인이 사무실로 들어와서 여직원에게 전택부 선생이 누구냐고 물으셨다. 그리고 오리 선생 책상 앞에 오더니 "고맙습니다"라고 말하면서 허리를 굽히고 인사를 하시더란다. 그리고 "제가 최현배 올시다"라고 말씀하시더란다. 오리 선생은 영문도 모르고 인사를 받았지만 유명한 최현배 선생이란 말에 벌떡 일어나 인사를 드렸다고 한다.

외솔 최현배 선생은 한글을 살리는 일이라면 그렇게 누구나 찾아가 인사하고 부탁한 분이었다. 오리 선생은 그분의 높은 인격에 감동해 그 뒤부터 외솔을 존경하고 함께 한글사랑운동을 열심히 하게 되었다고 말씀하셨다.

이승만 대통령 때 있었던 한글과 관련된 일들

이승만 대통령은 한글 간소화 파동을 일으키기는 했지만 한글을 남달리 사랑한 분이다. 대한제국 말기에 한글 성경을 읽고, 일제 때에는 미국에 나가 있어서 일본의 한자혼용에 길들지 않았다. 그래서 정부수립 초기 한글을 사랑하는 최현배, 안호상, 김법린 선생이 문교부에서 일할 수 있었고, 한글이 이 땅에 뿌리내리게 해준 것으로 본다. 이승만 대통령 시대에 있었던 한글 살리기 일들을 간추려 본다.

> 1948년 7월 16일, 제헌국회가 구성되고 헌법을 만들면서 권태의 의원(김천)이 낸 "헌법 정문은 한글로 주문을 삼고, 그 곁에 한자를 끼어쓰기로 하자"는 긴급동의가 가결되다.
>
> 1948년 7월 17일, 이승만 국회의장이 '대한민국 헌법 공포식'에서 한글로 된 대한민국 헌법 정본에 한글로 서명하고 공포하다.
>
> 1948년 7월 24일, 조선어학회가 〈한글전용법 제정 건의문〉을 내고, 국회 78차 회의에 상정. 재석 131명 가운데 86대 22로 가결되다.
>
> 1948년 8월 15일, 호남신문사(사장 이은상)는 '가로줄쓰기'를 바라는 독자가 반 이상이라면서 한글전용 가로줄쓰기 신문을 내기 시작하다.
>
> 1948년 8월 6일, 남조선과도정부 문교부장관 오천석은 한자사용을 폐지하는 근거와 반대자에 대한 변해, 한자 사용 폐지의 방법에 관한 책자를 만들어 배포하다.
>
> 1948년 10월 1일, 한글전용법 통과되어 10월 9일에 공포하다.
>
> 1949년 6월 12일, 한글전용법 실행을 뒤에서 도울 '한글전용촉진회(회장 최현배, 부회장 정인승·이희승, 위원 오천석 외 41명)'가 태어나 6·25 사변으로 없어질 때까지 많은 일을 하다.
>
> 1955년 9월 19일, 이승만 대통령이 한글 간소화 파동 포기에 관한 담화 발표하다.
>
> 1956년 10월 3일, 문교부장관 자문기관인 국어심의위원회 만들다.
>
> 1956년 10월 9일, 세종대왕의 업적을 기리며 고전 번역을 하는 세종

대왕기념사업회 만들다.

1956년 10월 18일, 서울신문사가 '한글판 신문'을 1959년 2월까지 내다.

1957년 12월 6일, 제117회 국회회의에서 한글전용법 강화를 강력추
진, 의결하다.

1957년 12월 29일, 한글전용실천요강을 각 기관에 보내고 이승만 대
통령이 '한글전용촉진담화'내다("중공이 한자를 폐지하고 라
틴 알파벳을 쓰기로 한다는데 우리가 왜 한자를 쓰느냐?").

5. 한글과 한자 싸움 시대

일본식 한자 섞어 쓰기 세력이 고개를 들다

독립운동을 한 이승만 대통령 때는 꼼짝도 못하던 한자혼용 세력이 일제 세대인 박정희, 김종필 등 군인이 정권을 잡으니 고개를 들고 날뛴다.

일제강점기에 우리 조선말 책과 신문은 일본 책처럼 한자를 섞어 쓴 문체였다. 36년 동안 학생들과 지식인들은 그 문체에 철저하게 길들어서, 대한민국 시대에도 한글만 쓰는 것을 불편해했고 반대했다. 이들 지식인과 신문사 사장이나 간부들은 한글만 쓴 글은 읽기도 힘들고 머리가 아픈데, 일본처럼 한자를 섞어 쓴 글은 읽고 이해하기가 쉽다고까지 했다.

어느 대학 교수는 일본제국 식민지 때 일본인이 쓴 책을 베껴서 자기가 지은 것처럼 가르치고, 일본에서 배울 때 베낀 공책을 그대로 가지고 다니며 대학생을 가르친 이도 있었다. 그들은 칠판에 한글은 한 글자도 없이 한자만 쓰면서 강의했다. 이들이 대한민국의 지배세력이 되었기 때문에 한글만 쓰기는 쉽게 자리를 잡을 수 없었다.

더욱이 1961년 친일 군인(김종필)들이 군사 쿠데타로 정권을 잡
으면서 한일회담을 체결한 뒤, 친일 한자파가 한글만 쓰기를 가로
막고 방해했다. 1963년에 토박이말을 쓰는 말본(최현배, 김윤경 들이
쓴 말본)을 못 쓰게 하고 한자혼용에 대한 문법(이희승이 쓴 문법)을
쓰게 한다. 군사정권도 처음에는 기존 한글전용정책을 이어가려 했
으나 한글만 쓰던 교과서에 1964년부터 한자를 섞어 쓰게 해서 모
든 교과서와 교육 현장에 일본식 한자말을 더 많이 쓰게 만들었다.
그때 숨 가쁘게 일어난 말글 관련 일들을 소개한다.

> 1961년 12월, 최고회의에서 한글전용법을 강화하여 1962년부터 신
> 문, 잡지도 한글전용하겠다고 발표함(한자혼용파들의 반대운
> 동 일어남).
> 1962년 1월 11일, 조진만 대법원장은 법조계의 반대를 무릅쓰고 판
> 결문과 조서, 법원의 모든 문서를 모두 한글로만 쓰기로 함.
> 1962년 4월 27일, 혁명정부 문교부는 한글전용특별심의회를 구성(부
> 위원장 최현배)하고 어려운 한자어와 외래어를 우리말로 바꿈.
> 1962년 10월 7일과 8일에 국어국문학회와 서울시교육회가 한글전용
> 문제 토론회 엶.
> 1963년 5월 21일, 한글학회는 말본 용어를 한문식 용어로 정한 것을
> 시정해 달라고 건의.
> 1964년, 한글학회는 문교부가 교과서에 한자를 섞어쓰기로 한 데 대
> 해 반대 성명서 냄.
> 1965년 1월 6일, 한글전용촉진회는 '우리 얼을 살리고 한글전용하자'
> 는 문화선언 발표.
> 1966년, 정부가 '한글전용 법제화'를 발표하고 미룸으로 〈한글전용촉
> 구성명서〉 냄.

친일 5·16 혁명 세력의 우리말 훼방놓기

앞에서 말했듯이 군사혁명 세력이 정권을 잡고 한일회담을 체결하고 한일국교를 시작하니 한자혼용파가 날뛰기 시작한다. 일제시대부터 한자혼용 신문을 만들던 조선일보사와 동아일보사 등도 한자혼용 편을 든다. 군사정권은 한글전용정책을 그대로 밀고 나가겠다고 하다가 결국 태도를 바꾼다.

교과서에도 잘 살려 쓰던 토박이말을 못 쓰게 한다. '셈본'이란 책도 '산수'나 '수학'으로만 쓰게 하고 '세모꼴'이란 토박이말을 '삼각형'으로 쓰게 한다. '말본'이란 책도 '문법'으로 통일하고 '이름씨' 대신 '명사'만 쓰게 한다. 이렇게 어렵게 찾아 쓰거나 만든 토박이말을 모두 일본식 한자말로 바꾼 것이다.

이들은 한글만으로 만들던 교과서를 한자혼용으로 만들었는데 교육이 제대로 안 되고 불편해서 국민들이 반대하므로 다시 한글로만 만들게 된다. 이 책 첫머리에서 내가 고등학교 때 경험담을 적었듯이 국어가 아닌 다른 과목 시간도 한자공부 시간처럼 되었던 것이다. 그러나 그 잘못을 계속 반복해서 국민들을 어지럽게 만들고 우리 말글살이도 몹시 흔들렸다.

나중에 보니 5·16 군사혁명 세력 2인자라는 김종필은 지독한 한자혼용 숭배자였고, 그와 육사 동기인 이재전 한자교육진흥회 회장이 동조자였다. 이로 말미암아 교과서에서 많은 토박이말이 거의 사라지고, 사전에서도 빠졌다. 교과서 지문들도 한자말 투성이로 채워져서 초등학교 때부터 한자를 배우지 않으면 교육도 학문도 안 되는 상황이 되었다. 이 일은 엄청난 우리말 훼방놓기였다. 이때에 버린 토박이말을 이제 다시 찾고 살려 써야 한다.

아무 탈 없이 잘 쓰던 토박이말을 못 쓰게 하는 바람에 내가 이 문제에 관심을 가지게 되었고, 문제 해결에 나설 다짐을 하게 된다. 나라가 어려우면 백성이 의병도 만들고, 난세에 영웅이 나는 법이라고, 그때 다른 젊은이들도 그런 의식을 갖게 되어 국어운동학생회가 태어났다. 나는 학생 때 잘못된 국어정책과 학자와 정치인의 잘못된 생각과 행동을 바로잡겠다는 뜻을 세우고 그 뜻을 이루려고 일생을 바치게 되었다.

한글을 사랑하는 이들이 낸 민족문화 선언문을 소개한다.

민족문화 선언문

—— 겨레여! 우리의 생명과 핏줄과 뼈와 살이 무엇인 줄을 아느냐? 정말 아느냐?

우리 민족이 해방된 지도 어느덧 20년이 지난 오늘, 우리는 또다시 역사의 비탈길에 서 있음을 느낀다. 온 민족의 가는 걸음이 허둥지둥 갈피를 잡지 못한다. 어디로 가는 길인지 방향을 잃어 버렸다. 우리는 여기서 아무 것보다도 우리 스스로의 몸가짐을 바로잡아야 한다. 그리고 우리들의 방향과 목표를 바로 세워야 한다. 이것이 곧 민족의 정신을 이름이요, 또 그 정신은 문화를 통하여 나타나는 것이다.

문화란 한 민족의 바탕이요, 또 그 위에서 민족의 생명을 기르는 자양분이요, 그로부터 갖추어진 민족의 남다른 모습이요, 몸내이기도 하기 때문에, 그 민족의 참된 값어치와 높이를 헤아리는 가늠자는 오직 이 문화인 것이다. 그러므로 문화는 정치보다도 먼저요, 경제보다도 더 소중한 것이 아닐 수 없다.

이제 우리는 우리 문화의 성격을 확실히 붙들어야 한다. 과연 오늘 우리들의 문화가 어디로 가는 문화이며, 누구를 위한 문화인가를 더

심각하게 되살펴 보지 않으면 안 된다. 이 목표와 방법은 민족의 기나 긴 앞날을 향하여 가는 노정표이기 때문에 이것을 바로 세우고 못 세우는 데 따라 민족의 흥망이 달린 것이다.

그래서 지나간 많은 세대를 통하여서도 그때마다 우리 조상들은 민족정기 위에 우리 문화를 바로 세우려고 애써 왔으며, 더구나 우리 민족의 얼, 말, 글을 없애려던 왜정 때에는 그들의 모진 압박에 맞싸워 순국의 피를 흘린 선배들조차 한둘이 아니었다. 그럼에도 불구하고, 해방을 맞은 우리 때에 와서 도리어 민족정기가 흐려지고 말과 글조차 순수성을 잃어버려, 눈앞이 나날이 어두워 가고 있으니 이 얼마나 놀랄 일이냐? 얼마나 부끄러운 일이냐?

물론 우리는 문화가 자라나는 과정에서 볼 때, 남의 새것을 받아들일 수도 있다. 그러나 거기에는 어디까지나 그것을 삭이어 옹근 제 것으로 만들 수 있는 제 정신, 제 바탕이 먼저 갖추어져야 한다. 우리에게 필요한 것은 바로 이것이다. 그리고 또 우리는 한 걸음 더 내켜, 새 시대를 숨 쉬면서 새로운 제 문화를 창조하는 데까지 가지 않으면 안 된다.

문화의 흐름은 혹시 장애물에 걸려서 한때 잠깐 소용돌이치는 수는 있을지언정, 거꾸로 흐르지는 않는 법이다. 진리의 큰길도 굽이 돌 적마다 얼른 보면 막힐 것만 같아도 마침내는 열리는 법이다.

아무런들 목표만은 털끝만큼도 흔들릴 수 없다. 우리는 비록 하루 아침에 우리들의 목표에 쉽게 이르기를 바라지는 못할지라도, 끝내는 우리들의 크높은 이상을 이루는 그날이 정녕 오고야 말 것이다. 우리는 이제 국민 전체를 위한 문화, 제 얼과 글의 자주성을 든든히 세운 민족 문화의 뚜렷한 방향으로 힘차게 꾸준히 달려가야만 한다.

그래서, 나라와 민족과 역사의 앞날을 걱정하는 우리 동지들은 애닲은 목소리로 겨레 앞에 위험이 닥쳐온 것을 외치고, 다시 여기 바른

길을 밝히는 푸른 신호등을 높이 켜들었다. 모두들 이 길로 가야 한다. 이 길로 가야만 산다.

공약

1. 민족정기로써 우리 얼을 살리자. 이것이 우리 문화의 생명이다.
2. 국어 정화로써 우리말을 깨끗이 하자. 이것이 우리 문화의 핏줄이다.
3. 한글전용으로써 우리글을 기르자. 이것이 우리 문화의 뼈와 살이다.

1965년 3월 31일
민족문화 선언인 대표(가나다 순)

강신, 강원용, 곽복산, 곽종원, 구상, 금수현, 길진경, 김계원, 김기석, 김기웅, 김동리, 김동진, 김두종, 김두언, 김병찬, 김상옥, 김선기, 김영기, 김윤경, 김팔봉, 김해성, 도덩보, 모기윤, 모윤숙, 문제안, 박건원, 박관수, 박노태, 박대선, 박만규, 박병순, 박술음, 박영선, 박영준, 박정배, 박종화, 반진, 박화성, 백낙준, 복혜숙, 서정주, 서항석, 성낙훈, 신동욱, 신석초, 신태민, 신태수, 안준기, 안호상, 양명문, 양주동, 유달영, 유동삼, 윤봉춘, 유진, 유형기, 윤도균, 윤석중, 윤인구, 이관구, 이덕봉, 이대위, 이선근, 이은상, 이일, 이인범, 이종환, 이철범, 이하윤, 이해랑, 이환신, 이효상, 이홍렬, 임광규, 임병주, 임영빈, 장세헌, 장이욱, 장하일, 장효, 전영택, 정대위, 주요섭, 주요한, 지명관, 지헌영, 최규남, 최기철, 최상수, 최제희, 최정우, 최정희, 최해청, 최현배, 추월영, 한갑수, 한경직, 허웅, 홍이섭, 황순원.

한글 지키기 중심 모임, 한글학회

한글학회는 우리말과 한글을 지키고 갈고 닦는 데 힘쓴, 우리나

라에서 가장 오래되고 권위있는 학
회다. 앞에서도 말했듯이 대한제국
때인 1908년에 태어난 '국어연구학
회(회장 김정진)'를 뿌리로 삼고 있
다. 국어연구학회는 1911년에 우리
말을 '국어'라 할 수 없으니 '배달
말글몯음'이라고 이름을 바꿨다가
1913년에는 '한글모(회장 주시경)'로
이름을 바꾸고, 1914년에 주시경
선생이 돌아가신 뒤 활동이 시들하
다가, 1921년에 '조선어연구회(간사

최현배 선생

장 임경재)'로 다시 태어나서 활동한다. 1931년에 '조선어학회'로 이
름을 바꾸고 한글을 지키고 발전시키기에 힘썼으며 1942년에 조선
어학회사건으로 일제로부터 탄압을 받다가 1945년 광복이 되어 다
시 우리말과 한글을 지키고 살리는 중심이 된다. 그리고 1949년에
'한글학회'로 이름을 바꾸고 오늘에 이르렀다.

대한민국을 세울 때는 외솔 최현배 선생을 중심으로 많은 한글학
자와 애국지사들이 한글을 살리고 쓰게 하려고 애썼다. 돌아가시던
1970년까지 외솔 선생이 학회 회장으로 활동했고 그 뒤에는 그의
제자 눈뫼 허웅 선생이 회장으로 맡아 학회를 이끌었다. 우리말과
한글을 위해서 많은 일을 했기에 한글학회가 민간단체인데도 시민
들이 우리 국어정책을 세우고 수행하는 줄 알고 있을 정도다. 그래
서 지금도 많은 국민이 정부가 국어정책 관련 업무를 잘못해도 한
글학회에 항의 전화도 하고 힘내라고 격려도 하고 있다.

한글학회는 일반 학회처럼 단순한 학술모임이 아니라, 일제 때
겨레말과 얼을 지키고 빛내려고 일제와 맞서 싸우기도 하고, 해방

뒤에는 나라사랑, 한글사랑운동을 한 운동모임이기도 하다. 정부수립 초기에는 한글학회와 관련된 이들이 국어정책을 세우고 정책 책임자로 활동을 했으나 5·16 군사혁명 뒤부터 정부 정책과 국어교육에 참여하거나 영향을 주지 못했다. 오히려 한자혼용파에 밀려 정부로부터 천대받았고 정부와 싸우는 편이 되었다. 한글을 짓밟으려는 무리와 맞서서 싸우느라 제대로 한글과 우리말을 갈고 닦는 연구는 한발도 나서지 못했지만 오늘날 한글이 많이 쓰이게 된 것은 한글학회를 중심으로 많은 국민이 애써 얻은 값진 열매다. 가만히 앉아서 얻은 굴러 떨어진 호박이 아닌 것이다.

최초 민간 국어운동모임인 국어운동학생회 태어남

1945년, 일제가 물러가고 미군정시대를 거쳐 1948년, 대한민국을 세우고 1960년에 4·19 학생혁명으로 이승만 대통령이 물러가기까지는 우리말을 한글로만 적는다는 정책이 흔들리지 않고 시행되고 있었다. 일제시대 교육받은 세대가 한글을 잘 모르고 일본의 한자혼용식 말글살이에 익숙해 모든 분야에서 한글전용을 하기가 힘든 상황이었고, 한자혼용에 길든 이들의 저항은 있었지만 한글을 살려 써야 한다는 근본 정책은 그대로 이어왔다.

1961년 군사혁명이 일어나면서 바뀐 정권도 이때까지 시행하던 한글전용정책을 이어가는 듯했으나 1963년에 혁명세력이 민정을 이행한다면서 집권했고, 한자세력의 건의를 받아들여 1964년부터 한글만 쓰던 교과서에 한자를 드러내 혼용하겠다는 정책을 발표한다. 문법 용어도 일본식 한자말만 쓰기로 한다. '말본'이란 말을 '문법'으로 '이름씨'는 '명사'라고만 써야 한다는 것이다.

그 당시 나는 고등학생이었는데, 그렇게 정책이 바뀌니 앞에서

말했듯이 '거름주기'라는 농업 용어도 '施肥(시비)'라고 한자로 쓰게
되니 공부가 어려워졌다. 나는 그때 한자혼용, 일본식 한자말 살려
쓰기는 잘못된 정책이고 방향임을 깨닫고 이를 바로잡는 운동을 하
겠다는 다짐을 하고 대학에 들어가 국어독립운동을 시작했다.

　내가 대학 2학년이었던 1967년 3월 16일, 서울대에서 국어운동
학생회 창립선언문이 발표되고 서울대 국어운동학생회를 시작으로
연세대 국어운동학생회, 고려대 국어운동학생회(초대 회장 박노용),
동국대 국어운동학생회가 창립된다. 그리고 대학생들은 그 다음해
9월 22일에 서울대 국어운동학생회(회장 이봉원), 고려대 국어운동
학생회(회장 김명학), 동국대 국어운동학생회(회장 이대로), 연세대
국어운동학생회(회장 최노석) 회원들과 청주대 국어운동학생회(회장
연경탁)가 모여 전국 국어운동학생회(회장 이봉원, 부회장 김명학, 감
사 이대로)를 꾸리고 전국 대학에 조직을 확장하여 크게 바람을 일
으키게 된다.

　5천 년 역사에서 관리나 학자가 아닌 일반 국민이 시작한 최초의
국어운동이었다. 또한 친일 세력과
한자파에 밀려 힘겨운 싸움을 하던
한글학회를 비롯한 한글파에 강력
한 구원 투수로 나타난 것이다. 연
합회 첫 지도교수는 서울대 허웅
교수, 두 번째는 동국대 김성배 교
수가 맡았고 1980년대에 후배들이
모임을 재건한 뒤에는 상명대 최기
호 교수가 오랫동안 학생들을 지도
했으며 한글학회에서도 학생 모임
을 많이 지도했다. 각 대학의 지도

허웅 선생

교수들이 무척 애썼던 것이다.

학생들은 선언문에서 "우리 배달겨레는 세계에서 가장 우수하고 고유한 글자를 창조하였고, 어느 나라 사람보다도 먼저 활자도 발명하여, 우리 자손만대의 복지 사회 건설은 물론 세계 문화 건설에 이바지하도록 은혜 받은 자랑스런 겨레다. 그러나 오랫동안 사대주의에 젖어 있던 이 겨레의 옛 지도자들은 이 거룩한 사명을 깨닫지 못하고 긴 잠에만 빠져 있다가, 마침내는 외세의 침략으로 얼룩진 겨레의 수난사만을 우리에게 물려주었다. 이제라도 우리는 우리 조상이 이룩하지 못한 사명을 완수하기 위해서, 또 욕된 과거를 청산하기 위해서 그리고 자손만대의 한을 더는 남기지 않기 위해서, 여기 뜨거운 배달겨레의 피가 용솟음치는 젊은 지성들이 모여 새 역사에 찬란할 국어운동의 거대한 횃불을 드높이 쳐드는 것이다"라고 밝힌다. 이 모임은 오늘날에는 활발하지 않지만 지난 40년에 이어 우리말과 한글을 지키는 운동을 계속하고 있다.

강력한 한글전용정책을 발표하게 한 학생운동

서울대 국어운동학생회는 1967년 5월 8일, '제1회 고운 이름 뽑기 시상식'을 벌여 많은 언론과 국민의 관심을 끌었고, 계속 이 행사를 해서 한글 이름 새 역사를 창조해 자리 잡게 한다. 그리고 그해 한글날 서울대, 고려대, 연세대 세 대학이 공동으로, 〈대통령께 보내는 한글전용 건의문〉을 채택하고 한글운동에 앞장설 것을 다짐하는 〈국민 여러분께 드리는 호소문〉을 발표한 뒤, 전단 만 장을 거리에서 시민들에게 나눠주었다. 또한 이날 서울대에서는 '한글전용과 국어정화에 대한 표어 모집 시상식'을 시민회관에서 열고, 인쇄한 표어 5만7천 장을 전국에 배포했다.

그 뒤 강연회, 성명서, 한글전용 촉구대회를 잇달아 열고, 거리 간판 바로잡기, 한글전용 여론조사 활동을 하니 언론이 주목하고 크게 보도했다. 박정희 대통령도 이를 눈여겨보고 한글전용정책을 전격 시행하겠다는 발표를 했다. 그리고 1968년 서울 덕수궁에 세종대왕 동상이 세워지니 학생들은 한글날마다 덕수궁 동상에 꽃 바치는 행사를 하면서 조직 확산운동을 해,

1968년 한글날, 덕수궁 세종대왕 동상에 첫 번째 꽃 바치기 행사

1968년 10월, 북한산 들놀이 국어운동학생회 대표들과 허웅 교수, 왼쪽에 이대로

전국 16개 대학에서 국어운동학생회가 조직되어 힘차게 활동한다.

초창기 간부들은 어려움이 많았다. 고려대 초대 회장 박노용과 연세대 회장 최노석과 또 여러 간부가 학교에 낼 등록금을 모임 활동비로 쓰게 되어 졸업하기 전에 군대에 입대하거나 많은 고통을 받기도 했다. 성균관대 정낙균은 학교에 다니며 국어운동을 하다가 월남에 파병됐는데 그때 받은 전투수당을 모임 활동비로 보내기도 했다.

박정희 대통령은 1967년, 신문에서 대학생들이 활동하는 것을 보도한 기사를 보고 문화정책 특보인 이은상 선생에게 이 문제에 대한 자문을 구했다. 대학생들이 한일회담 반대 시위나 정치운동을 하는 것은 보았어도 문화운동은 처음 본 일이고 뜻밖의 일이었기 때문이다. 이은상 선생은 일제 때 한글사랑운동을 하다가 조선어학회사건으로 일제에 끌려간 일도 있고 광복 뒤에 한글전용 신문 호남신문사를 만든 분이었다. 그래서 도표까지 만들어 박 대통령에게

"학생들의 주장이 옳고, 대통령이 한글전용을 실천하면 한글을 만든 세종대왕 다음으로 존경받는 정치인이 될 것이다"라고 강조했다고 한다. 이는 이은상 선생이 대통령을 만나고 나서 한글학회 회장, 서울대 국어운동학생회 회장 등 한글단체 대표들이 참석한 자리에서 말한 것이다.

이은상 선생의 설명을 듣고 박정희 대통령은 그 자리에서 강력한 한글전용정책을 세울 것을 결심하고, 1년 뒤인 1968년 한글날에 한글전용 촉진 정책을 발표한다. 그리고 정부는 그해 12월 24일에 한글전용에 관한 국무총리 훈령을 발표한다.

서울대 국어운동학생회가 벌인 '우리말 이름짓기 운동'

천 수백 년 동안 한자로만 짓던 우리 이름, 신라 경덕왕 때 뿌리내린 중국식 한문 이름짓기를 1천5백 년 만에 젊은 대학생들이 나서서 바꾸려한 '우리말과 우리 글자로 이름을 짓자' 운동이 새 바람을 일으켰다. 서울대 국어운동학생회(회장 이봉원)가 1967년 5월 8일에 시작해 1986년까지 17회 '고운 이름 자랑하기' 행사를 열었다. 19년 동안 우리말과 한글로 이름을 지을 수 있다는 것을 국민에게 알리고 확실하게 한글이름이 뿌리내리게 한, 역사에 남을 일이었다. 군사독재 시절에는 학생들 모임을 못하게 해서 3년 동안 이 행사를 못한 일도 있다.

첫 회 금상에 금난새(음악가), 금내리, 금누리 가족이 받고 은상에 민달래, 오귀염, 장려상에 신봄메, 김송이, 장푸르메, 장슬기로, 장다사로, 장하아루 가족과 박한미리, 박한누리, 박한서리, 박한길, 박한수리 가족이 받았다. 이름이 뽑힌 이들의 가족들인 밝한샘, 양한길, 최산나라 등 70여 명이 모여 1976년 9월에 '고운 이름 후원회'

를 만들었다. 그리고 다음해에는 '한글이름펴기모임(회장 밝한샘)'으로 명칭을 바꿔, 한글이름을 널리 보급하는 일을 했다. 이들은 서울대 국어운동학생회가 모태가 되어 이 땅에 한글이름을 확실하게 뿌리내리도록 애쓴 국어독립운동꾼들이다. 이 모임 첫 번째 으뜸빛에 밝한샘, 버금빛에 양한길, 두루빛에 최산나라가 맡았고, 두 번째 으뜸빛 양한길, 세 번째 으뜸빛 밝덩굴, 네 번째 으뜸빛 배우리가 맡았다. 배우리 회장은 거리에서 한글이름 짓기 선전물을 만들어 뿌리고 방송과 신문에 참여해 많은 활동을 함으로써 한글이름을 알리는 데 큰 몫을 했다. 이 모임도 10년 이상 이어오다가 한글이름이 자리 잡게 되면서 활동이 시들해졌다.

서울대에서 한글이름 자랑하기 행사를 그만둔 뒤에, 한글학회에서는 해마다 한글날에 좋은 한글이름을 가진 이들을 뽑아 상을 주고 '한글이름을 가진 이들 글짓기 대회'를 하면서 이 모임 정신을 이어가고 있다. 그리고 2006년에 전국 국어운동학생회 출신들이 한글이름이 완전하게 이 땅에 뿌리를 내리게 하자고 '한글이름의 날'을 제정해 국가 기념일로 만들자는 운동을 시작했다. 기념일은 서울대에서 처음 한글이름 자랑하는 행사를 한 날로 정했다.

북쪽이 한글만 쓰기는 앞섰지만 한글이름 짓기는 남쪽이 앞서게 된 자랑스런 행사였다. 그러나 아직 이름 짓는 방법과 기술이 부족하기 때문에 정부와 학자들이 이 문제에 많은 관심과 연구 노력이 절실하다. 한글이름이 초기엔 많은 국민의 관심을 얻고 호응도 많았는데, 한글이름을 싫어하는 초등학교 교장들과 나이 든 선생들이 한글이름을 가진 애들에게 강박감을 주는 일이 있었다. 내 자식들도 이름을 한글로 쓴다고 선생이 놀려서 마음고생을 했으나, 그들의 아비인 나도 한글이름이고 한글 행사에 어려서부터 함께 다닌 덕에 정신무장이 되어 이겨냈다. 하지만 그렇지 않은 어린이가 한자로 개명하는 것을 본 일이 있다.

한글이름펴기모임의 회장 밝한샘과 밝덩굴은 성씨 박(朴)을 우리 말 '밝'으로 바꾸는 운동도 했다. 밝한샘은 '한자 성씨 박'을 우리 말 성씨 '밝'으로 바꾸어달라는 행정소송까지 했으나 법원은 들어 주지 않았다. 밝한샘은 통일된 나라의 이름을 순우리말로 짓자고 주장을 한다.

그러나 앞으로 한글이름 짓기가 뿌리내리면 성씨도 '리', '밝', '류' 자도 쓸 수 있게 하고 이름도 중국식으로 세 자만이 아닌 네 자, 또는 더 많은 글자로 지을 수 있게 해야 할 것이다. 여러 식의 이름짓기 방법과 절차를 연구하고 교육하면 좋은 우리말 이름이 많이 나오게 될 것이다. 지금도 '김 한빛나리'처럼 여러 글자로 짓기도 하고 '김박 하늘'처럼 아버지와 어머니 성씨를 더해 네 글자로 이름을 쓰는 사람도 많이 있다. 내 이름도 아버지가 지어준 이름은 한자로 '이택로(李澤魯)'였으나 학생 때 '이대로'로 바꾸어 부르다가 재판 절차를 밟아서 호적까지 바꾸었다.

한글전용정책 도우려고 '한글전용국민실천회' 세움

1968년 10월 7일, 박정희 대통령이 한글전용정책을 강력하게 추진하겠다는 계획을 발표함에 따라 한글 쪽에서 그 정책추진을 도우려고 그해 12월 21일, '한글전용국민실천회(회장 주요한)'를 만든다. 1949년 한글학회에서 만든 '한글전용촉진회(회장 최현배)'의 뒤를 이어 만든 한글전용추진회(회장 주요한)와 민족문화협회(회장 이은상), 민족문화추진회(회장 박종화), 배달문화연구원(원장 안호상), 삼일회(회장 이인), 한국자유교양추진회(회장 김윤경), 한글학회(회장 최현배) 등이 창립 준비위원이 되어 온 나라에 있는 한글문화단체가 모인 '한글전용국민실천회'였다.

한글전용국민실천회는 한자파에 대항해 정부와 정당 들에 건의문을 보내고 한글 무료 강습, 출판물 편집 무료봉사, 건설, 농업, 상업 분야의 왜말 찌꺼기 조사, 우리말로 이름 지어주기, 한글타자경연대회 등을 통해 한글전용 실천운동을 활발하게 추진한다.

그러나 한글전용 반대 모임인 한국어문회(회장 이희승)가 강력하게 활동하고, 정부 안에서 김종필 국무총리와 민관식 문교부장관을 중심으로 한글전용정책을 가로막으니, 한글 쪽이 밀리게 되어 1972년, 박정희 정부는 한글전용실천계획을 사실상 포기했다.

그래서 1974년, 한글학회 부설로 한글문화협회(회장 주영하)라는 한글문화운동모임을 만들고 한자파에 대항한다. 국어운동고등학생회(지도교사 오동춘)도 조직되어 한글사랑운동을 도와준다.

그러나 조선일보사(사장 방우영), 동아일보사(사장 이희승) 등 보수 신문사가 돕고 행정부 공무원 가운데서도 한자파의 제자가 많으니 한글파가 밀려 한글전용정책은 뜻대로 시행되지 않고 교과서에 한자병용을 하면서 교육현장에서 토박이말이 줄고, 일본식 한자말이 늘어났다.

그리고 모든 교과서에서 일본식 한자말과 영문 전문용어가 늘어났다. 한자파는 알아보기 힘든 일본식 전문용어를 마구 쓰면서 한글만 쓰면 학술과 학문이 발전할 수 없다고 억지 부린다. 학생과 학부모들은 한자 공부에 시간과 돈을 빼앗겨 과학 공부나 운동할 시간이 줄어들게 된다. 그때 한자파들은 초등학교에서부터 한자교육을 하고 교과서에 한자를 혼용하려 했으나 다행히 외솔 최현배 선생의 뜻을 이어가는 문교부 편수관들이 끈질기게 말을 듣지 않아 한자파들은 뜻을 이루지 못했다.

한국어문교육연구회(韓國語文敎育硏究會) 태어남

한자혼용파는 박정희 정권이 한일회담을 하고 한일국교가 시작되면서 1964년부터 교과서에 한자를 혼용하게 하는 등 자신들 뜻대로 한글전용정책을 흔든다. 한자파의 우두머리인 이희승 교수가 동아일보사 사장을 할 때 일이다. 이에 반발해서 대학생들이 국어운동학생회를 만들고 한글전용운동에 나서니 한글전용세력이 커진다. 그 영향으로 박정희 대통령이 1968년 10월 25일에 한글전용을 1970년부터 단계로 실시하겠다는 '한글전용 실시 7개 사항 계획'을 전격 발표하였다.

이어 박정희 대통령이 발표한 한글전용 시행 계획을 도와주려고 앞서 말한 한글전용실천회(회장 주요한)가 발족한다. 대학생 모임에다가 학자들 모임까지 결성되니 이에 충격을 받은 한자혼용파들은 1969년 7월 31일에 한글전용정책을 막고 한자혼용운동을 하려는 '한국어문교육연구회(회장 이희승)'를 만들어 힘차게 활동한다. 그리고 이들은 1972년에 한자파 정치인 김종필 총리와 민관식 문교부 장관의 도움을 받아서 박정희 대통령이 발표한 한글전용정책을 포기하도록 만든다.

그리하여 지금까지도 한글단체에 비할 수 없는 엄청난 돈과 세력을 가지고 많은 활동을 한다. 어문회에 참여한 사람들 한 분 한 분이 일제 때 경성제국(京城帝國)대학이나 일본 본토의 대학 등 일제 교육을 철저하게 받고 광복 뒤에 교수나 공직자로서 대단한 명성과 지위를 가진 분들이니, 막강한 독재 권력을 휘두른 박정희 대통령도 꼼짝 못하여 한글전용정책이 흔들리게 된 것이다. 한국어문교육연구회 설립 배경과 참여자들을 소개한 그들의 한자혼용 글을 아래 옮긴다.

한국어문교육연구회 설립 배경

韓國語文敎育硏究會는 國語國文學 學術硏究와 國漢混用 語文運動을 전개하기 위하여 1969년 7월 31일 창립된 학술 단체입니다. 韓國語文敎育硏究會 창립에는 당시의 學界·法曹界·言論界·軍·官界·政界 등 韓國의 知性이 網羅되어 참여하였고, 초대 회장에는 李熙昇 선생이 선임되었습니다. 부회장에는 劉鳳榮·金庠基·李相殷·申淳彦, 理事에는 權重海·金庠基·金能根·金觀鎬·南廣祐·朴斗鎭·裵廷鉉·鮮于煇·孫宇聲·申淳彦·辛泰嶽·劉鳳榮·柳光烈·李家源·李謙魯·李箕永·李相魯·李相殷·李元燮·李熙昇·李丁奎·李鍾純·吳之湖·曺基沆·張龍學·田鳳德·林碩茂·鄭昌範·朱鍾勳·千寬宇 등 30명이 選任되었습니다.

韓國語文敎育硏究會 창립에 各界를 대표할 만한 知性이 대거 참여한 데에는 다음과 같은 배경에서 형성된 語文敎育의 위기감에 대한 共感帶가 있었습니다.

1967년 11월 "한글을 段階的으로 使用할 方案을 硏究하라"는 지시를 내린 바 있는 朴正熙 대통령은 1968년 10월 25일 아래와 같이 '한글전용촉진 7개 사항'을 문교부에 내려보냈습니다.

이 무렵 朴正熙 대통령은 木曜會 언론인들을 청와대로 초청하여 한글전용에 관한 의견을 묻기도 하고, 1965년도에 관련부처에서는 崔鉉培 선생의 풀어쓰기 案에 대한 법령을 마련한 일마저 있던 터라 訓民正音과 漢字·漢文을 중심으로 한 語文生活은 뿌리째 흔들릴 수도 있는 상황이었습니다.

이 같은 社會·政治·敎育的 여건 하에서 정부의 한글전용정책을 미리 感知한 李熙昇·李相殷·吳之湖·金觀鎬·南廣祐 등의 人士들이 중심이 되어 1969년 5월 13일 發起趣旨書를 발표하고 7월 31일 창립총회를 개최하여 韓國語文敎育硏究會가 출범하였습니다.

박정희 정권이 한글전용정책 시행을 포기한 사연

박정희 군사정권이 들어서면서 한글과 한자 싸움이 뜨겁게 달아
올랐다. 나라의 국어기본정책이 한글전용정책이지만 한자혼용에 길
든 지식인과 공무원들은 그 법을 잘 지키지 않았다. 1967년에 대학
생들이 국어운동학생회라는 처음 보는 모임을 만들고 "한글전용법
을 왜 지키지 않느냐. 한글전용을 강력하게 실시할 법과 규정을 만
들라"고 외치니 박 대통령이 그 소리를 듣고 1968년에 한글전용 실
시 계획을 발표한 것이다.

앞서 말했듯이 이은상 선생의 권고와 설득으로 박 대통령은 한글
전용이 바른 정책임을 깨닫고 강력한 한글전용정책을 발표했는데,
그 배경에는 박 대통령이 세종대왕과 이순신 장군처럼 추앙받는 역
사적 인물이 되려는 욕심도 작용한 것으로 보인다. 그 정책 결정과
추진에 국어운동대학생모임과 박 대통령의 문화정책 특보요, 자문
위원인 이은상·한갑수 두 분이 큰 몫을 했다.

그러나 수많은 일제시대 교육받은 지식인들이 강력한 한자단체
한국어문교육연구회를 만들고 〈韓國語文敎育硏究會의 語文敎育에
관한 聲明書·建議書〉(1969. 5. 13.), 〈漢字敎育復活促求聲明書〉(1970.
11. 25.), 〈漢字敎育復活促求建議書〉(1971. 3. 8.), 〈語文敎育是正促求
建議書〉(1971. 7. 3.), 〈漢字敎育復活方案에 關한 建議書〉(1972. 4.
8.) 들을 잇달아 내며 반대운동을 했다. 또한 친일 한자파인 김종필
총리와 민관식 문교부장관이 정부 안에서 들고 일어나니 소신이 약
한 박 대통령이 물러섰다. 민관식 장관은 뒷날(1994년 3월 27일), 중
앙일보사와 한자교육진흥회 학술발표회에서 한글전용정책을 막고
한자교육을 강화했음을 스스로 자랑하기도 했다. 그리고 마침 1970

년에 한글운동 기수인 한글학회 회장 외솔 최현배 선생이 돌아가시고 국어운동학생회 창립자들도 군대에 가니 한자단체에 대항하는 힘이 약해졌다.

한자파들은 일제로부터 배운 한자혼용 지식으로서 교수도 되고 공직자가 되어 떵떵거리고 살았는데 한글전용이 전면 실시되면 자신들이 지식인으로 행세하기가 힘드니 죽기 살기로 그 반대운동을 한 것이다. 한글로 쓴 글은 읽기 힘들고 맞춤법도 잘 몰라서 한글로는 글을 잘 쓰지 못하니 어쩔 수 없었을 것이다.

그때 친일 지식인과 정치인들로 말미암아 한글이 활발히 살아날 기회가 사라지게 되고 한글과 한자의 지루한 싸움이 계속되었다. 고래 싸움에 새우등이 터진다고, 결국 국민들과 학생들은 국어교육과 말글살이가 혼란스럽게 되어 큰 피해를 보게 된다.

한글 지킴이, 세종대왕기념사업회와 외솔회

세종대왕기념사업회(초대 회장에는 문교부 장관 최규남이 직위로써 추대되고, 대표이사 최현배)는 1956년 한글날에 세종성왕의 성덕과 위업을 추모하고 세종성왕의 민족 자주정신과 애민정신 및 과학 창조정신을 온 국민에게 계승해 민족중흥의 역사적 과업을 수행하는 데 이바지하고자 학자들과 28개 문화단체 대표들이 발기하여 만들어졌다. 세종대왕 기념관을 건립·운영하고 세종대왕의 유물과 관련된 한자로 씐 문헌을 국역하는 일을 했다. 《조선왕조실록》을 모두 국역한 일은 매우 큰 업적이다. 그 밖에 한글기계화 연구, 한글 글꼴 개발과 교육 사업을 했다.

최근에 세종대왕기념사업회(회장 박종국)는 위의 근본 취지에 관한 일인 한문 고전 국역 사업과 한글 고전 역주 사업, 한글 글자체 개발 등을 활발하게 계속하고 있을 뿐 아니라 한글학회, 외솔회와 함께 학생 국어운동을 돕고, 한자반대 투쟁에 앞장섰다. 이 단체는 사단법인체인 민간 단체로, 창립 때부터 현재까지 세종대왕기념관을 건립·운영하고 있는데, 기념관 운영에 많은 어려움을 겪고 있다. 한 해에 수억 원씩 나라에 사용료를 내야 하는데 재정이 없어 예식사업까지 하고 있는 형편이다(최근에는 동대문구 주민들이 그곳에 지역 구민을 위한 시설을 설치하겠다고 경기도 여주로 이전할 것을 요구하고 있다고 한다).

세종대왕기념사업은 이렇게 민간단체에만 맡길 것이 아니라, 국가에서 적극적으로 도와 크게 해야 옳다.

외솔회(처음 회장 홍이섭)는 국어운동가요, 한글 학자이며 전 한글학회 회장이었던 외솔 최현배 선생을 기리고 그분의 정신을 이어가는 재단법인이다. 외솔이 돌아가신 뒤에 선생의 한글사랑, 나라사랑 정신을 이어서 한글을 지키고 빛내는 마음으로 해마다 회지《나라사랑》을 내고, 한글운동에 공로가 큰 사람에게 '외솔상'을 주고 있다. 회장은 김석득 교수에 이어 지금은 최기호 교수가 맡고 있다. 부산과 각 도에 지회도 있다. 이 모임 또한 재정상태가 좋지 않아서 유족의 도움으로 이어가고 있다. 지난 수십 년 동안 한글학회, 세종대왕기념사업회와 함께 한글운동의 중심에서 많은 건의문을 내고 한글운동모임을 도와주었다. 회지 {나라사랑}은 112호째 내고 있는데 중요한 한글운동 자료이며 외솔상 또한 사회에 권위있는 상으로서 28회째 문화부분, 실천부분으로 나누어 시상하고 있으며 허웅, 윤석중, 공병우, 한갑수, 전택부, 금수현, 정재도 선생 들이 받았다.

한동안 활동이 침체 되었다가 1995년부터 다시 활발하게 활동을 시작했는데 그때 임원진은 다음과 같다.

고문: 곽종원, 김찬국, 손보기, 안호상, 윤석중, 전택부, 주영하, 한갑수,
　　허웅

회장: 김석득

부회장: 김계곤, 박종국, 우인섭, 조용란, 최승범, 유승범, 유동삼

감사: 이창영, 홍사회

사무국장: 오동춘

총무이사: 박대희

연구이사: 권재일

섭외이사: 이대로

사업이사: 이태조

학생부이사: 최기호

국어운동고등학생회(한글나무) 태어나다

1975년 2월 22일 한글학회 부설 한글문화협회 산하기구인 국어
운동고등학생회(지도교사 오동춘, 회장 강태선)가 태어나 젊은 일꾼
을 키우고 한글단체 운동에 힘을 보탰다. 한글학회, 외솔회, 국어운
동학생회, 가나다모임, 한글문화협회, 뿌리깊은나무, 한글이름펴기
모임이 돕고 지도했다. 오동춘 선생이 오랫동안 이끌었다.

덕수상고, 대신고, 경복고, 중앙여고, 문일고, 경기여고, 신광여고,
시흥고, 수도여고, 숭실고, 동명여고, 고척고, 경기고 등 많은 고등
학교의 학생들이 모여 1990년대까지 우리말, 한글사랑 계몽운동,
간판조사, 강연회, 수련회 등 많은 활동을 했다. 젊은 고등학생이
일어나 우리말, 한글사랑운동을 한 것은 뜻 깊은 일이다. 그러나 정
부와 일제시대 교육받은 기성세대는 고등학생까지 나서서 일제식
한자말을 덜 쓰고 우리말과 한글을 사랑하고 즐겨 쓰자고 해도 못

들은 체한다.

국어순화추진회 태어나다

박정희 정권 말기에 이르러 독재가 심해지고, 한자혼용파가 한자 교육을 강조하고, 대기업들이 그 편을 들어주니 정부도 한자 쪽으로 기운다. 그래서 그 돌파구를 만들려고 한글 쪽은 국어순화운동을 추진한다. 한글학회(회장 허웅), 한글전용국민실천회(2대 회장 전택부), 우리말 다듬기회(회장 고황경)가 중심이 되어 1976년 7월에 가칭 '세종회'를 만들었다가 그해 8월 20일에 '국어순화추진회'로 이름을 바꿨다. 그리고 최근까지 세종호텔에서 조찬 모임을 다달이 30년 가까이 했고, 우리말 순화 자료집과 기념문집을 내며 활동했다.

한자혼용파는 일부의 서울대 출신과 대기업 사장, 보수 언론, 보수 정치인들이 사회의 지배층으로서 모이니 엄청난 힘을 쓰게 된다. 특히 보수 언론인 조선일보사와 동아일보사 등과 포항제철(회장 박태준), 대한항공(회장 조중훈), 효성그룹 들이 발 벗고 지원하고, 경제단체까지 취직 시험 때 한자를 중요시하겠다고 하며, 또 서울대가 한자를 중요하게 여기니 한자 교육열이 달아오른다.

처음에는 정부도 국어순화정책을 펴면서 사회에 영향을 주었으나 주요한, 이은상, 정인승 선생 등 많은 원로가 세상을 뜨게 되니 그 활동이 시들해진다. 국어순화추진회는 전두환 독재정권 때부터 한글운동가 원로회의처럼 되다 보니 대중과 젊은이들의 지지를 얻지 못하고 다달이 조찬회를 하면서 명맥만 이었고, 주영하(전 세종대학 이사장) 선생이 최근까지 활동하다가 결국 중단되었다.

일제가 바꾼 우리 땅이름 되찾기 운동

일제는 1910년 이 땅을 차지하고 총독부령이란 법을 만들고 우리 토박이말로 된 땅이름을 거의 모두 한자말로 바꾸었다. 신라 경덕왕 때 중요한 고을 이름은 중국식 땅이름으로 많이 바꾸었지만 조그만 마을 이름은 거의 우리말 그대로 남아 있었다. 그런데 일본 총독부는 행정구역을 바꾼다는 구실로 우리 민족의 바탕인 우리말과 민족정신을 없애버리려고 그렇게 한 것이다. 그때 일제는 학생들에게 우리말을 못 쓰게 하고, 사람이름과 성씨까지 일본식으로 바꾸게 한다. 이른바 창씨개명으로서 우리 민족의 씨까지 말리려고 했다.

일제는 '새내'는 '신천동(新川洞)'으로 '애오개'는 '아현(兒峴, 阿峴)'으로 '한밭'은 '대전(大田)'으로 '새터말'은 '신촌(新村)'으로, '너벌섬'은 '여의도(汝矣島)'로, '복삿골'은 '도화동(桃花洞)'으로, '무너미마을'은 '수유동(水踰洞)'으로, '감은돌'은 '현석(玄石)'으로, '검은돌'은 '흑석(黑石)'으로, '삼개'는 '마포(麻浦)'로 '먹골'은 '묵동(墨洞)'으로, '붓골'은 '필동(筆洞)'으로, '배다릿골'은 '주교동(舟橋洞)'으로, '안골'은 '내곡동(內谷洞)'으로 바꾸었다. 이렇게 한자말로 바뀐 땅이름은 온 나라에 셀 수 없이 많다.

일제가 물러간 뒤 조선어학회와 애국지사들이 우리말 도로 찾아쓰기 운동을 하면서, 우리말 땅이름을 되찾아 쓰거나 새로 지어 쓰려고 애썼다. 일제는 지금 서울을 '경성(京城)'이라고 했는데, 1946년 미국 군정시대 법령 108호로 경기도 경성부를 떼어내어 '서울'로 바꾸었다. 조선시대 부르던 '한성(漢城)'이란 이름이 아닌 '서울'이란 우리 토박이말로 지은 것이다. 일제가 물러간 뒤 우리 토박이말로 바꾼 땅이름은 '서울', 하나뿐이다.

'달구벌(대구)', '빛고을(광주)', '한밭(대전)', '널문리(판문점)', '서라벌(경주)' 같은 우리 토박이 땅이름이 얼마나 정감이 있고 멋있는가. 이런 우리 땅이름을 되찾아 쓰자고 한글학회와 땅이름학회는 '땅이름 사전'도 만들면서 애쓰고 있다. 그런데 이런 노력을 한자파들은 쓸데없는 일이라면서 일제가 만든 한문 주소를 학생들이 못 쓴다고 탓만 하고 있다. 이제는 우리말로 땅이름도 새로 짓고, 사람과 모임의 이름을 짓는 연구와 훈련과 교육과 노력을 열심히 할 때다.

다시 힘차게 일어난 국어운동학생회

박정희 정권이 유신독재정치를 하면서 모든 학생운동이 독재정치 반대 투쟁으로 변한다. 문화운동 모임인 국어운동학생회도 그 소용돌이 속에 휩쓸려서 연합회 활동 모임은 중단되고 고운 이름 자랑하기 행사와 한글날 덕수궁 세종대왕 동상에 서울 시내 대학들이 모여서 꽃을 바치는 행사만 간신히 했다. 그러다가 1985년에 연세대 국어운동학생회장 김슬옹이 다시 전국 모임을 추진해서, 1986년에 전국 우리말운동대학생연합모임(으뜸빛 김불뀬, 지도교수 최기호)이 공식으로 조직되어 다시 활동을 시작한다. 모임 이름도 초창기에는 각 대학이 모두 '국어운동학생회'였으나 우리말사랑대학생모임으로 바뀌었다가 '한말글', '한글물결' 들로 바뀐다.

대학생 모임은 전국에서 강원대 한말글사랑터, 건국대 한말글사랑터, 경기대 겨레말연구회, 경북대 한글한마음, 경희대 우리말메아리, 계명대 한글메아리, 고려대 우리말사랑모임, 공주사범대 우리말사랑모임, 대구교대 한말글, 동의대 우리말펴기모임, 부산수산대 한글사랑모임, 부산여대 한글한마음, 부산외대 한얼연구회, 상명여대 우리말연구회, 서울대 국어운동학생회, 서울산업대 우리말사랑회, 서울시립대 우리말사랑모임 강다리, 연세대 국어운동학생회, 영남대 한글물결, 전남대 우리말동아리, 건국대(충주) 우리말 사랑모임, 충남대 우리말메아리, 충북대 우리말사랑패, 한양대 국어운동학생회 등 36개 대학에 모임이 생겨서 선배 모임인 동문회와 함께 활발하게 활동함으로써 한자혼용파와 힘든 싸움을 하는 한글문화단체에 큰 힘을 보태준다. 정부와 국회에 많은 건의문도 보내고, 한자파를 상대해서 성명서도 발표하고, 거리 시위도 하는 등 많은 일을 했다. 1991년 《스포츠서울》에 나온 그 활동 보도문과 건의문을 옮긴다.

한말글운동대학생연합회 한글날 공휴일 폐지 반대운동

'전국 한말글운동 대학동아리연합'이 한글날 공휴일 폐지 반대운동을 본격적으로 펼치고 있다. 서울·부산·대구·광주 등 전국 36개 대학 5백여 명으로 구성된 이 동아리연합은 지난 5일 건국대에서 한글날 공휴일 폐지 반대운동 발대식을 하고 전국적인 가두서명운동에 들어간 데 이어 7일에는 총무처와 문화부를 항의 방문했으며 20일부터는 거리 선전을 벌일 계획이다. 회장인 엄기정(건국대 국문과 3년)은 "현재 우리나라의 연중 휴일 71일은 세계 중요 80개국의 평균 휴일 94.6일에 비해 결코 많은 것이 아니다"라면서 "다른 공휴일은 그대로 놔두고 하필이면 우리 겨레의 뛰어난 역량과 재주의 결정체인 한글날이 폐지된 것은 이해할 수 없는 처사"라고 주장하고 있다.

지난 67년 창립된 이 대학동아리연합은 1980년 초 일시 해체된 것을 제외하고는 줄곧 왜색문화와 외국어 문화에 맞서 거리 간판 전시회 등을 통해 토박이말 보급운동을 전개해왔다.

《스포츠서울》, 1991년 2월 13일.

우리말과 한글을 살릴 정책을 세워주기 바라는, 대통령께 드리는 건의서

배달겨레가 이 땅에 뿌리를 내린 지 반만년이 지나고, 세종 큰임금이 백성과 함께하는 나라를 만들고자 한글을 창제하신 지 5백 년이 지났습니다.

그러나 지금 우리 사회에 어려운 한자말과 일본말 찌꺼기, 서양 외래말이 어지럽게 뒤섞여, 우리의 주체성이 깃들고 조상의 얼이 깃든 우리말과 과학스런 한글이 제자리를 잃어가는 실정입니다.

본디 말과 글은 모든 문화의 으뜸이며 사회 구성원의 얼이 담긴 것이라 합니다. 프랑스 작가 알퐁스 도데는 〈마지막 수업〉이라는 소설에서 "나라는 빼앗겨도 그 민족의 말글이 살아 숨 쉼은 감옥에서 열쇠를 가지고 있는 것과 같다"고 했습니다. 이토록 말과 글이 중요한데 현재 우리 사회의 신문과 방송, 거리 간판들이 외국 튀기말과 한자를 혼용하는 실정이며, 뒤틀린 신조어가 제멋대로 만들어져 우리의 국어를 크게 더럽히고 있습니다.

이에 저희 뜻있는 대학생들이 전국 곳곳에서 '전국 우리말운동대학생연합모임'을 만들어, 과거 부끄러운 사상과 일제의 통치로 사라진 우리 고유어를 되찾고, 말글을 통해 배달겨레 얼을 되살려, 주체성을 가지고 남의 말을 받아들이자는 뜻을 펼치기에 이르렀습니다.

그러나 민족과 국가를 위한 이 일이, 언론이 한자를 혼용하고 외국말을 마구 섞어 씀으로써 어려움이 더 한층 쌓이고 있습니다. 민족과 국가의 좀 더 나은 내일을 위해 애쓰시는 대통령께서는 우리의 뜻을 헤아려 비뚤어진 말글살이와 언론과 국민의 의식구조를 바로잡아주시길 간절히 바랍니다.

단기 4319(1986년) 1월 16일
전국 우리말운동대학생연합모임 으뜸빛 김불꾼

전국 국어운동학생회동문회 동문들로부터 공로패를 받고(오른쪽부터 조남철, 박연백, 나, 강경구, 윤경혁)

　재학생들 활동과 조직 확대를 돕던 졸업생들도 1987년에 전국 국어운동대학생동문회(으뜸빛 이대로)를 공식으로 발족해 사회인으로서 후배들을 이끌고 한글학회 등 한글단체를 도우며 다시 활동을 하게 된다. 1972년에 동문회를 처음 조직했으나 파쇼 독재 정치가 점점 심해져서 학생뿐 아니라 동문모임도 제대로 되지 못했는데 민주화 바람이 불면서 다시 모인 것이다.

　그때 마침 미국에 망명했던 공병우 박사가 1988년에 돌아와 한글문화원을 꾸리고 다시 한글기계화운동을 시작하면서 한글문화원 건물에 동문회 사무실을 무료로 쓰게 해서 함께 활동을 한다. 동문회장이던 나는 공 박사가 미국에서 오셨다는 소식을 듣고 한글문화원으로 찾아가 인사드렸더니, "방을 하나 내줄 터이니 학생들도 함께 와서 활동을 하자"고 하셨다. 마침 모일 곳도 마땅치 않고 고마운 말씀이기에 함께 모시고 활동을 활발히 벌였다.

　국어운동대학생동문회 초대 회장은 이대로(동국대), 2대 회장은

1980년대, 전국 국어운동대학생동문회 동문들과 세종대왕 동상에 꽃 바치기 행사를
마치고

최노석(연세대), 3대 회장은 강상구(서울의대), 현재는 이봉원(서울대)
이 맡고 있다. 초창기 내가 회장일 때는 한자파와 싸우는 선봉장으
로 한글단체와 함께 많은 활동을 했으나 지금은 누리통신으로 조용
히 활동하고 있다.

한글문화단체모두모임 만들고 한자단체와 피나는 싸움을 하다

한국어문회(회장 이희승)를 중심으로 한자단체는 정부에 국민학교
에서부터 한자교육을 하고 교과서에 한자를 혼용해야 한다는 건의
를 했다. 정부가 그 건의를 적극 검토한다는 소식이 들리기에 1986
년 11월 15일, 한글학회와 국어순화추진회 등 한글단체는 서울 경기
여고 강당에서 한글을 걱정하는 학생과 시민 5백여 명이 모인 가운
데 '국어교육과 한자 문제에 대한 강연회'를 열고 그 반대 운동을
벌였다. 그리고 정부에 그 부당함을 30여 단체 이름으로 건의한다.

전두환 독재정권이 들어서면서 학생 운동을 더욱 탄압해 한글단체는 약해진 데 견주어 한자단체는 더 강력해진다. 한글 쪽은 위기감을 느끼고 강력한 연합모임을 만들게 되었다. 안호상(초대 문교부 장관), 허웅(한글학회 회장), 전택부(전 한글전용촉진국민실천회 회장), 한갑수(한글전용추진회 회장), 박종국(세종대왕기념사업회 회장), 주영하(국어순화추진회 회장), 김석득(외솔회 회장) 들 50여 개 한글단체 대표와 한글운동가들이 함께 1987년 4월 16일에 '한글문화단체모두모임(회장 안호상, 부회장 한갑수·전택부, 사무총장 문제안)'이란 연합모임을 만들었다.

이들은 정부와 국회에 여러 차례 건의문을 보내고 한자파에 대항한 행사를 많이 연다. 국회의원 이름패를 한글로 만들어 주기도 했으며 조선일보사의 한자복권운동을 반대하여 강연회를 열고, 한글날 국경일 제정 운동을 하는 등 공격형 한글운동을 시작하게 된다. 2대 회장은 한갑수, 3대 회장 이상보이고 사무총장을 내가 맡고 있다. 한자단체와 정부, 국회를 상대로 한글운동 본부가 되어 열심히 활동하던 때의 조직 현황과 건의문을 소개한다.

한글문화단체모두모임 임원(1993년)

회장 : 안호상

부회장 : 한갑수, 전택부

사무총장 겸 이사 : 문제안

이사 : 김민환, 김계곤, 이강로, 이대로, 이진우, 이현복, 최기호

감사 : 박종국, 오동춘

상임고문 : 허웅, 주영하, 공병우,

고문 : 고황경, 공덕귀, 리태극, 원광호, 윤석중, 윤치영, 조경희, 최기절, 홍웅선

지도위원 : 신태민, 정의순

참여단체 : 국어순화추진회(주영하), 국어운동대학생연합회(김불꾼), 글
씨꼴모임(김진평), 노랫말연구회(박상희), 가나다모임(송귀현), 나라
말사랑모임(나경찬), 노산문학회(김해성), 대구아동문학회(박인술),
대한음성학회(이현복), 대구외솔회(정희창), 마산외솔회(박명호), 모
국어교육학회(김용석), 민족학회(안호상), 바른소리모임(안송산), 바
로모임(최기호), 배달말학회(강희근), 부산국사학연구회(박지홍), 새
싹회(윤석중), 세종대왕기념사업회(박종국), 애산학회(허웅), 월짜기
교육학회(임종철), 외솔회(최철해), 우리말뿌리찾기모임(이강로), 우
리말바로쓰기모임(김정섭), 인천외솔회(조용란), 제물포수필문학회
(한상렬), 한국겨레문화연구회(손보기), 한국언어병리학회(이승환),
한국언어응용학회(황희영), 한국가톨릭문화선양회(이현극), 한국독
서능률개발연구원(최낙현), 한국땅이름학회(정재도), 한국먹거리연
구회(김민환), 한말글사랑겨레모임(이대로), 한말연구모임(김승곤),
한국바른말연구원(원광호), 한글족보모임(류제한), 한글나무 고등학
생모임(지도교사 오동춘), 한글학회(허웅), 한글풀어쓰기학회(윤묽
맑), 한글집(문제안), 한글이름펴기모임(밝한샘), 한글문화원(공병우),
한글문화원(미국 : 신태민), 한글전용추진회(한갑수), 김석득 연세대
교수, 김정수 한양대 교수, 김종오 저술가.

정부와 국회, 언론기관에 보낸 건의문

김재순 국회의장님께

제목 : 국회 공용문서 한글로만 쓰기에 관한 청원

1. 대한민국 국회가 회의장 안의 의원들의 이름표를 비롯해서, 의사
   일정표나 사무실의 이름표는 물론, 공고문과 회의록, 기록 문서, 연

락 문서, 보존 문서에 이르기까지, 모든 공문서는 한글로만 가로쓰기를 철저히 실천하시어, 온 겨레와 전 세계에 모범을 보여 주심으로써, 우리나라 글자살이의 발전에 앞장서 주실 것을 간곡하게 청원합니다.

2. 이는 "대한민국의 공용문서는 한글로만 쓴다"고 한 대한민국 법률 제6호(1948년 10월 9일 제정 공포한 한글전용법)와 "문서는 한글로 띄어 쓰되, 표준말을 사용한다"는 정부 공문서 규정(1970년 9월 18일에 공고한 대통령령) 제7조를 어김없이 지키는 것으로서, 준법 정신이 가장 절실하게 요청되는 지금, 대한민국 국회로서는 당연히 보여 주어야 할 좋은 본보기가 될 것이기 때문입니다.

3. 우리말과 글을 올바로 키워 나가야하겠다는 생각이 모자라서 "한문 글자는 중국말을 적는 중국 글자로서, 중국말에 서투른 한국 사람들이 옛날부터 오늘날에 이르기까지, 본디 중국 발음을 흉내 낸 한국 사투리로밖에 발음하지 못하고 있다"는 뚜렷한 사실을 아직도 깨닫지 못한 일부 실없는 사람들이 한글전용법 끝에 달린 "다만 얼마 동안 필요할 때에는 한자를 병용할 수 있다"는 단서를 핑계 삼아서, 대한민국의 법률로 정한 한글만 쓰기를 게을리 하고 있습니다. "다만 얼마 동안"이 이제는 만 40년이 지났습니다. "다만 얼마 동안"으로서는 너무나 길었습니다. 그래서 한글전용법 끝에 달린 "다만 얼마 동안 필요한 때에는 한자를 병용할 수 있다"는 단서를 삭제해 주시기를 아울러 청원합니다.

한글학회를 비롯한 50개 단체가 뜻을 모아 간곡하게 청원합니다.

1989년 2월 25일
한글문화단체모두모임 회장 안호상

한자단체의 한글, 한자 혼용에 관한 법률제정 등에 관한 청원

한자혼용을 주장하는 유정기, 김인식, 이상돈, 서영훈, 장을병, 김
상구, 신국주 들이 1993년 3월 29일자로 〈한글, 漢字混用에 관한
法律制定 등에 관한 請願〉을 김길홍(민자 : 경북 안동), 황윤기, 장영
철 의원이 소개해 국회에 냈다. 한글전용법을 폐지하고 교과서와
공문서 들에 한자를 혼용해야 한다는 내용이었다. 이들은 〈한글 專
用法廢棄 敎本改書法制定 請願書〉도 내고 헌법재판소에 '교과서에
한글만 쓰는 것도 위헌'이라는 헌법소원도 낸다. 한글단체는 반대
건의서를 국회의장에게 내고 국회의원들을 만나 그 반대운동을 했
으며 헌법소원도 반대운동을 해서 막아낸다.

한자 쪽에서 국회에 낸 청원서를 원문대로 소개한다. 한자혼용
청원서의 띄어쓰기와 한자혼용 된 글을 그대로 옮겼다. 공문서와
교과서를 일본처럼 한자를 섞어 쓰자는 말은 시대 흐름과 우리 말
글 독립에 거스르는 일이기에 그대로 둘 수가 없었다. 한글단체가
발 벗고 나서서 이 음모를 막을 수 있었으나 많은 국민과 국회의원
이 찬성하고 있다는 게 답답하고 안타까웠다(저자 주 : 위 글은 한자
단체가 세로로 쓴 것을 가로써 그대로 옮겼다. 띄어쓰기가 많이 틀렸으
나 그 또한 그대로 옮겼다. 한자를 섞어 쓰면 한글맞춤법은 틀려도 괜
찮다고 생각하는 것 같다).

〈한글, 漢字混用에 관한 法律制定 등에 관한 請願〉

1. 請願題目 : 公文書에 한글專用法廢棄, 敎科書에 漢字混用法律制定
2. 請願趣旨 : 公文書에서 한글專用한 것은 解讀하기가어렵고 記憶도
   잘안되니 事務能率만 低下시키는것. 敎科書에는 漢字混用만하면 國

校六年만卒業해도 漢字語는 다理解해서 知能이 發達되는 것.

3. 請願內容 : 한글專用으로 文盲敎育을 시키는 것은 天才도低能으로 만드니 이것은敎育의 自己否定이라 그래서官界에는 不正이蔓延하고 民間에는 犯罪가增加해서 國家는總體的으로 危機에直面한것. 漢字廢止로서 文字鎖國을 强行하는 것은 國際化時代에 逆行해서 國家民生에 損害만自招하는데 이것을愛國이라고 虛僞로欺瞞하는데 따라만가는 이民族은利害得失도 모르게되었을것. 進化된西歐人은 賢明해서 古典語를活用하여 西歐共通語를 造成해서 文化交流를하는데 退化된東洋人은 愚昧해서 漢文字를廢止하고 各其獨自語를 造成해서 文化交流를 遮斷하는것. 우리五次元의文字(漢字)로 造成된 國語體系를 一次元의文字(한글)로 平面化시키는데서 敎育이荒廢되어 文化는衰亡하고 社會는混亂하니 그런有百害無一利한 文敎政策을 是正하려는 것.

以上에要項을 文章으로쓴 請願書三枚를 다음에添附하였음.

柳正基 인

나는 한글단체와 함께 강력하게 반대운동을 했다. 그때 위 청원서를 낸 분들과 국회의원들에게 내용증명으로 공개 질의서를 보냈다. 그때 김길홍 의원에게 보낸 공개 질의서를 아래 소개한다.

한글전용법 폐기 청원을 소개한 김길홍 의원에게 보낸 공개 질의서
받을 분 : 김길홍 의원(서울 영등포구 여의도 1번지 국회의원회관)
보낸 이 : 이대로(서울 동대문구 장안동 334-1)

무더운 날씨에 안녕하십니까? 저는 한국 사람이 한국말을 하고 한글을 즐겨 쓰고 사랑하는 것이 국민으로서 할 도리라고 생각하며 25년 전 대학생 때부터 우리말, 한글사랑운동을 하고 있는 국민입니다. 지난 7월 13일자 국민일보 보도에 유정기 교수 등 6명이 낸 〈한자, 한글혼용에 관한 법률 제정 청원서〉를 김길홍 의원께서 소개했다는 보도를 보고 민족의 흥망을 좌우하는 중대한 일이기에 사실을 분명히 밝히기 위해 다음과 같은 질의를 합니다.

1. 청원 소개 의견서에서 공문서가 한글을 전용함으로써 한자말의 정확한 해독이 곤란한 경우가 많았다고 했는데, 어떤 경우가 있었는지요? 혹시 공무원들이 무성의해서 쉬운 우리말을 쓰지 않고 어려운 일제식 한자말을 그대로 한글로 쓰기 때문에, 또 한글로 써서 이해하기 힘든 부득이한 말은 한자를 병용할 수 있다(괄호안에 써넣기)는 '한글 전용법'을 잘 지키지 않기 때문에, 그런 일이 일어난다고 생각해 보지 않았는지요?

2. 청소년들의 정신 건강을 크게 해치고 있는 것은 순수한 우리말과 한글 때문이 아니라 정치인, 교수 등 사회 지도층의 정신이 썩었고 학벌과 입시 위주 교육 때문이란 것은 온 국민이 다 알고 있는 상식인데, 자신들의 잘못과 못난 점을 한글과 순우리말에 돌리는 것은 책임 회피요, 반민족 행위라 생각합니다. 김길홍 의원님은 정치인으로서 책임을 다했다고 생각하시는지요?

3. 지난번 13대 국회 때 최무룡 의원이 '한글 한자 혼용법 청원'에 앞장선 일이 있는데 김종필 대표의 요청에 의한 것이었다고 확인한 바 있습니다. 김길홍 의원께서도 김종필 대표의 뜻을 받들어 본의 아니게 한글을 짓밟는 데 앞장선 것은 아닌지요?

4. 한자말을 한글로 쓰는 것은 도적놈 애국이고 한글전용을 도용민족(盜用民族)으로 만드는 것이라는 등의 청원서 내용과 생각이 같으신지요?

요즘 일제 때 친일 반민족 행위를 한 사람들이 역사의 심판을 받게 되니 그때 본의가 아니고 어쩔 수 없었다느니 하며 그 후손과 추종자들이 변명하는 것을 보고 역사에 남을 중대한 일은 사실을 분명히 밝혀 둘 필요가 있다고 생각되어 김 의원 님의 참뜻을 알고자 질의를 하오니 8월 15일까지 답변해 주시면 좋겠습니다. 만약 답변이 없으면 제 임의대로 해석하고 비판해도 좋다는 것으로 알겠습니다.

1993년 7월 27일
전국 국어운동대학생동문회 이대로 드림

한글기계화 선구자 공병우 박사

아주 옛날부터 우리는 붓으로 글씨를 많이 썼다. 그러다가 근래 연필이나 만년필로 썼고 오늘날엔 타자기와 셈틀로 글을 더 많이 쓴다. 그래서 붓이나 연필로 글을 쓰던 때보다 쉽고 빠르게 글을 쓸 수 있게 되어서 지식과 정보를 쉽게 많이 주고받을 수 있는 편리한 세상이 되었다. 그런데 이런 좋은 세상은 저절로 된 것이 아니고 이런 세상을 만들려고 애쓴 사람들이 있기 때문이다. 이런 세상을 한글 기계화, 국어 정보화 세상이라고 하는데 우리나라는 공병우 박사가 처음으로 개척했다. 그래서 나는 이분을 우리 국어 정보화의 아버지라고 부르고 있다.

한글기계화는 한글 발전과 우리 말글 독립 역사에서 빼놓을 수 없는 중대한 일이고, 공병우 박사를 빼고 이를 설명할 수 없다. 오늘날 우리나라는 정보통신 강국이 되었는데 한글과 공병우 박사가 없었다면 불가능한 일이었다.

그럼 공병우 박사란 어떤 사람인가? 공 박사는 본래 일제 때에 이름난 안과 의사였다. 그런데 일본이 패망해 물러가게 되고, 우리 의과 대학생들에게 의학을 가르치게 되었는데 일본말과 일본 책으로는 교육을 할 수 없게 되어 한글을 배우고 써야만 했다. 일제 식민지 시대에 태어나 일본어 교육만 받았기 때문에 한글과 우리말을 잘 모르니 한글학회에서 개인 선생님을 모셔다가 한글을 배우고, 자신이 일제 때에 일본말로 쓴 《小眼科學》이란 책을 우리말로 번역했다.

공 박사는 한글 쓰기가 익숙하지 않아서 힘들어하다가 한글이 영문처럼 타자기로 글을 쓸 수 있는 글자라는 것을 알게 되었다. 어렵게 한글 타자기를 구해서 글을 써보려니 영문 타자기처럼 빠르고 편리하지 않았다. 그래서 한글 창제 원리에 맞고 속도도 빠른 새 타자기를 스스로 연구해 만들었다. 그때 한글이 훌륭한 글자이고 우리 겨레를 살릴 글자라는 것을 절실하게 깨닫게 되었다고 한다. 그리고 돈 잘 버는 안과 의사 일은 제쳐 두고 타자기 보급과 한글 사랑운동에 빠지게 된다.

그것이 미국 군정시대에 일이다. 미국 군정청은 공병우 박사가 영문 타자기처럼 빠르고 편리하게 쓸 수 있는 한글 타자기를 발명한 것을 반기면서 군용비행기까지 내주어 미국에서 그걸 실용할 수 있는 타자기로 만들 수 있게 도와준다. 그리고 그 타자기를 미군정청에서 썼다.

그러나 미군이 물러가고 새로 태어난 대한민국 정부는 한글 타자기를 거들떠보지 않았다. 참으로 답답하고 한심한 일이었다. 제 것이라면 우습게보고, 기계로 글을 쓰는 것이 얼마나 중요하고 좋은 것인지 모르는 한국 정부 관리들이기 때문이었다. 그래도 한글학회 회장 최현배 박사는 중요성을 이해하고 한글학회에 한글기계화연구소를 만들고 함께 한글기계화운동에 나서게 된다.

공병우 박사께 감사패를 드리고(왼쪽부터 김불꾼, 공병우, 나, 최노석)

편리한 한글 타자기를 거들떠보지 않던 한국 정부도 6·25 전쟁 때 미군이 들어와서 다시 한글 타자기를 잘 쓰고 전쟁 수행에 큰 공을 세우는 것을 보면서 전쟁이 끝나고서는 정부 기관에서도 한글 타자기를 사용하게 된다. 전쟁이 글자를 기계로 쓰는 것이 얼마나 편리하고 중요한지를 가르쳐 준 것이다. 그 뒤 한글을 기계로 쓰는 세상이 열린다.

그런데 박정희 정권 때 한글 타자기 사업이 돈벌이가 되는 것을 안 어느 업자와 공무원들이 공병우식 세벌식 타자기와 다른 네벌식 타자기를 만들어 국가 표준으로 정한다. 세벌식 타자기의 글씨꼴이 아름답지 못하다는 약점을 이용해서 만든 네벌식은 글씨꼴은 좀 예쁘지만 속도가 느리고 사용자를 힘들게 하는 엉터리여서 공 박사는 반대운동을 한다.

타자기는 연필로 쓰는 것 보다 빠른 것이 장점인데 네벌식은 그렇지 못했고 단점이 많아서 사용자가 불편하다고 하니 정부는 다시 두벌식 타자기를 만들어 국가 표준으로 정한다. 세벌식 타자기는 속도도 빠르고 초성·중성·종성으로 된 한글의 특성을 살린 것이라 매우 편리했으나 두벌식도 네벌식과 마찬가지로 문제가 많았다.

그래서 공 박사는 그 잘못을 바로 잡는 투쟁을 하다가 정부의 탄압을 받고 미국으로 망명한다. 그리고 미국에서 반독재 활동을 하면서 셈틀 공부와 연구를 하고 돌아와서 우리나라를 셈틀 세상으로 만들었다.

공병우 박사는 "돈 버는 안과 병원 일이나 안과 발전은 외국인도 할 수 있으나 한글기계화는 한국인인 내가 안 하면 안 된다. 한글은 금이고, 로마자는 은이고, 일본글자 가나는 동이고, 한자는 쇠다. 세계 으뜸인 한글을 한국인이 잘 이용하면 우리는 모든 면에서 세계 으뜸가는 나라가 될 것이다"라면서 95살, 돌아가시는 날까지 한글기계화, 정보화 연구와 한글운동에 힘썼다.

공병우 박사가 한 일은 정부와 과학자들이 할 일이었고 국어학자들이 할 일이었다. 그러나 이들은 그걸 모르고 오히려 한글과 국어 정보화를 망칠 두벌식 자판과 완성형 코드를 국가 표준으로 정하고 한글 기계화와 정보화를 가로막았다. 공 박사는 그것을 바로잡으려고 애썼으나 뜻을 이루지 못하고 돌아가셨다. 그런데 아직도 두벌식 자판과 완성형 코드가 잘못인지도 모르는 이들이 정보통신과 정보화 정책을 맡고 있어 시정되지 않으니 안타깝다. 이제라도 공병우 박사의 가르침을 알고 따라야 할 것이다.

세종대왕은 한글을 만드셨고, 주시경 선생은 한글을 쓸 수 있게 잘 다듬었으며, 공병우 박사는 한글기계화로 한글 대중화시대를 빨리 오게 한 위대한 분이다.

한글문화원과 문서편집기, '흔글'

공병우 박사는 군사독재 정권이 민주 시민들에게 무릎을 꿇게
된, 1988년에 미국에서 돌아와 한글문화원을 설립하고 한글기계화
연구와 한글전용운동을 다시 시작 한다. 서울 종로구 와룡동 95번
지, 옛 공안과 병원 자리에 한글문화원을 차리고, 한글문자편집기
연구자들과 한글만 쓰기 운동을 하는 국어운동대학생동문회(회장
이대로)와, 우리말 바로쓰기 운동을 하는 한국글쓰기연구회(회장 이
오덕)와 한글기계화 연구가 송현 선생에게 방을 공짜로 내주고 활
동하게 했다.

그때 공 박사는 미국에서부터 알고 함께 한글기계화 연구를 하던
강태진을 불러 사무실을 주면서 연구를 하게 하고, '흔글'을 개발한
이찬진(84학번, 당시 방위 근무), 김형집(대학생, 86학번), 우원식(88학
번), 장애인인 프로그래머 전문가인 정래권, 국어 교사였던 박홍호
들을 불러 자신이 연구한 것을 가르쳐주면서 함께 연구하고 도와서
우리 토종 문서편집기 '흔글'이 태어나게 한다.

'흔글'은 한글 창제 원리와 장점을 살려 세벌식 조합형 글쓰기와
문서편집을 할 수 있는 우리 토종 발명품이다. 미국이 독주하던 셈
틀 문서편집기 세상에서 독립할 수 있게 한 위대한 발명으로서 역
사에 길이 남을 큰일이었다.

이 '흔글'은 20대 젊은이들이 만들었지만 그 모태는 80대 할아버
지인 한글문화원장 공병우였다. 정부도 대기업도 관심을 두지 않는
토종 문서편집기 만들기를 공 박사가 젊은이들에게 사무실을 주면
서 밀어주고 격려해 태어난 것이다. 공병우식 정신세계와 한글사랑
정신이 우리 토종 문서편집기를 태어나게 했고, 한글과 나라를 빛

나게 했다. 그래서 세계에서 미국의 마이크로 문서편집기를 쓰지 않는 유일한 나라가 되었으며, 온 국민이 쉽게 우리 말글로 글을 쓸 수 있는 세상을 만들어 주었다.

나는 세종대왕이 훈민정음을 만든 뒤에 신숙주, 성삼문 등 20대 젊은이에게 실용화하게 한 일과, 20세기 후반에 80대 할아버지인 공 박사가 미국에서 문서편집기를 연구·발명하고 와서 이찬진, 정래권, 박흥호 등 20대 젊은이들에게 '흔글'을 만들어 실용할 수 있게 한 일이 꼭 닮은꼴이라고 본다.

한자 국회를 한글 국회로 만들기

우리 말글 정책은 우리말을 한글로만 쓰기가 근본이다. 대한민국 정부를 세우던 1948년에 한글전용법(법률 제6호)을 만들어 지금까지 한글만 쓰기 정책을 시행해왔다. 정부기관의 공문서와 문패, 기관장의 직인, 보람(배지)과 깃발도 한글로 쓰는 것을 원칙으로 하고 행정부와 사법부는 잘 지키고 있었다. 그런데 입법부는 국회의원 이름패도 한자로 쓰고 보람과 깃발에 한자인 '國' 자가 '或' 자로 보이게 쓰고 있다. 또 법률 문장은 일본강점기 때 문장에서 한자는 그대로 쓰고 일본 글자 가나로 쓴 토씨만 한글로 바꿔 쓰고 있었다. 마치 우리 국회가 중국이나 일본 국회로 보일 정도였다. 그래서 한글단체는 오래 전부터 한글로 쓸 것을 건의했으나 듣지 않았다.

그런데 국회의원 스스로 이름패를 한글로 쓰자고 나서기 시작했다. 13대 국회 때에는 이철용 의원이 자신의 이름패를 한글로 쓰게 해달라고 했으나 국회 사무처에서 듣지 않았다. 14대 국회 때에는 마침 한글을 사랑하는 원광호 의원이 원주에서 당선되어 나와 함께 한글 이름패 쓰기 운동을 열심히 했다. 먼저 전체 국회의원 이름패를 한글로 써달라고 건의했다. 그래도 듣지 않아서 299명 국회의원 모두에게 한글 이름패를 만들어다 쓰라고 주기로 했다. 한글문화단체모두모임(회장 안호상) 이사회에서 의결을 하고 국민 성금을 모아 만든 한글 이름패를 가져다주려고 하니 국회는 거부했다. 참으로 한심하고 답답한 사람들이었다.

그때 그 일을 원광호 의원과 내가 주도해서 했는데, 국회 사무처는 한글 이름패를 국회에 가지고 오지도 못하게 하려고 한글단체 임원들이 탄 자동차까지 검문·검색했다. 원광호 의원과 나는 그것을 미리 짐작하고 전달식 며칠 전에 원광호 의원 사무실에 갖다 놓았다가 국회 분수대 앞에서 원광호 의원에게 전달했다. 그때 국회 사무처 간부가 내게 "어떻게 저 명패를 가지고 왔느냐?"고 물어서 "이 일은 세종대왕과 조상이 하늘에서 시키시는 일이라 당신들 눈에는 보이지 않을 거다"라고 대답한 일이 있다.

사무처가 반대하는데도 원광호 의원은 자신의 이름패를 한글로 써서 본회의장 자신의 자리에 놓았다. 그랬더니 사무처에서 한글이

국회 한글 이름패 증정 사진. 가운데 악수하는 안호상 위원장과 원광호 의원

름패를 떼고 한자로 바꾸었다. 그러나 원 의원은 다시 자신의 한자 이름패를 떼고 한글 이름패로 바꾸었다. 그러기를 세 번이나 한 다음에 주위 동료 의원들이 거들어서 원광호 의원만 14대 국회에서 한글 이름패를 자신의 자리에 놓고 의정 활동을 했다.

원광호 의원은 계속 나와 함께 한글 국회로 만드는 운동을 하다가 동료 의원들로부터 '돈키호테'라는 소리도 들었다. 어린 학생까지 정부와 국회의원에게 제 나라의 글자를 쓰자고 호소해도 듣지 않는 나라가 이 지구상에 어디 있단 말인가! 오히려 정치인이나 공무원이 제 나라의 글자를 살리고 빛내려는 것이 바른 도리가 아닌가! 그런데 한글 국회가 된 지금도 한자 이름패를 고집하는 얼빠진 국회의원들이 있으니 안타깝다.

그렇지만 국민의 소리를 귀담아 듣는 국회의장도 있었다. 안호상, 한갑수, 전택부, 허웅, 김석득, 박종국, 문제안, 김계곤, 김승곤, 오동춘, 최기호 선생 들과 함께 이만섭 국회의장을 찾아가 국회의원 이름패와 국회 회의 소집 공고문을 한글로 써달라고 건의했는데, 이 의장은 그 자리에서 소집 공고문은 한글로 쓰겠다고 약속했다. 이만섭 의장은 이름패는 국회의원들 개인 뜻을 물어봐야 하니 바로 결정할 수 없고, 공고문은 바로 고치겠다고 대답하고 사무총장을 불러 지시한 것이었다. 국회 개원 50여 년 만에 회의 소집 공고문을 한글로 쓰게 되었다. 그 전 의장인 박준규 의원은 국민이 만들어 준 한글 이름패를 받지도 않고 공고문을 한글로 써달라는 건의를 들어주지 않았으나 이만섭 의장이 선뜻 들어준 것이다.

15대 국회가 문을 열자 민주화 투쟁 선봉장이었던 김근태 의원이 자신의 이름패를 한글로 쓰겠다고 국회 사무처에 요구했으나 안 된다고 하여, 소속 정당 사무총장에게 자신의 이름패를 한글로 쓰게 해달라고 했다. 그런데 그 당의 간부가 "김근태 같은 거물이 한글

이름패에나 신경을 쓰느냐"고 면박을 주더라고 한탄했다. 한글을 쓰자는 게 얼마나 중요하고 큰일인지 모르고 아주 우습게 본 것이다.

김근태 의원은 할 수 없이 15대 국회를 그렇게 넘기고 16대 국회 말기에 통합신당 원내 대표가 되면서 그 소속 정당 의원 모두의 이름패를 한글로 바꿔달라고 국회 사무처에 요청했으나 거절당했다. 그래서 나는 한글날 전날에 오마이뉴스 신향식 기자와 함께 국회에 가서 김 대표를 만나 한글날에 소속 국회의원 44명의 한글 이름패를 만들어 가지고 사무처에 가서 한글로 바꿀 것을 요청하면 좋겠다고 건의했다. 김 대표와 김성호 부대표는 바로 그렇게 했다. 그 사실이 언론에 보도되면서 국회 사무처는 한글 이름패를 원하는 115명에게 한글 이름패로 바꾸어 주었다.

그리고 17대 국회를 열면서 국회 사무처는 국회의원 당선자에게 한글 이름패를 쓸 것인지 물었고, 299명 가운데 30명만 빼고 269명이 한글 이름패를 쓰겠다고 해서 한글 국회로 바뀌게 되었다. 국회 회의 소집 공고문을 한글로 쓰기 시작하고 5년이 넘어서 한글 이름패를 쓰게 되었고, 법률 문장을 쉽게 우리 말글로 쓰겠다는 법안까지 나왔다. 국회 개원 56년 만의 일이다.

나는 한자 이름패를 쓰겠다고 고집하는 의원에게 그 이유를 물었다. 변호사 출신인 부산의 김 모 의원은 자신의 한자가 특이해서 일반인이 잘 모르니 알려주려고 한자 이름패를 쓴다고 했고, 어떤 여성 의원은 자기 할아버지가 한자로 이름을 잘 지어주어서 출세하였기 때문에 한자 이름패를 쓴다고 했다. 14대 국회 때 국어 선생 출신인 어떤 의원은 국회라도 한자를 써야 학생들이 한자를 공부할 것이기 때문에 자신의 이름패는 한자로 쓴다고도 했다.

그리고 신기남, 임종인, 노회찬 의원 들이 '한글날 국경일 추진운동', '법률 문장 한글로 쓰기', 한글 보람 달기 운동 추진도 하면서 한글 국회로 한 걸음 더 다가가고 있었다. 그 뒤 나는 서울시의회 (의장 박주웅)에 건의해 서울시의회도 한글 이름패로 바꾸게 했다. 그런데 이번 18대 국회도 30명이 한자 이름패를 고집하고 있다. 그러나 머지않아 이런 의원들이 보이지 않고 법률 문장도 우리말로 쉽게 바뀌게 될 것이다.

초등학교 한자교육 촉구 헌법소원에 대한 반대 투쟁

박정희 대통령이 한글전용정책을 추진하려 하자 한자파들은 '民族文化守護大會'를 열고 반대한다. 그때 박 대통령은 그 일에 앞장선 충남대 유정기 교수를 교수직에서 파면시켰다고 한다. 유정기 교수는 수십 년이 지난 뒤 한자부활을 위해 헌법재판소에 헌법소원을 내고 국회에 한글전용법 폐기 청원을 했다. 또 초등학교 교과서에 한자를 혼용하지 않고 가르치지 않는 것은 헌법 제31조 1항 '균등교육 수혜권' 위반이라고도 했다.

유정기(전 충남대 교수), 임원택(전 서울대 교수), 안병욱(흥사단 이사장) 들이 공동명의로 청구서를 제출했다. 그때 《문화일보》 인터뷰 기사에서 유정기 교수는 "한글전용 발상은 위험천만이다. 이론상으로 보면 그들은 소피스트(궤변자)이고, 실천상으로는 메피스토(악마)다. 광화문 현판을 한글로 쓴 건 잘못이다"라고 말했다.

교육부를 상대로 낸 소송이었지만 한글학회(회장 허웅)와 한글문화단체는 한상범(동국대 법학) 교수와 이강로(한글학회 이사) 교수를 참고인으로 내고 그 잘못을 알려주는 데 온 힘을 다했다. 마침내 기각 결정이 나서 그 헌법소원은 실효를 거두지 못했다. 그러나 한자파는 그 뒤로도 계속 한글만 쓰기를 방해하고 있다.

국민이 만든 국민의 한글 신문, 《한겨레》 새로 나옴

1896년 대한제국 때에 서재필과 주시경 선생 들이 만든 한글 신문인 《독립신문》을 닮은 신문이 92년이 지난 1988년 5월 15일에 국민 주주 2,723명의 돈으로 만들어졌다. 1975년 군사독재시절에 동아일보사와 조선일보사에서 자유언론 수호 투쟁을 하다가 해직된 기자들과 1980년 전두환 정권의 언론 통폐합 조치로 강제해직된 기자들이 중심으로 국민을 상대로 주주를 모아 한겨레신문사(대표 송건호)를 창간한 것이다. 《한겨레》가 한글만 쓰는 가로짜기 신문이라는 것은 대한제국 때 나온 《독립신문》과 함께 한글발전사에 크고 중요한 일이었다.

나도 그 창간주주로 참여했다. 그리고 그때 국민학교에 다니던 내 세 자녀도 어른이 된 뒤 《한겨레》를 사랑하는 독자가 되라고 조금씩 돈을 내 주주에 참여시켰다. 그때 한글만으로 가로짜기 신문을 만든 것은 혁명과 같은 언론개혁이었고 말글살이 발전이었다. 나는 주주 등록을 하면서 '한겨레신문아! 빨리 네 모습이 보고 싶다!'고 벅찬 마음으로 한글 신문이 빨리 나오길 빌었고, 창간호가 나온 뒤 신문에 입을 맞추기도 했다.

《한겨레》가 나온 지 7년 만에 중앙일보사가 가로짜기로 신문을 만들었다. 그리고 10년이 지나서는 거의 모든 일간신문이 가로짜기로 했으며 15년쯤 되어선 《조선일보》와 《동아일보》만 빼고 거의 모든 신문이 한글 가로짜기로 바뀌었다. 아직 한글이 얼마나 훌륭하고 왜 한글만으로 글을 써야 하는지 모르는 이들이 한자를 섞어 쓰고 있지만, 이제 머지않아 모든 신문사가 한글만으로 신문을 만들게 될 것이다. 《한겨레》는 한글 발전 공로자요, 개척자였다.

국무총리와 장관을 한글전용법 위반으로 검찰에 고발하다

공문서는 한글로 쓰기로 한 법과 규정을 일반 공무원과 하급기관
은 잘 지키는데 고급 공무원과 중앙정부는 무시했다. 그런 분위기를
보여준 정부기관의 신문 광고문도 나왔다. 노동부가 일간신문에 낸
광고문이 온통 한자였고, 시대 흐름을 어기고 세로로 쓴 글이었다.
그래서 나는 한글전용법을 지키라고 국무총리와 관련 장관에게 건
의문을 보내고 담당 공무원에게 직접 전화를 했으나 듣지 않았다.

나는 그 잘못을 바로 그만두게 하지 않으면 점점 퍼져서 한자혼
용 세상이 될 것으로 보아 국무총리와 장관을 '한글전용법 위반과
직무태만'으로 서울지검에 고발을 했다. 그랬더니 검찰은 고발인
조사를 하면서 고발을 취하하도록 달래기도 하고 으름장을 놓기도
하며 고발자 조사를 4시간이나 끌었다. 담당 검사가 총리실로부터
앞으로는 법과 규정을 잘 지키겠다는 약속을 받아냈다면서 "잘못을
바로 잡는 게 목적이라면 고발을 취하해 달라. 취하해 주면 앞으로
는 규정을 잘 지키도록 강력하게 요구하겠다"라고 말했다. 또 담당
검사는 "이 선생님의 주장과 하는 일이 옳다. 만약 고발을 취하해
주지 않으면 국무총리와 장관을 조사해야 하는데, 그러면 내가 무
능 검사란 소리를 듣게 된다"면서 거듭 부탁해서 고발을 취하해 주
었고 그 뒤에 정부기관이 한자혼용 광고문을 내는 일은 없었다.

그 고발장을 내기에 앞서 공병우 박사와 김동길 교수께 의논한
일이 있는데 김 교수가 힘내라는 격려편지를 보내주셔서 큰 용기를
얻었다. 고발장 접수 때 전국 국어운동학생회 전 회장 김불꾼, 회장
김한빛나리와 함께 갔다. 처음에 덕수궁 곁에 있던 지검으로 가서
접수하려 했으나 그곳에서는 그런 큰 사건을 받을 수 없다며 서초

동 본청으로 가라고 해서 그쪽으로 가 접수하려니 창구 직원이 한
글전용법이 있는 줄도 모르고 까다롭게 대했다. 결국, 법전을 찾아
보고 그런 법이 있다는 것을 확인한 뒤 접수해 주었다. 검찰청 직
원도 한글전용법이 있는지, 그것이 무엇인지도 모르고 있었다.

한글날을 공휴일에서 빼는 걸 반대하는 투쟁

노태우 정권은 전경련과 경총 등 경제단체가 "노동자들이 노는
날이 많아서 돈벌이가 잘 되지 않는다"며 공휴일을 줄여달라고 하
니 충분한 논의도 없이 어리석게도 한글날을 공휴일에서 빼겠다고
발표했다. 나라 경제나 회사 경영이 좋지 않은 것은 정부나 경제조
직이 살림을 잘못하고 정경유착으로 부정부패를 저지른 것이 가장
큰 원인인데 자신들의 잘못은 감추고, 엉뚱하게 한글날이 그 책임
을 뒤집어썼다. 경제를 핑계로 일본의 도움을 많이 받고 있는 대기
업과 한자혼용세력이 한글세력의 힘을 빼려고 한 음모이거나, 이들
이 우리 말글이 우리나라와 겨레에게 얼마나 중요한지 모르기 때문
에 저지른 얼빠진 짓이었다.

그 당시 전두환, 노태우 정권은 독재정권에 대한 저항이 거세지
자 국민과 노동자들을 달래려고 하루만 놀던 설날과 추석을 3일씩
이나 놀게 해놓고, 또 불교도들이 성탄절만 논다고 불만인 것을 달
래려고 석가탄신일까지 공휴일로 만들었다. 그렇게 공휴일이 늘어
나니 경제단체가 공휴일이 많다고 투덜댄 것이다. 그리고 늘린 날
은 그대로 두고 엉뚱하게 나라와 겨레 흥망에 매우 중대한 기념일
인 한글날을 짓밟았다.

그런 낌새를 안 전국 국어운동대학생동문회(회장 이대로)가 가장
먼저 1990년 2월에 노태우 대통령에게 그 반대 건의문을 보냈는데,

4월 28일에 국무회의에서 정식으로 그 논의를 했다는 보도가 나왔다. 그 소식을 듣고 국어운동대학생동문회는 국어운동학생회(회장 김한빛나리)와 공동으로 5월 1일자로 다시 정부에 편지를 내고 공개 토론을 하자고 제의했다. 그리고 5월 17일에 한글학회 강당에서 공개토론회를 열고 정부에 참석을 요구했지만 나오지 않았다. 이어서 한글학회 각 지회, 세종대왕기념사업회, 한글문화원, 외솔회 들이 반대 성명과 건의문을 발표했다.

그리고 나는 그해 5월에 국어운동학생회 학생들과 함께 문화부장관을 항의 방문했다. 그때 정부는 전투경찰을 문화부 앞에 배치하고 문화부장관은 차를 타고 피한 뒤에 어문과장과 직원들이 우리를 식당으로 데리고 가서 이야기를 나누었다. 그때 최진용 어문과장은 "한글날은 절대로 공휴일에서 빠지지 않게 하겠다"고 약속했다. 그 뒤 정부는 한글날을 공휴일에서 빼지 않을 것처럼 한발 물러섰다가 그해 말에 소문도 없이 국무회의에서 한글날을 공휴일에서 빼 버렸다.

상식이 있는 정부라면 절대 그러지 않을 줄 알았고, 또 문화관광부에서는 한글날을 꼭 지키겠다고 약속했기에 그를 믿고 있던 나는 아닌 밤중에 홍두깨로 머리를 맞은 기분이었다. 우리 대학생들은 다음해 2월 초, 진눈깨비가 내리는 탑골공원에서 모여 한글날을 국경일로 되돌리라고 외치며 명동까지 거리 시위를 했다. 그때 시위대를 호위하던 경찰도 한글날을 짓밟는 것이 안타까웠던지 내게 시위대의 구호 소리가 약하다고 더 크게 외치라는 말을 하기도 했다. 한글학회는 그해 10월에 〈반문화, 반민족 처사를 집어치우라!〉는 반대 건의문과 성명서 들을 모은 자료집을 내고 한글날 국경일 승격운동을 시작했다.

겨레 문화의 뿌리인 나라 글자를 우습게 보는 한국 정부

한글날을 공휴일에서 빼는 것을 보면서, 대한민국 정부는 말글 문제뿐 아니라 나라의 운명을 좌우할 중대한 문제도 가볍게 보고 처리한다는 것을 절실하게 느꼈다. 수천 년 만에 우리말을 우리 글 자로 적는 때를 어렵사리 만들었는데 돈과 권력을 가진 일부 기득 권자들의 말만 듣고 그것을 물거품으로 만들 수 있는 정책을 그대 로 정하고 시행하는 것이었다.

지금도 마찬가지지만, 어떻게 문화 강국으로 만들어야 하는지 종합 계획도 없고 전문가도 없다. 영어에 치우친 교육정책도 그렇고, 중국 의 동북공정이나 일본의 독도 말썽에 대처하는 것도 똑같이 주먹구구 식이다. 1990년 8월 3일치 《한겨레》 '더불어 생각하며' 논단에 나는 정부가 한글날을 공휴일에서 얼마나 가볍게 뺐는지에 대해서 썼다.

그 당시 나는 정부의 잘못된 태도를 바로잡으려고, 제 나라의 글 과 말을 우습게 여기는 사회 풍토를 바로잡아보려고 한글날에 〈한 글문화 선언문〉을 발표했다. 그때 누구보다도 한글날 공휴일 폐지 반대운동에 앞장섰으나 다른 단체 협조가 적어서 뜻을 이루지 못했 다. 나는 그 뒤 한글날을 국경일로 만들어야겠다는 다짐을 하고 여 러 동지들과 힘껏 싸워서 국경일로는 제정했으나, 아직 공휴일을 만들지는 못했다. 이제라도 정부가 문화 강국으로 나라를 만들 종 합계획을 세우고 시행해야 할 것이다.

국립국어연구원과 한자혼용 정책

한자파들은 전두환 독재정치 때인 1983년에 국립국어원 설립을 정부에 건의한다. 그래서 1984년에 학술원 산하 기구로 '국어연구소'가 태어난다. 그리고 1990년에 정부 조직을 바꾸면서 문화부를 새로 만들고 그 속에 국어정책과를 처음 만들면서 학술원 산하였던 '국어연구소'를 승격시켜 '국립국어연구원'으로 확대 개편하여 문화부 산하 기관으로 둔다. 그리고 한자혼용파는 국어연구원을 장악해 한자혼용을 주장하고 《조선일보》 같은 보수신문은 한자복권운동을 강력하게 펴게 된다.

또한 한글전용정책에 따라 교과서에 한자를 쓰지 못하게 협조한 교육부 편수관들을 지방 교육청으로 내몰았다. 그리고 앞서 말한 '초등학교에서 한자교육을 안 하는 것은 위헌'이라는 헌법소원을 내고 국회에 한자혼용법안까지 냈다. 연산군 시대 다음으로 한글 위기를 맞이하게 된 것이다.

한자혼용파들이 정부에 낸 〈國立國語硏究院 設置 建議書〉를 그대로 옮긴다.

國立 國語硏究院 設置 建議書

우리는 世宗大王 586회 誕生紀念日을 맞아 訓民正音을 創製한 大王의 威德을 칭송하면서 國立國語硏究院(가칭) 設立을 建議하고자 합니다. 國語政策이란 것이 二世國民 敎育은 물론, 일반국민의 國語生活, 또는 傳統文化의 繼承發展에 지대한 영향을 미치는 것임에도 光復 後 38년이 되는 오늘날, 國立國語硏究機關 하나없이 지내온 것을 부끄럽게 생각합니다. 國家統治, 특히 國民總和에 國語統一醇化가 지대한 영향력을 가진다는 사실을 일찍이 간파한 유럽 各國은 翰林院을 통하여 그 나라의 國語를 統一, 整理, 醇化시켜왔습니다. 伊(1588년), 佛(1662년), 英(1662년) 등이 그렇고 이웃 日本도 國立國語硏究所가 있습니다. 그뿐 아니라 우리나라에서도 世宗大王 때에 이미 諺文廳(正

音廳)이 設立된 일이 있었고 集賢殿 學士들로 하여금 訓民正音創製, 東國正韻편찬 등으로 新文字의 創製, 漢字音의 정리를 하여 國語國字에 대한 연구를 했으며 舊韓末 國運이 기울어졌던 가운데서도 國文研究所 설치로 國語研究를 하게 한 先例가 있습니다. 신문보도에 의하면 李奎浩 文敎部長官이 국회의원 질문에 대한 답변에서 學術院 안에 國語研究院을 두겠다는 말을 한 바 있다고 하는데, 매우 반가운 소식입니다. 현재의 國文政策과 심의는 文敎部의 소관이요, 1970년대에 마련한 語文관계 4개 試案이 學術院에 계류중에 있습니다. 語文政策은 온 國民의 言語生活 전반에 걸치는 것이어서 一部處의 所管限界를 벗어나는 바가 적지 않으므로 최소한 國務總理의 직속기관으로 設置하여 關係法을 마련하고 制度的으로 그 기능을 보장하는 것이 바람직합니다. 우리는 별도로 마련한 研究院의 設置提案理由와 研究內容을 붙여 國語國字 관계 學術, 研究 團體 등의 名義로 國立國語研究院(가칭)의 設置를 建議하는 바입니다.

1983년 5월

韓國語文敎育研究院 會長 李熙昇, 국어국문학회 代表理事 李錫夏, 國語學會 理事長 李亨奎, 韓國國語敎育研究會 會長 李應百, 語文研究會 代表理事 都守熙, 東岳語文學會 代表理事 李東林, 韓國讀書敎育研究會 會長 洪雄善, 韓國放送作家協會 會長 兪湖, 한국글짓기지도회 회장 李熙昇.

국립국어연구원과 학술원의 잘못을 바로잡으려는 노력

앞에서 말했듯이, 1990년 노태우 정부가 경제단체의 건의를 받아들여 한글날을 공휴일에서 뺐고, 한자혼용을 주장하는 사람들은 초등학교 교과서에 한자를 섞어 쓰지 않고 가르치지 않는 것이 헌법 위반이라는 헌법소원을 냈으며, 국회에 한자혼용법안을 냈다. 그리고 《조선일보》를 통해 한자복권운동을 하고, 어느 기업은 중·고등학교 한자혼용 교과서를 만들어 돌리는 등 세차게 한글의 목숨을 끊으려 했다. 이 일들은 한글을 바람 앞의 등불로 만든 엄청난 사건이 된다.

이 뒤에는 한자혼용을 추진하는 서울대 국문과 이희승 교수의 제자인 안병희 국어원장과 그 선후배들이 있었다. 문화관광부에 어문과를 만들고, 국립국어연구원을 만들면서부터 한글이 더 위기를 맞게 된 것이다.

거기다가 김영삼과 김종필이 야합해 정권을 잡으면서 영어 조기교육, 한자 조기교육을 추진하고 권력으로 한글 죽일 일들을 했다. 그것을 가만히 보고 있을 수 없어 젊은 국어운동가들이 모여 한글 지키기 특공대를 만들었다. 반대 건의문이나 성명서만 내는 것으로는 막을 수 없고 공격형 한글운동을 해야겠다는 생각을 하고 '바로모임(대표 최기호, 총무 이대로)'이란 지하운동조직을 만들어 잘못을 바로잡기로 했다.

그 가운데 국립국어연구원과 학술원의 문제점을 파헤치는 것은 중대한 일이었다. 국립국어연구원은 뒤에서 한자혼용을 추진하면서 한글학회의 《우리말 큰사전》을 능가하는 사전을 만들겠다는 생각으로 통일을 대비해 통일국어대사전을 만든다고 나라 돈을 백억 원이나 쓰겠다고 했다. 그리고 한자혼용의 원조라고 할 수 있는 이희승 교수를 한글날이 있는 10월에 문화인물로 추천한다.

한자혼용운동에 앞장서는 전 서울대총장 권이혁 교수가 학술원장으로 있으면서 자신과 함께 한자혼용운동에 앞장서는 이들에게 해마다 돌아가면서 학술원상을 주었다. 우리 학술용어가 거의 일제 한자말이어서 우리 학문과 교육의 발전에 큰 걸림돌인데, 그 학술

용어를 쉬운 우리말로 바꾸는 노력은 하지 않고 오히려 일제 한자
말을 쓰자고 주장하는 이들에게 학술원상을 주고 있었다.

이희승 교수의 제자인 서울대 국문과 이기문 교수에 이어, 초등
학생에게 한자를 가르치지 않는 것은 위헌이란 헌법소원을 내고 국
회에 한자혼용법을 청원한 서울대 임원택 교수와, 한자혼용 중심모
임인 어문회 회장 남광우 교수에게 학술원상을 주었다. 또 학술원
은 박정희 대통령이 한글전용정책을 강력하게 추진하겠다고 할 때
부터 반대에 앞장섰다.

이들은 한글이 잘 될까 봐서 최근까지 몸부림을 쳤으나 나는 그
것을 알기에 여러 동지들과 함께 막아내는 데 힘을 썼다. 적을 알
고 나를 알면 다 이긴다는 옛말과 바른 뜻은 반드시 이긴다는 격언
을 되새기면서 부경대 김영환(철학) 교수와 국어 교사인 김두루한,
김슬옹, 허재영이 앞장서서 잘못을 바로잡는 활동을 세차게 했다.

시민 국어운동모임, 한말글사랑겨레모임 태어남

앞에서 말했듯이, 나는 국어운동 후배 대학생들을 돕고 이끌다가
전국 국어운동대학생동문회를 만들고 동문들을 모아 한자파와 정부
에 대항해 활동을 했지만 동문회란 이름으로는 활동이 제한을 받았
다. 그래서 그 한계를 극복하려면 국어운동학생회 출신이 아닌 일
반 활동가가 많이 모인 단체가 있어야겠다는 생각을 했다. 우리말
과 한글을 사랑하는 많은 국민들 또한 위기감을 느꼈고 새로운 시
민운동 모임을 만들어야 한다는 생각을 하고 있었다. 또 우리를 돕
던 공병우 박사도 같은 생각을 하고 강력한 시민운동 모임을 만들
어보라고 하셨다.

그때 공 박사는 한글문화원 건물에 함께 있던 이오덕(한국글쓰기

연구회 회장) 선생과 내가 힘을 모아 함께 모임을 만들면 좋겠다는 말씀을 하셨다. 이오덕 선생이 《우리말 바로 쓰기》란 책을 써서 반응이 좋았고 나도 그 책을 읽고 이 선생의 생각과 주장이 좋다고 보아 함께 모시고 활동하기로 했다. 모임 취지문도 이오덕 선생이 썼고 나라 곳곳에서 활동을 하는 백여 명이 발기인으로 모였다.

그런데 모임 이름을 결정하는 데 문제가 생겼다. 이오덕 선생은 '우리말사랑겨레모임'이라고 하자고 하고, 한글단체 쪽 사람들은 '한말글사랑겨레모임'이라고 하자고 해서 투표를 했는데 이오덕 선생 주장이 부결되었다. 대표는 이오덕 선생을 모시기로 했지만 창립 단계에서 모임 이름 때문에 이오덕 선생이 참여하지 않겠다고 했다. '한말글'이란 이름이 낯선 말이라 마음에 들지 않는다는 것이었다.

그래서 할 수 없이 이오덕 선생은 참여하지 않고 '한말글사랑겨레모임(공동대표 이대로, 밝한샘)'이 태어났다. 그리고 지방모임으로 한말글사랑한밭모임(회장 유동삼)도 태어났다. 이때 나는 이오덕 선생 편을 들었고, 이 선생에게 대표를 맡아 줄 것을 간청했으나 새로운 말을 만드는 것은 좋지 않다는 뜻이 완강해서 듣지 않으셨다. 나는 새로운 토박이말을 찾아 쓰고 만들어 쓰는 것도 좋다고 보기에 그대로 모임을 맡아 이끌었다.

한말글사랑겨레모임은 정부와 국회, 언론기관에 한글을 살려 쓰고 사랑하자는 건의문을 많이 보내고 관련 토론회도 열고 많은 활동을 하다가 1998년, 이오덕 선생이 모임을 함께 하자고 다시 제의를 해서 한말글사랑겨레모임은 해산하고 '우리말살리는겨레모임'으로 다시 태어나게 된다. 한말글사랑겨레모임에서 한자 조기교육과 한자혼용 추진 단체에 반대하는 건의문을 정부와 국회, 언론기관에 많이 보냈는데 그 가운데 신문을 한글로 가로쓰자고 한 건의문을 소개한다.

신문사 사장님과 편집국장님에게 보내는 건의문

오늘도 좋은 신문을 만들기 위해 애쓰실 줄 압니다. 며칠 있으면 뜻 깊은 '신문의 날'입니다.

이 땅에 신문이 태어난 지 백 년이 넘었고, 그동안 신문이 나라와 겨레를 위해 좋은 일을 많이 한 줄 압니다. 그런데 신문이 잘못하는 일도 있다는 소리가 들려서 아쉽습니다. 특히 시대가 많이 바뀌고 있는데 신문이 변하지 않고 있다는 말도 있습니다. 한 가지 예를 들면 신문들이 왜정시대 모습인 한자 섞어 세로짜기를 고집하는 것입니다. 새로운 발전을 위해 세상을 이끌고 일반 국민보다 앞서야 할 신문이 뒤따라가고 있으니 안타깝습니다. 하루빨리 한글 가로짜기로 신문을 만들어 주시길 바라며 그 까닭을 몇 가지 말씀드립니다.

1. 신문은 어느 특정인을 위한 것이 아니라 될 수 있으면 많은 사람이 쉽게 읽고 편히 볼 수 있어야 한다고 봅니다. 한자는 읽기가 힘들고, 세로로 쓴 글도 읽기가 불편합니다.

2. 지금 학생들의 교과서는 물론 거의 모든 출판물이 한글로 가로쓰고 있습니다. 신문도 《한겨레》, 스포츠 신문들이 한글 가로짜기로 해서 많은 국민이 잘 읽고 있습니다. 그러나 대부분의 일간신문들이 한자 섞은 세로짜기를 하고 있습니다. 마치 오늘날에도 갓 쓰고 짚신 신는 게 좋다는 꼴입니다.

3. 우리말과 한글이 살고 빛나는 것은 겨레의 꿈입니다. 이 나라 사람이라면 누구든지 우리말과 한글을 깔보고 죽이려 해선 안 됩니다. 일제에서 나라를 되찾고 우리말과 우리글인 한글을 마음 놓고 쓸 수 있게 된 지 47년이 되었고, 많은 분이 열심히 갈고 닦으며 즐겨 써서 나라의 말글로서 제 모습을 갖춰가고 제자리를 잡아가고 있습니다.

그런데 이 나라와 겨레의 이익을 위해 더 힘써야 할 일간신문들이 우리말과 한글을 깔보고 발전을 방해하고 있으니 참으로 안타깝고 서글픈 일입니다.

신문이 우리말 한글로 가로써야할 까닭이 많이 있습니다만 줄이겠습니다. 한자 섞어 쓰기를 고집하는 까닭도 있을 것입니다. 그러나 한자 섞어 쓰기 때문에 주는 피해가 엄청납니다. 신문이 한자를 쓰는 건 언어 공해로서 온 국민을 괴롭히는 일입니다.

부득이 써야할 한자나 외국어는 한글과 함께 도림(괄호) 안에 써주는 친절을 베풀어 주십시오. 한자나 영어를 섞어 써야 똑똑해 보이고 좋은 글, 좋은 신문인 시대는 지났습니다. 사람 됨됨이와 신문 내용이 좋아야 합니다. 하루빨리 한글로 가로써서 시대의 흐름에 뒤떨어진 못난이, 한글 역사의 죄인이 되지 말고, 사회의 목탁으로서 소임을 다해 주길 바랍니다.

1994년 4월 3일
한말글사랑겨레모임 공동대표 이대로·밝한샘

한문 제호를 한글로 바꾼 《중앙일보》

한글단체와 한글운동가들은 위와 같은 글과 건의문을 오래전부터 해마다 일간신문에 많이 보냈는데 중앙일보사에서 처음 반응을 보였다. 《중앙일보》 창간 30주년인 1995년 10월 9일부터 한자로 된 '中央日報'란 제호를 '중앙일보'라고 바꾸고 가로짜기 신문으로 한 것이다. 새로운 모습으로 바꾼 뒤 10월 17일에 중앙일보사 편집국장 등 간부와 특집 대담까지 해 《중앙 사보》 10월호에 올린 일이 있다.

《중앙일보》 편집부 조일현 차장이 이 문제에 대해서 나와 여러

번 의논을 한 일이 있는데, 그때 나는 "신문기사도 모두 한글전용을 했더라면 좋겠지만 제호라도 한글로 바꾸고 가로쓰기로 한 건 참 잘한 일이다.《한겨레》가 한글전용을 했고, 아무 불편이 없다는 걸 증명했다. 앞으로 내용까지도 한글전용을 하면 한자를 좋아하는 《조선일보》보다도 더 독자가 늘고 국내 최고 신문이 될 것이라 굳게 믿는다"라고 말한 일이 있다.

이미《한겨레》가 한글전용을 해서 5년이 지났지만 다른 일간신문은 계속 한자혼용에 세로짜기를 하고 있었다. 그때《중앙일보》가 한글 가로짜기를 시작하면서 바로 다른 신문들도 가로짜기로 바뀌었다. 한자 섬기기에 앞장선 조선일보사와 동아일보사는 한자를 더 쓰기 바라고 그 복권운동까지 했지만, 이제는 가로짜기를 하고 거의 한글만 쓰고 있다. 얼마 뒤에《중앙일보》는 전면 한글전용을 시작했고 독자도 많이 늘었다.

한자 섬기기에 날뛰던 조선일보사가 아직도 한자 병용을 꾀하고 있지만 머지않아 모든 신문이 한글로 나올 것이다.《한겨레》와 《중앙일보》는 다른 신문들도 한글 신문으로 이끌었다. 왜, 어째서 한글 신문으로 가야 하나? 배달겨레말은 배달겨레의 글자인 한글로 적는 게 가장 좋기 때문이다. 또, 왜? 한자는 한글보다 뒤떨어진 옛 글자이기 때문에 한자는 한글의 경쟁 상대가 안 되기 때문이다. 또, 또, 왜? 배달겨레와 배달 말글이 죽지 않고 더 빛이 나야 하고, 그렇게 될 것이기 때문이다.

조선일보사가 벌인 한자복권운동 막기

한글날을 공휴일에서 빼면서 한자파는 태풍 같은 기세로 한글과 한글단체를 억누른다. 정치인들의 지원을 받고 경제단체와 조선일보사까지 나서서 한글을 쓸어버릴 기세로 나왔다. 1994년 2월, 조선일보사가 '亞太시대 우리들의 국제문자 漢字를 배웁시다'라는 제목으로 벌인 한자복권운동은 정치, 경제 단체까지 합세하여 여론을 조성한 것이었다. 그러나 모든 일을 자신들 뜻대로 할 수 있는 줄 알았지만 그건 아니었다.

일본과 중국이 한자를 쓰니 우리도 한자를 더 많이 배우고 더 많이 써야한다는 주장 등을 《조선일보》 1쪽에 17회째 연재하던 날, 한글단체는 동숭동 문예진흥원 강당에서 그 규탄대회를 열었다. 조선일보사의 잘못을 꾸짖는 말씀을 하는 강사로 안호상 초대 문교부장관, 김동길 연세대 교수, 백기완 민주운동가, 이진우 변호사가 나서고, 강연을 마친 뒤 내가 결의문을 읽었다.

규탄대회를 하기 전날인 2월 25일 저녁에 한글운동 별동대인 '바로모임'은 한글회관에 모여 대책회의를 하고 있었는데, 조선일보사에 근무하는 신향식 기자로부터 "조선일보사 노조회보에 전태수 기자가 한자복권운동은 잘못이라는 글을 전면에 썼다"는 소식을 전해와서 반대 활동이 더욱 힘을 얻었다. 우리는 그날 밤에 인쇄소에 찾아가 《조선노보》 수천 장을 복사해 다음 날 거리에서 뿌리고 김두루한 선생은 국어교사들과 함께 조선일보사 앞에서 시위도 벌였다.

《조선일보》에 17회나 연재한 한자복권운동 기사 사진

조선일보사의 한자복권운동이 잘못임을 말하는 《조선노보》

조선일보사는 한글단체의 반발도 강력한데다가 내부 기자들까지 반기를 들고 나오니, 바로 한자복권 연재 기사를 끝낸 일이 있다. 전태수, 신향식 기자와 노조 여러 분들과 바로모임 회원들이 많이 애썼다.

한글 지키기 별동대 '바로모임'

한자파는 친일 정치인들의 도움 속에 더욱 기승을 부리는데, 한글학회나 한글단체는 그에 밀리고 있었다. 나는 시민모임으로 한말글사랑겨레모임을 만들었으나 전국에서 온 여러 사람들의 모임이라서 급한 일이 생기면 행동하기가 쉽지 않고 절차가 복잡했다. 정부와 국립국어연구원까지 한자 편이 되어 한글을 옥죄는데, 그에 맞서려면 좀 더 빠르고 강력한 대응이 필요했다.

그래서 앞에서 말했듯이 국회에서 활동하는 원광호 의원과 한글문화단체를 보이지 않게 돕는 지하 행동대를 만들기로 하고 각 단체 실무자와 40~50대 활동가 30여 명이 바로모임(대표 최기호, 총무 이대로)을 만들었던 것이다.

다달이 모이고, 철 따라 숙박을 하며 토론회도 열고, 한자파가 추진하는 한자혼용과 한자 조기교육을 반대하는 공격활동을 했다. 전에는 한자단체가 하는 일을 막는 데 바빴지만 이제 먼저 공격하자는 것이었다. 국회의원 이름패 만들어주기, 조선일보사의 한자복권 운동 막기, 초등학교 한자교육 헌법소원에 맞서 싸우기, 한국은행 한자현판 한글로 바꾸기, 한자파 우두머리 숭배 정책 반대, 영어 조기교육반대 운동 등을 주도하면서 《말이 오르면 나라도 오르나니》란 회원 문집도 냈다.

그때 참석한 이는 최기호(국어

1995년 8월 15일에 서울 종로에 모여 거리 행사를 하는 바로모임 회원들과 가족

운동학생회 지도교수), 오동춘(국어운동 고등학생회 지도교사), 원광호
(국회의원), 이대로(한말글사랑겨레모임 대표), 이봉원(전국 국어운동대
학생동문회 회장), 밝한샘(한글이름펴기모임 회장), 차재경(세종대왕기
념사업회 사무국장), 유운상(한글학회 사무국장), 김영환(부경대 교수),
한상운(경기도의회 의원), 한효석(글쓰기 교사), 남영신(국어문화운동
본부 대표), 이수열(재야 국어학자), 김두루한(국어 교사), 김슬옹(전
국어운동학생회 회장), 허재영(국어 교사), 고운맘(대각사 스님), 김한
빛나리(한글학회 연구원), 김재훈(다살이살판 손침연구가), 손의식(대
학강사) 신향식(조선일보사 기자), 김덕영(외솔회 이사), 김영조(문화
운동가) 들이 주축이 되었으며, 한글문화단체를 도우며 많은 일을
했다.

정부와 정당과 언론을 업고 설치는 한자파

한자를 좋아하고 잘 안다는 김종필 민자당 대표도 국회 연설 때
'蝸角'을 '와각'인지 '과각'인지 읽지 못해 머뭇거렸듯이 한자는 매
우 불편한 글자다. 대통령을 지낸 전두환도 전방부대를 방문해 방
명록에 한자를 썼는데 잘못 써서 신문에까지 난 일이 있고, 노태우
대통령 때 청와대는 한글날에 상을 받은 분들을 초청했는데 공병우
박사와 강태진 선생, 두 사람의 명찰에 '禹'를 '愚'로 '泰(태)'를 '奉
(봉)'으로 잘못 써서 빈축을 사기도 했다. 이렇게 한자는 읽고 쓰기
가 힘들어 망신을 당하기 십상이다.

그래도 한자파는 자기들이 아는 글이 일본식 한자 섞어 쓰기여서
인지 한글만 쓰는 것은 불편하다고 한다. 정당(김종필 민자당 대표),
정부(심재기 국립국어원장), 언론(조선일보사)까지 자신들 손에 들어
왔을 때 힘으로 한자혼용정책을 실현하려고 온갖 일을 벌였다. 아

래 글은 한자파가 발표한 결의문이다.

決議文

1. 深化一路에 있는 우리 國語의 荒廢化현상을 바로잡기 위하여는 現行 한글專用의 國語敎育 틀에서 하루빨리 脫皮해야 한다.

2. 國家의 發展을 위해서는 올바른 國語敎育을 통하여, 모든 學問의 基礎를 튼튼히 다져야 한다.

3. 우리의 民族魂이 담긴 傳統文化를 繼承發展시키려면 漢字교육을 必須化해야 한다.

4. 統一民族共同體의 語文政策 방향은 國漢混用의 國語體制이어야 함을 認識하고 그를 위한 敎育을 서둘러야 한다.

5. 國字의 하나인 漢字의 早期敎育風土를 振作시켜 競爭力있는 敎育, 특히 全人敎育을 꾀하고 先進社會의 建設을 앞당기도록 해야 한다. 國民學校 1學年부터 단계적으로 敎科書에 漢字를 露出 混用해야 한다. 韓, 中, 日 三國中 유독 우리만 常用漢字가 없다. 亞, 太시대에 대비하여 2,000字 정도 常用漢字의 制定이 시급히 요구된다.

6. 現在 '漢字排斥, 한글專用'으로 우리의 文化와 敎育등 全體를 誤導하고 있는 한글 專用法은 즉각 廢棄 또는 改正되어야 한다.

1995년 9월 22일
第2回 국어 傳統性 회복을 위한 國民運動 모임
한글과 漢字問題 大討論會 參席團體 및 參席者 一同

위 결의문을 보면 토씨만 빼고 거의 한자로 글을 썼지만, 몇 낱말만 쉬운 토박이말로 바꾸고 한글로 써도 다 뜻을 알아볼 수 있다. 그런데 한자로 쓰느라고 애쓰고, 또 읽기도 힘들어서 오늘날 대한

민국 세대는 매우 불편하다. 한자는 손으로 쓸 때도 힘들지만 오늘
날처럼 셈틀로 글을 쓸 때도 시간과 노력이 몇 배 더 든다. 이런 말
글살이를 하려면 한자를 배우고 쓰는 데 드는 시간과 노력을 많이
바치게 되어 경제성과 경쟁력이 많이 떨어지게 된다. 글자는 배우
고 쓰기가 쉬워야 하고 말은 통하면 된다. 앞으로는 이런 불편한
한자 말글살이를 좋아하는 사람은 나타나지 않게 될 것이다.

국민이 정한 새 공항이름, '세종공항'을 버린 김영삼 정권

김영삼 정부는 영종도에 새 공항을 만들고 국민을 상대로 새 공
항이름을 공모해 '세종공항'으로 정했으나 이를 무시하고 '인천국
제공항'으로 바꾸는 횡포를 저질렀다. 1992년 9월 노태우 정부 때
교통부와 한국공항공단에서 온 국민을 상대로 새 공항 이름을 공모
한 결과, 586종의 이름에 1,644건이 접수되었는데 1위가 '세종', 2
위가 '서울', 3위가 '아리랑' …… 8위가 '인천'이었다. 그것을 가지
고 그해 9월 30일에 '명칭심사위원회'를 열고 심사한 결과 '세종'이
란 이름이 뽑혀서 문화부 등 관계기관의 동의를 얻어 신문에 공고
했으나 인천시민이 반대한다고 결정을 미루었다.

그 뒤 문민정부라는 김영삼 정부는 앞서 노태우 정부 때 이루어
졌던 공모 절차와 결정을 무시한 채 '영종', '세종', '인천', '서울',
'서울영종' 등 5개 안으로 좁혀 놓고 다시 심사위원회를 만들어 심
사한 결과 1위가 '영종', 2위가 '인천'으로 뽑혀 이를 건설교통부에
보고하고 '영종'으로 결정했으나, 또 인천 사람들이 반발한다고 보
류했다가 지방자치단체장 선거와 15대 국회의원 선거 때 이 지역후
보자의 주요 공약사항이었다는 이유로 1996년 인천시(시장 최기선)
의 건의를 받아들여 김영삼 대통령은 '인천국제공항'으로 결정했다.

민주화운동을 했다는 김영삼 대통령의 문민정부가 민주절차는 철저히 무시하고 개인적으로 가깝다던 인천시장의 말만 듣고 공항이름을 바꾸었다. 두 차례의 공식 절차와 민주방식을 거쳐서 결정한 '세종공항'이란 이름과 '영종공항'을 헌신짝 버리듯 한 것이다. 세종의 큰 뜻과 정신을 받들어 세계 중심국가가 되겠다는 국민의 뜻이 여지없이 짓밟히게 된다.

그래서 한글단체가 중심이 되어 그 잘못을 정부에 알려주고 '세종국제공항 명칭 되찾기'운동을 벌였으나 뜻을 이루지 못했다. 이또한, 영어 조기교육을 강행하고 한자 조기교육을 시행하려 한 일과 함께 김영삼 정권이 저지른 큰 잘못이다. 남의 나라 사람이 이런 나라꼴을 알까 부끄럽다. 아직도 이런 어처구니없는 일들이 일어나고 이런 지도자들이 있으니 답답하다.

1998년 우리말살리는겨레모임 태어남

1997년, 김영삼 정권이 나라살림을 망쳐서 우리나라를 국제통화기금(IMF)의 경제 식민지로 만들었다. 그래서 멀쩡한 기업이 쓰러지고, 쓸 만한 우리 기업은 외국인에게 넘어갔다. 그리고 많은 사람이 일터를 잃고, 노숙자가 서울역 지하도와 여기저기에 생겼다. 그 이전에는 노숙자란 말도 모를 정도였는데 김영삼 정권이 유행시켰다.

노태우 정권이 경제를 살리겠다고 한글날을 천대하면서 겨레정신의 뿌리인 우리말이 흔들리고, 우리의 긍지요, 자신감의 원천인 한글이 짓밟혔다. 그 뒤 김영삼 정권이 얼빠진 세계화나 외치고 영어 조기교육과 한자 조기교육이나 하겠다고 떠들다가 나라의 뿌리를 썩게 해서 외국 투기자본의 밥이 된 것이다. 제 겨레의 말글을 우습게 여기고 남의 말글만 섬기는 정신으로 나라가 잘될 리가 없다.

이오덕 선생

이때 글쓰기 연구회를 만들고 바른 말글살이 교육에 힘쓰는 이오덕 선생과 출판인 김경희 지식산업사 사장이 나에게 "우리말이 흔들리니 나라가 흔들리게 되었다. 우리가 일어나 겨레말과 겨레 얼을 지키고 살려야겠다. 이 일을 정치인과 학자에게 맡길 수 없다. 우리 민중이 일어나야 한다. 저들에게 나라를 맡기고 가만히 있다간 겨레도 나라도 완전히 사라지겠다"고 하며 5년 전 한글날이 공휴일에서 빠질 때 만들려다가 못한 우리말 살리기 시민운동모임을 하자고 다시 제안했다.

앞서 말했듯이 공병우 박사와 함께 그런 민간운동 모임을 만들려다 모임 이름 때문에 성사되지 못하고 따로따로 활동했으나, 힘이 분산되는 것은 좋지 않다는 생각을 하고 있었기에 다시 뭉치기로 동의한 것이다.

그래서 이오덕, 김경희, 이대로, 김수업, 김정섭, 박용수, 이수열, 고승하, 남기용, 하현철, 노명환, 김조년, 허홍구 선생과 글쓰기 연구회의 이주영, 주중식, 박문희 등 여러 선생들이 모여 모임을 만들었다. 그리고 박용수, 김명수, 임경희, 윤철수, 신재학, 유선희 선생들이 그 뒤 운영위원으로 참여해 《우리말 우리얼》이란 회보를 다달이 내고, 해마다 한글날에 '우리말 지킴이와 훼방꾼 뽑기' 행사를 하면서 우리말을 살리고 빛내기 위한 여러 가지 일을 해오고 있다.

모임 취지문과 회칙과 할 일들은 이오덕 선생이 만들었다. 회보 만들기는 이오덕 선생의 운동방법이었고 '지킴이와 훼방꾼 뽑기'는 내가 오랫동안 해보려던 운동방법이었다. 지금까지 9년째 회보를 내고 있는데 올해는 10주년 기념으로 특집호도 냈다. 회보의 글은 되도록 토박이말을 살려 쓴 글만 올린다. 정부와 학자와 언론과 국민에게 하고 싶은 말을 하고, 우리 국어정책이 가야할 길을 알려주고 비판도 한다.

어린이에서 할아버지, 초등학교 선생과 대학 교수, 정치인, 언론인은 말할 것도 없고 사회 여러 분야의 시민 천여 명이 모여서 우리말을 지키고 살리는 운동을 끈덕지고 줄기차게 하고 있다. 나라가 기울 때마다 의병이 일어나 나라를 지키듯이 한마음으로 모임을 꾸려가고 있다. 우리 역사상 처음으로 이름 모를 백성들이 일어나 국어독립운동을 하고 있는 것이다.

우리말 지킴이와 훼방꾼 뽑기

우리말이 천 수백 년 동안 묶여 있었던 한문으로부터 풀려났다. 그런데 이제는 우리말을 영어의 노예로 만들려는 이들이 생겼다. 미국이 세계에서 가장 힘센 나라가 되면서 미국말이 온누리를 휩쓸고 있기 때문이다. 사대주의자, 기회주의자, 출세주의자들이 고개를 들고 우리말 독립을 가로막고 있다.

그래서 다시 우리말과 한글이 영어에 밀려 사라질 위기에 처했다. 미래학자들은 앞으로 백 년 뒤에는 지금 사용하는 세계 말들 가운데 영어, 중국어 등 1할 정도만 남고 나머지는 사라질 것이라고 말한다. 그러면 우리말은 어느 쪽에 들 것인가. 그런데 이 나라를 이끌고 있는 정치인, 학자, 돈 많은 기업인은 우리말을 지키고 빛낼 생각은 하지 않고 오히려 자신들만 영어를 잘해서 잘먹고 잘살겠다고 나서고 있다. 영어를 잘하자고 조기교육을 한다더니 아예 영어를 우리 공용어로 하자는 무리까지 생겼다. 그런 무리는 거의 일반 백성이 아닌 힘센 정부와 일부 학자와 대기업과 언론재벌들이다. 그러니 우리 시민들은 스스로 우리말을 지키고 살려야겠다는 절박감이 들었을 것이다. 그래서 우리말살리는겨레모임은 무엇이 우리말을 살리는 것이고 죽이는 건지, 어떻게 해야 우리말이 살고 빛날 것인지 알려주려는 뜻에서 해마다 한글날에 '우리말 지킴이와 훼방꾼 뽑기' 행사를 하기로 했다.

이 행사는 발표회를 하거나 시상식을 하는 것은 아니고 시민운동 차원에서 시민의 뜻과 소리를 글로 밝히고 우리 말글 독립운동사에 기록하자는 것이었다. 제 나라의 정부와 국회와 지배자들에게 제 나라 말글을 쓰자고 호소해도 듣지 않으니 그들이 한 일을 역사에 남기자는 뜻도 있다.

이 행동들은 외국인과 후손에게 부끄러운 것이지만 조용하게 평화로운 방법으로 잘못을 알려주어 잘못을 저지르지 않게 하려고 시작한 일인데, 다행히 언론과 국민의 반응이 좋았다. 지킴이로 뽑힌 분들은 상금을 받지 않더라도 자랑스럽게 여기고, 훼방꾼으로 뽑힌 이들도 충격으로 받아들이는 반응을 보이고 있다.

한자단체와 한글단체가 다시 치열하게 싸우다

한자파는 1998년 11월 17일에 '전국 한자교육추진총연합회'라는 크고 강력한 연합운동단체를 만들었다. 기득권자들인 국무총리, 서울대 총장, 변호사, 대기업 사장을 지낸 사람들 5백여 명이 발기인으로 참여했다. 이분들은 일제시대에 교육을 받고, 한자혼용으로 대한민국에서도 높은 지위와 많은 재산을 모으고 잘 살아온 유명 인사들이다.

아마 한글문화원, 전국 국어운동대학생동문회, 우리말살리는겨레모임, 한말글사랑대학생동아리가 다시 활발하게 활동하는데다가 젊은이들이 셈틀과 누리통신을 통한 한글사랑운동을 힘차게 하는 것을 보고서 한자파는 위기감을 느끼고 다시 뭉친 것으로 보인다. 누가, 왜 모여서, 무엇을 하겠다는 것인지 알 수 있는 관련 자료 일부를 그대로 옮긴다.

全國 漢字敎育 促進 建議文

지금 우리는 經濟政策 잘못으로 國家不渡를 당할지도 모르는 史上 최악의 經濟危機에 처해 있다. 이러한 危機를 당하게 된 原因을 表面的으로는 지난 政府의 확고한 經濟政策 不在로 볼 수 있겠으나, 根本的으로는 光復以來 半世紀 동안 百年樹人의 확고한 敎育政策 不在에서 累積되어 온 結果라는 事實을 우선 깨달아야 한다.

敎育政策 不在 중에서도 특히 지난 半世紀 동안 跛行으로 거듭해온 文字政策의 失踪으로 지금 이 나라에는 知識不在, 思想不在, 哲學不在의 空洞化現象에 처하여 있다. 이러한 상황에서는 國家百年大計의 政治思想도 經濟政策도 樹立될 수 없음은 明若觀火한 사실이다.

나라가 이처럼 어려운 經濟危機에 처하여 있는데 文字政策을 擧論하느냐고 혹자는 疑訝스럽게 생각할지 모르겠으나, 나라의 앞날에 예상되는 더 큰 危機를 이 땅의 知識人들로서 坐視할 수 없어 未然에有備無患의 汎國民運動을 展開함이요, 결코 단순히 文字 論爭을 위한 私心이 秋毫도 없음을 우선 밝히는 바이다.

우리는 歷史의 리듬을 탄 國運과 危機에 强靭한 특유의 民族性으로써 이번 經濟難局을 반드시 打開할 수 있으리라고 確信하는 바이다. 그러므로 우리가 두려워 할 것은 一時的 經濟危機가 아니라, 末久에 닥쳐 올 文化危機라는 사실을 우리 全韓國民은 覺醒해야 한다.

이번 國難을 契機로 全國民과 政府는 한 나라의 文字政策이 國家와 民族의 발전을 위하여 얼마나 重且大한가를 깊이 인식하고, 다시는 이러한 國難을 당하지 않도록 未然에 對備策을 講究해야 할 것이다.

우리의 主張

1. 初等學校課程부터 한글과 基礎漢字 1,000字 정도를 철저히 敎育하여 國語敎育을 正常化할 것을 촉구한다.

2. 各級 학교의 모든 敎科書에 한글과 漢字를 혼용할 것을 촉구한다.

3. 公用文書·標識板·看板 등에 漢字를 혼용 또는 倂記할 것을 촉구한다.

4. 新聞·雜誌 등 言論媒體에서 漢字를 가급적 혼용할 것을 촉구한다.

5. 漢字 敎育을 통하여 傳統文化를 계승 발전시켜, 저하된 人性敎育을 적극 회복할 것을 촉구한다.

6. 亞太文化圈의 孤兒로 轉落되는 文化危機를 未然에 대비 할 것을 촉구한다.

7. 컴퓨터의 발달로 漢字의 機械化가 實現되었으므로, 이를 活用하여 情報化 時代에 앞장서 나갈 것을 촉구한다.

1998년 11월 17일

全國漢字敎育推進總聯合會

우리말살리는겨레모임은 모임 회보인 《우리말 우리얼》에 한자교육추진총연합회의 주장과 출범을 비판하는 특집을 냈다. 한자단체는 그 다음해에 한글전용법 폐기법안을 내고 한자병용정책의 시행을 주장하는 등 세차게 나왔다. 우리말살리는겨레모임에서는 다시 그에 반대하는 '천만 인 서명운동'을 주도하면서 그들을 '우리말 훼방꾼'으로 뽑았다. 한자단체와 한글단체의 싸움이 새로운 모습과 형태로 치열하게 벌어지게 된 것이다.

한자단체는 일간신문에 크게 광고도 내는 등 한글단체는 미처 엄두도 못 낼 수천만 원을 펑펑 쓰면서 광고도 하고 큰 행사를 하고 있다. 알고 보니 포항제철, 대한항공 등 큰 기업들이 이들을 돕고, 돈 많은 보수 세력이 나서기에 그들은 활발하게 움직인 것이다. 한글단체는 그에 대해서 몸과 글로 막는 길밖에 없었다. 정부에 건의문을 내고, 성명서를 발표하는 식으로 힘든 싸움을 한다.

한자교육추진총연합회의 한글 짓밟기 활동

한자단체는 전 교육부장관을 지낸 사람들까지 앞세워서 한자교육 강화정책을 추진하려고 한다. 2002년에 전 교육부 장관 13명이 서명한 '초등교 한자교육 부활 건의'를 김대중 대통령에게 제출했다. 그래서 1970년, 박정희 전 대통령의 지시로 전면 금지된 초등학교에서 한자를 교육하는 것이 되살아날 위기에 처하게 된 것이다. 해방 이후 1965년까지는 4~6학년 국어 교과서에 한자를 병기(倂記)했고, 그 후 1969년까지는 국한문 혼용 방식으로 이뤄졌으나 1970년 이후부터 전면 금지돼 왔다.

건의문에 서명한 전 장관들은 문홍주(17대), 민관식(20대), 이규호(25대), 권이혁(26대), 손제석(27대), 서명원(28대), 정원식(30대), 조완규(32대), 오병문(33대), 김숙희(34대), 이해찬(38대), 문용린(40대), 이돈희(42대) 들 13명이다.

한자단체는 정치, 언론, 학계 등 사회 각계각층의 지원을 받으며 총 공세를 펼쳤다. 이때 위에 소개한 전 교육부 장관들처럼 건의문으로 한자 쪽을 도와준 것뿐 아니라 기업과 많은 이름난 이들이 돈으로도 도와주었다. 1995년 어문회가 낸 《語文會報》第14호를 보면 한진그룹 조중훈 회장이 학회 지원금으로 약속한 3천만 원 가운데 2천만 원을 냈다고 하고, 포항제철 김만제 회장도 기금을 보냈다고 쓰고 있다. 또 1995년 2월 23일부터 7월 21일까지 5개월 동안 개인들로부터 모은 어문회관 건립기금이 수천만 원 들어와 총계 1억1천562만이라고 발표하고 있다. 2003년엔 제5대 국립국어연구원장을 지낸 심재기 교수도 50만 원을 냈다고 써있다.

한자단체가 발표한 2003년 한 해 동안 돈을 낸 이들 명단과 내용을 보면 한자단체를 돕는 사람과 세력이 큰 것을 알 수 있다. 그 당시에는 기업이 많이 도와주었는데 지금은 한자검정시험으로 한 해에 백억이 넘는 수입을 올리고 있다는 소문이 있다.

반면에 한글단체는 기업이나 이름난 이들로부터 아무런 도움도 받지 못하고 어려운 활동을 하고 있다. 오직 몸과 말글과 명분으로, 권력과 돈과 명성을 가진 한자단체와 싸워 이겨야 하는 어려운 싸움이었다.

한자진흥법안을 낸 박원홍 의원

한자단체는 한자혼용이나 병용을 추진하다가 뜻대로 되지 않으니 '한자교육' 쪽으로 힘을 기울였다. 서울대학교 입시와 대기업 입사시험에 한자를 반영하게 하고, 한자검정시험이란 것을 교육부에서 공인받아 돈을 잘 벌고 있다고 한다. 한자파는 한자교육진흥법안을 박원홍 의원을 대표로, 85명 국회의원의 서명을 받아 국회에 냈다. 이것이 성공하면 좋고 성공하지 못하더라도 한자검정시험을 부채질하는 일이 되기에 좋다고 생각한 것 같고, 또한 그 목적을 어느 정도 이루었다고 본다. 앞서 말했듯이 한자검정시험을 보는 사람이 한 해에 백만 명에 이르고 그 수입이 백억이 넘는다는 소문이 있기 때문이다.

한글단체도 아예 한자를 배우지 말자는 것은 아니고, 중·고등학교에서 가르치는 한자를 잘 가르치자는 것이며 전문가를 키우자는 것이다. 지나치게 한자를 강조하고 초등학교에서부터 가르치지는 말자는 것이다. 한자 전문가가 되고 싶은 사람은 초등학교에서부터 공부하든가 옛 서당이나 독선생을 모시고 개인 공부를 할 수도 있다. 조선시대도 아닌 민주 한글시대에 초등학교에서는 국민 기초교육에 중점을 두고 잘 가르치자는 것이다.

너무 한자나 외국어를 중요하게 여기다 보면 국어, 역사, 도덕, 과학, 체육, 예술 등 기초교육을 게을리하게 되니 반대한 것이다. 더욱이 저들은 15억 명의 중국이 한자를 쓰므로 우리도 배워야 한다고 주장하지만 실제로 중국은 우리 한자와 다른 간체자를 만들어 쓰기 때문에 그들의 주장은 틀린 것이다. 그러나 일반 국민은 한자를 많이 알면 나쁠 것은 없다고 생각하고 그 주장에 어느 정도 따르고 있다.

1998년 2월 18일 박원홍 의원이 국회의원 151명의 서명을 받아 〈한글전용법 廢棄 請願〉을 국회에 내면서 한글단체는 비상이 걸렸다. 서명한 의원 숫자가 과반수가 넘었고 그 일을 주도한 김종필이 집권당 핵심이었기 때문이다. 우리말살리는겨레모임은 한글학회와 전국 국어교사모임 등 한글단체와 함께 한국글쓰기연구회 사무실에 서명운동본부를 차리고 반대운동을 이끌었다.

그때 나는 서명 용지를 국회 문광위 위원들 사무실에 전송(팩스)으로 보내도록 했는데 그 효과를 톡톡하게 보았다. 여러 국회의원과 국회 사무처에서 "서명 용지가 하루종일 전송되니 업무가 마비될 지경이다. 한자혼용법을 절대로 통과되지 못하게 할 터이니 전송을 중지해 달라"고 사정하는 일이 벌어졌다. 전국에서 서명 용지를 보내다보니 문광위 사무실과 위원들에게 하루 종일 전송되었던 것이다. 결국 우린 뜻을 이루었다. 그때 전국의 한글단체와 한글운동가들에게 보낸 서명 협조문을 아래 소개한다.

한글전용법 지키기 천만 인 서명운동에 온 국민이 함께 나섭시다

지금 '전국 한자교육추진총연합회'에서 한글전용법 폐지 법안을 국회에 청원해서 박원홍 의원들 소개로 국회에 상정하고 통과시키려고 합니다. 우리말, 우리글, 우리 얼을 죽이려는 이 음모를 온 국민이 일어서 막읍시다.

우리나라가 어째서 이 지경이 됐을까요? 나라 살림이 엉망이 되어 온 국민이 외국의 빚더미에 짓눌려 허덕이는데, 마땅히 나라꼴을 이 지경으로 만들어 놓은 사람들을 지도자나 벼슬자리에서 싹 물러나게 해야 할 터인데도 그렇게 하기는커녕, 도리어 그 옛날 어려운 한문 글자 쓰는 시대로 되돌려 권위주의와 반민주, 반민족의 세상을 만들려는 사람들이 큰소리치는 판이 되었습니다. 우리말을 잃으면 우리 겨레는 사라지고, 우리글을 버리면 우리나라는 망합니다. 나라를 구하고 겨레를 살리는 일에 우리 모두 나섭시다.

한글전용법 폐지 절대 반대!

한글을 죽이고 우리말을 죽이려는 한자혼용법안 제정 절대 반대!

한글전용법 지키기 천만 인 서명운동본부

한자교육진흥법안은 한자교육의 필요성을 지나치게 확대 해석했고, 국어생활에서 한자혼용을 하기 위한 목적으로 나온 법안으로서 우리말과 교육 발전을 가로막는 법안이기에, 한글단체는 발 벗고 반대하여 막았다. 우리말살리는겨레모임은 국회의원들을 찾아가 반대해줄 것을 호소하고, 반대 성명서도 내고, 《우리말 우리얼》 회보에 특집을 내고, 그 잘못을 하나하나 꼬집는 글을 쓰고, 박원홍 의원을 '우리말 훼방꾼'으로 뽑으며 그 잘못을 알렸다.

저들은 1999년에 한글전용법 폐기 법안을 냈다. 그러나 한글 쪽이 국회에 나가 반대운동을 함으로써 모두 막아냈다. 총칼이 없는 전쟁, 소리 없는 전쟁이었다. 나는 이 전쟁터에 앞장서서 싸우면서 이길 것이라는 자신감은 있었지만, 언제까지 이런 싸움을 해야 하는가, 참으로 한심하고 답답한 마음이 들었다.

김대중 정부의 한자병용정책과 영어 공용화 추진

김대중 대통령, 김종필 총리는 한자단체를 발 벗고 도와주면서 영어를 공용어로 하자는 정책까지 추진했다. 한자파가 1999년에 새 주민등록증에 한글만 쓰기로 한 것을 취소하고 한자로 써달라는 건의를 하니 다 만들어진 주민등록증을 한자병용으로 다시 만들게 되었다. 그리고 국어연구원(원장 심재기)과 김종필 총리, 신낙균 문화부장관이 합심해서 공문서에 한자를 병용하는 정책을 추진하고 도로표지판에 한자를 병용하겠다고 했다. 한글단체는 정부종합청사 앞과 덕수궁 세종대왕 동상 앞에서 그 반대 시위를 했다. 나는 원광호, 오동춘 선생과 함께 그 시위 선봉에서 구호를 외치며 시위대를 이끌었다.

대한민국 정부가 우리 글자인 한글을 푸대접하고 일본처럼 한자를 혼용하려 하는 데는 참을 수가 없었다. 이렇게 한글 학자들과 국민들이 크게 일어나 제 나라 정부에게 제 나라 글자를 써달라고 항의 방문하고 시위한 것은 역사상 처음 있는 일이었다. 1990년, 국어운동학생회 학생들이 탑골공원에 모여 한글날을 빼지 말라는 집회를 하고 명동까지 평화시위를 한 일은 있지만, 이번처럼 전국에서 70~80살 나이 든 학자들까지 모여 목이 터져라 시위를 한 일은 김대중 정권 때만 일어난 일이었다. 정부와 국립국어연구원을

광화문 정부청사 앞에서 한자병용 반대 시위하는 한글단체 대표들, 구호를 선창하고 한글단체 회원들이 따라서 외치고 있다.

한자파가 장악했으니 힘으로 강행하려는 속셈이었고, 한글단체도 힘으로 그에 맞선 것이다.

한글학자와 한글단체 회원들은 1999년 2월 10일에 문화관광부의 한자병용정책 발표에 맞서서 '전국 한자병용 반대투쟁 전국 비상대책 위원회'를 꾸리고 2월 13일에는 덕수궁 세종대왕동상 앞에서, 2월 19일은 문광부 정문 앞에서 시위를 벌이고, 1999년 3월 1일엔 한글문화단체모두모임 주관으로 서울(탑골공원), 부산(아리랑관광호텔 대회의실), 대구(국채보상공원), 대전(서대전 네거리), 마산(3·15 의거탑 앞) 등 전국에서 '우리 말글 문화 독립 선언 선포식'을 했다.

서울에서는 탑골공원에서 선포식을 하고 한글회관까지 거리 시위를 했는데, 자동차에 확성기를 달고 내가 "한글 짓밟는 김종필 총리는 물러나라"는 구호를 목이 터져라 외치며 시위대를 이끌었다.

신문과 방송에서도 찬반 논쟁이 뜨거웠다. 1999년 12월 11일치 《대한매일》에 심재기 국어연구원장은 "한자 이해 없인 한글전용은 공염불이다. 국어사전에 한자어가 70퍼센트이다. 문자표기에서 한자병용은 당연한 일이며 오히려 늦은 감이 있다"고 한자병용정책 추진을 옹호하고 나섰다. 그날 《대한매일》에 반대 의견을 밝힌 허웅 한글학회 회장은 "지난 50년간 우리말글 정책 근간은 한글전용정책이었고 이제 한글 세상이 다 되고 있다. 한글전용은 시대흐름이다. 그런데 갑자기 한자병용정책을 추진하는 것은 조선시대나 일제시대처럼 한자 세상을 만들려는 뒷걸음질이다"며 반대 의사를 밝혔다. 국어연구원이 한자 쪽이고 한글학회가 한글 쪽임을 분명하고 확실하게 보여준 일이었다.

나는 하이텔과 천리안 누리통신에서 젊은 한글운동꾼들과 함께 한자병용정책의 잘못을 지적하고 알리면서 반대운동을 열심히 폈다. 한글과 셈틀은 찰떡궁합이다. 그래서 우리가 정보통신 강국이 되는 데 한글이 가장 큰 공헌을 하고 있다. 그런데 난데없이 그 흐름을 막는 이들이 권력을 잡고 강력하게 한자병용정책을 추진하기에 많은 젊은 누리꾼들과 그 잘못을 알려주었고 큰 공을 세웠다.

정부의 한자병용정책을 쳐부수자!

1. 광복 뒤 우리 국민의 글자살이는 큰 진전을 보여 왔다. 한자 투성이의 글자살이에서 지금은 거의 완전한 한글전용 글자살이로 바뀌었다. 이것은, 한글이 우리 글자로서의 기능이 절대 우수하다는 데 이유가 있기도 하지마는, 광복 뒤에 우리 겨레는 민족 자주정신과 민주정치를 쟁취하려는 욕망에 차 있었기 때문이기도 하다.

한편, 우리나라 국회에서는 1948년에 '한글 전용법'을 제정하여 공용문서는 한글만으로 적도록 하고, 다만 당분간 한자를 '병용'할 수 있다는 단서를 붙였다. 이러한 단서가 붙은 것은, 그때로서는 아직 한글만 쓰기에 모두 익어 있지 않았기 때문이었다. 그러나 그 뒤 우리 민중의 한글전용 글자살이는 많이 진전되었기 때문에, 1970년 정부에서는 공용문서를 한글만으로 '가로 쓰기'로 하되 '표준말'을 바르게 쓰도록 '대통령령'으로 규정하였고, 1991년에는 모든 문서를 한글만으로 적되 맞춤법에 맞게 가로로 쓴다는 '사무 관리 규정'을 만들었으니, 이것은 역사의 진전에 발을 맞춘 매우 적절한 처사이었다.

이리하여 우리나라에서는 정부와 민간이 발을 맞추어 그 글자살이를 한글전용으로 굳혀 온 것이다.

2. 최근 두 방송사에서 실시한 '거짓 없는 여론 통계'로는, 한자 병

기에 반대한 수가 69퍼센트(2월 10일, 서울방송), 65퍼센트(2월 11일, 한국방송), 평균 67퍼센트 이상에 이르고 있다. 이것은 우리 국민 대중의 꾸밈이 없는 여론이다.

3. 역사의 흐름이 이렇고 국민의 여론이 이런데도 아랑곳없이, 이번에 이 정부에서는 한글전용 글자살이를 뒤로 돌려, 옛날처럼 공문서에 한자를 '병기'하는 정책을 강행하겠다는 것이다. 그뿐 아니라, 지금까지 한글만을 적도록 하고 있는 전자 주민등록증에도 막대한 돈과 시간을 낭비해 가면서까지 한자 병기를 강행한다는 것이다.

많은 젊은이들이 일자리가 없어 거리를 헤매고 있고, 일부 부유층을 빼고는 대다수의 민중이 생활고에 허덕이고 있는 이 현실에서 눈을 돌리고, 국민의 피땀으로 된 세금을 이렇게 낭비하겠다니, 이것이 과연 국민의 정부란 말인가?

이 정부는 역사가 나아가는 방향을 모르고서 그 도도한 흐름을 뒤에서 끌어당기려는 반역사적인 정부로 규정될 수밖에 없다. 그리고 이러한 언어 정책은 너무나 맹목적이요, 독전적이요, 독재적인 문화 정책이다.

4. 21세기로 향하여 뛰겠다던 정부의 발상이 기껏 이 정도라는 데 정말 실망을 금할 수 없다. 한자는 정보화 시대의 크나큰 걸림돌임을 아는가, 모르는가? '정보화'는 되도록이면 짧은 시간에 많은 정보를 처리해야 함을 사명으로 안고 있다. 그런데 한자는 이 속도를 더디게 한다는 것을, 컴퓨터에 한자가 들어가 있다고 하나 한자가 많이 들어갈수록 그 컴퓨터는 '반병신'이 되는 것임도, 이것을 써 본 사람이면 다 아는 일이다. 한자를 넣는 것은 사전을 찾아 가면서 글을 읽는 것과 같은 일이다.

지금은 속도 경쟁 시대이다. 모든 일이 빨리 처리되어야 한다. 여기에 국가 사이의 경쟁의 성패가 결정된다. 지금은 백 분의 일 초를 다

투는 시대라는 것을 명심해야 할 것이다. 그런데 시간과 힘을 빼앗는 한자를 이 시대에도 붙들어 두겠다니, 도대체 이 정부의 속셈은 무엇인가? 그 속셈을 국민 앞에 분명히 밝혀라.

5. 거듭 강조하거니와, 원시 글자인 한자는, 우리 겨레의 창의력을 저하시켜 왔고 저하시키고 있는 망국의 글자요, 정보화 시대를 가로막는 크나큰 걸림돌이다. 그런데도 불구하고 이러한 망국적인 글자 정책을 강행하려는 이 정부는 국민 위에 군림하려는 그 봉건적이고 독재적인 자세를 버려야 할 것이다.

1999년 6월 22일

광복회 부산지회 지회장 이태길, 국어정보학회 회장 진용옥, 국어문화운동본부 대표 남영신, 국어순화추진회 회장 주영하, 국민언어문화비교연구원 원장 서정수, 대한음성학회 회장 이현복, 민족문제연구소 소장 김봉우, 법률신문사 사장 이진우, 세종대왕기념사업회 회장 박종국, 아태공법학회 회장 한상범, 외솔회 회장 김석득, 우리말바로쓰기모임 회장 김정섭, 우리말뿌리찾기모임 회장 이강로, 우리말살리는겨레모임 공동대표 이오덕, 전국 국어운동대학생동문회 회장 이봉원, 한국고서학연구회 회장 황순구, 한국겨레문화연구원 이사장 손보기, 한국 몽골학회 회장 최기호, 한국땅이름학회 회장 배우리, 초등국어과교육개발연구회 회장 박붕배, 한국바른말연구원 원장 원광호, 한국전자출판협회 회장 김경희, 한국정보처리학회 회장 조석환, 한글기계화추진회 회장 송현, 한글학회 회장 허웅, 한글문화단체모두모임 회장 문제안, 한말연구학회 회장 정재도, 한글재단 이사장 한갑수, 한말연구학회 회장 김승공, 한말글사랑겨레모임 대표 이대로, 우리 말글을 지키는 전국통신인 모임 대표 조상현, 올바른 국어정책 수립을 촉구하는 전국 대학교 교수 모임 회장 최기호.

엉터리 《표준국어대사전》과 국어 교과서

올해 국정감사에서 국어교육과 정책에 관련된 큰 사건 두 가지가 있었다. 하나는 교육부에서 만든 중학교 국어 교과서에 잘못된 글이 천여 건에 이른다는 것이고, 또 하나는 국립국어연구원에서 만든 표준국어대사전이 엉터리라는 것이었다. 국어 교과서와 국어사전은 학생들 국어교육뿐만 아니라 국민 국어생활의 기준이고 근본으로서 모든 교육과 국민 생활 전반에 엄청난 영향을 미치는 것이다. 그런데 그 둘 다 잘못되었으니 국어교육과 국어생활이 제대로 될 리가 없다. 국민이 낸 세금을 그런 식으로 쓰고, 나랏일을 그렇게 잘못해도 되는지 답답하고 화가 난다.

한국어문교열기자협회와 민주당 이미경 의원이 공동 발간한 〈정책 보고서에 나타난 중학교 국어 교과서 오류 실태〉를 보면 띄어쓰기 잘못이 526건으로 가장 많고, 맞춤법이나 표준어 규정 잘못과 말본에 어긋난 것이 그 다음이다. 또 부적합한 낱말 사용과 어색한 표현들도 많다고 한다. 그렇다면 왜 이런 일이 벌어졌을까? 정부가 진짜 국민 기본 교육인 국어교육과 국사교육은 가볍게 보고, 영어 조기교육을 더 중요하게 여기니 그런 일이 벌어졌다고 본다.

이제 국민의 혈세 백억 원이 넘게 들여서 국립국어연구원이 만든 표준국어대사전을 보자. 윤철상 의원의 국정감사 자료에 보면 "표준국어대사전이 순우리말보다는 중국어와 일본어 사전에서 따온 한자 중심으로 구성하거나, 우리말을 무리하게 한자어로 변용시켜 한자어가 주, 우리말이 종으로 전락하는 등 주체성이 결여된 합성품인 것으로 분석됐다"고 주장했다.

잘못된 사례로 '푸른 하늘'이라는 우리말 대신 궁창(穹蒼), 벽공(碧空), 벽락(碧落), 벽우(碧宇), 청공(靑空) 등 잘 사용하지 않는 한자말과 일본식 한자말 21개가 올라있고, '뛰어나다'는 뜻의 한자말로 도월(度越), 일군(逸群), 탁발(卓拔) 등 거의 쓰지 않는 말로 채워졌으며, 우리말의 '개천'을 '開川'으로, '변덕'을 '變德'으로 '호락호락'을 '忽弱忽弱'으로 표기해서 마치 한자말에서 따온 말인 것처럼 오인하게 했으며, 날씨가 '흐린 뒤 갬'을 뜻하는 '담후청(曇後晴)'이라는 낱말은 어느 나라에서도 쓰지 않는 한자말인데도 대사전에 올라있다니, 얼마나 엉터리 사전인지 알 만하다.

이는 국립국어연구원이 한글만 쓰기를 반대하는 마음으로 일을 했기 때문이다. 나는 이 사전을 만들겠다고 할 때 그것을 알고 있었기에 '그런 헛돈질을 하지 말고 우리말과 한글을 살리는 일을 더 열심히 할 것'을 건의했으나 들어주지 않아 그때 국어연구원장에게 스스로 물러날 것을 권하기도 했다. 그리고 재야 국어운동가 이수열과 부경대 김영환 교수 등도 사전 만드는 일을 중지하든지 서두르지 말라고 여러 번 건의했지만 듣지 않았다.

거기다가 국민의 무관심과 국어 경시 태도가 이 문제 개선을 가로막게 한다. 이렇게 교과서와 사전이 엉터리인데 일반 국민은 말할 거 없고, 국어 선생들조차 아무 신경도 쓰지 않고 그 교과서와 사전으로 학생들을 가르치고 있다. 관련 공무원과 관련 학자들은 지금도 분명하게 드러난 잘못을 인정하거나 반성하지도 않고 개선할 생각도 하지 않고 있다.

이 일은 그냥 넘어가거나 덮을 일이 아니다. 이제라도 그 원인을 찾고 관련자들은 반성하고 책임져야 한다. 그렇지 않으면 더 큰 잘못이 나오고 그 피해는 자꾸 커진다. 잘못된 교과서와 사전으로 학교에서 공부 잘하면 더 잘못된 국어생활을 하게 된다. 그래서 학생 때 국어 점수가 백 점이었어도 사회에 나와서는 국어에 자신이 없다. 잘못된 사전을 산 사람들에게 돈을 되돌려 주고, 사전을 회수한 뒤 잘못을 바로잡은 새 사전을 만들어 주어야 한다.

《노동일보》 노일칼럼, 2002년 10월 30일 이대로

初等學校 漢字敎育 추진을 위한 汎國民運動 대회를 연 한자파들

김영삼 정부 때 뜻을 이루지 못한 한자파들은 2003년 5월 22일 서울 종로구 수운회관에서 '金永三 前 大統領 招請 特別講演, 初等 學校 漢字敎育 추진을 위한 汎國民運動' 대회를 열었다. 《조선일보》 등 일간신문에 5단 크기로 크게 광고도 하고 국회의원 박원홍, 심재기 전 국어연구원장 등 수백 명의 노인이 종로 수운회관에 모여 한글전용 반대 한자혼용을 주장하고 있었다.

그런데 그날 김영삼 전 대통령에게 "나라망친 죄인 김영삼은 자숙하라"며 공항에서 달걀을 던진 재미교포 박의정(朴義鼎)이 펼침막을 들고 시위를 해서 행사장이 술렁이고 있었다. 박 선생은 김영삼 대통령이 얼빠진 정치를 하다가 국제통화기금의 경제 식민지로 만들고도 반성하지 않고 우리 겨레의 자존심인 한글을 짓밟고 있다고 성토하고 있었다.

이날 전 국립국어연구원장 심재기가 '초등학교 한자교육의 당위성'이라는 제목으로, 단국대학교 초빙교수 신채식이 '왜 초등학교에서 한자교육을 해야 하는가'라는 제목으로, 경기도 오리초등학교 교장 박주영이 '초등학교 한자교육의 필요성과 그 지도사례'라는 제목으로, 한국국어교육학회 회장 진태하가 '한국은 왜 문자의 최이상국인가?'라는 제목으로 강연을 했다. 그리고 민관식 전 교육부 장관이 1970년대에 박 대통령이 한글전용정책을 강행할 때 자신이 막았다는 말을 하고, 김영삼 전 대통령은 영어 조기교육은 강행했는데 한자 조기교육은 강행하지 못한 게 후회스럽다고 말했다.

법제처가 낸 법률 문장 한글로 쓰기 법안

16대 국회 때 법제처는 일본식 문장과 한자말로 된 법률 문장을 우리말로 바꾸고 한글 쓰기로 하자는 법안을 국회에 냈다. 앞에서 말했듯이 일제가 물러가고 반세기가 지났는데도 일제 식민지 때 쓰던 법률 용어를 그대로 쓰고 있어 그것을 우리 쉬운 말로 바꾸려는 것이었다. 그러나 한자단체가 반대해서 제대로 논의를 하지 못하고 자동 폐기되었다. 박원홍 의원이 그 반대 법안을 내고 한자파가 뒷받침했기 때문이다. 그러나 17대 국회에서 다시 법제처가 '법률한글화를 위한 특별조치법'을 정부 입법안으로 국회에 제출했다.

일제 때 쓰던 법률 문장을 베껴 쓰고 있다는 것은, 민족과 국가의 부끄러움이고 국민을 매우 불편하게 하는 일이다. 그래서 한글단체는 누구나 알기 쉬운 우리말과 읽기 쉬운 한글로 바꿔 써달라는 건의를 수십 년 전부터 정부에 해왔는데 이제는 정부가 그 법안을 국회에 제출한 것이다. 늦었지만 다행스런 일이다.

그런데 박원홍 의원은 〈法律用語의 '한글전용'을 反對한다〉는 제목의 반대 성명서에서 "한자의 '焚書坑儒'에 견줄 만한 충격적인 법안이다. 法令에서까지 한자가 배제된다면 한자는 설 곳이 없게 된다. 우리말인 漢字를 죽이려는 정부의 잘못을 바로잡고 깨우쳐야 한다. 한자가 있어야 한글이 빛난다"면서 2000년 8월 국회의장이 서명한 "새로 만들거나 고치는 법률 문장은 한글로 쓰기로 하고 부득이한 용어는 한자를 병용하기로 한 국회 법률 문서의 한글화 기준도 폐지되어야 한다"고 주장하고 있다.

이에 대해 한글학회는 반박 성명서를 통해 "'한자교육 진흥법'이라는 망국적인 법안을 만들어 물의를 일으켰던 박원홍(한나라당) 의원이, 이번에는 법률을 국민에게 돌려주자는 법제처의 '특별 조치법'을 반대하는 성명서를 내었다"고 그 잘못을 지적했다.

또한 우리말살리는겨레모임도 호소문에서 "민주주의 시대는 국민 스스로 법을 알고 지키는 시대입니다. 민주주의 시대 법률 문장은 그 나라의 국민 누구나, 노인이나 어린이까지도 쉽게 알아볼 수 있어야 합니다. 그런데 지난날 법률 문장이 일반 국민은 말할 것 없고 전문가들까지 이해하기 힘든 일제식 한자말을 한자로 씀으로써 매우 불편했고 민주국가 법으로서 문제가 많았습니다. 이제라도 늦었지만 이 문제를 풀기 위해 정부가 나선 것은 잘한 일이고 다행이었습니다. 이번 새로 만든 '법률한글화 특별조치법안'은 단순한 법이 아니라 우리 말글 독립과 겨레의 자존심과 긍지를 드높이는 계기가 되고 민주 자주국가의 기틀을 다지는 중대한 법입니다"라고 하면서 꼭 빨리 통과시켜줄 것을 국회의원들에게 호소했다.

법률 문장 한글로 쓰기 법안은 지난날에도 일본식 한자혼용을 주장하는 이들이 반대해서 안 된 일인데, 결국 16대 국회에서도 마찬가지로 한자단체 간부인 박원홍 의원이 앞장서고 여러 의원이 동조해서 법사위에서 제대로 심의도 못하고 넘어가게 되었다.

한글 쓰기 반대에 앞장서는 경제 단체

전경련·대한상의·무역협회·경총·중소기업중앙회의 상근 부회장들은 심심하면 한자 교육을 주장하고, 회사 직원들을 뽑을 때에 한자 시험을 보게 함으로써 한자혼용 측과 손발을 맞추면서 한글 세상이 되는 것을 방해하고 있다. 그리고 요즘에는 회사 이름을 영어식으로 바꾸고, 영어를 회사 공용어로 하겠다는 대기업들까지 생겨서 영어 열병을 부채질하고 있다.

사실 경제단체가 한자와 영어 등 외국 말글을 떠받들고, 제 나라 말글을 우습게 보는 것은 오래전부터 있어 온 고질병이다.

포항제철, 대한항공, 금호, 농심, 삼보컴퓨터의 사장들과 많은 경제인이 한자혼용주장 단체를 돕고 있다는 것을 한글사랑 운동을 하는 사람들은 다 알고 있다. 수년 전에 농심의 율촌재단에서는 수억원을 들여 일본 교과서를 빼닮은 초·중·고등학생용 한자혼용 교과서 견본까지 만들어 뿌리기도 하고, 포항제철 산하 광양초등학교에선 오래전부터 초등학교 한자교육 금지 규정을 무시하고 한자교육을 하면서 한자혼용운동에 앞장서기도 했다. 전경련 산하 기관인 자유기업원은 영어를 공용어로 하자고 주장해 영어 열병을 부추기기도 했다.

외국인과 서로서로 문화를 깊이 이해하고 무역 업무를 제대로 하려면 한자와 영어만 강조하지 말고, 프랑스어, 스페인어, 아랍어, 일본어 들도 잘 배우자고 말해야 하고, 한자보다 중국어를 열심히 공부하자고 해야 옳다. 한자 필담으로 무역을 하겠다는 정신으로는 일본의 하청업체나 후진국으로 남을 수밖에 없다. 한글단체는 경제단체가 지나치게 한자와 영어만 떠받들고 한글과 우리말을 무시하는 한글의 역적이라고 생각하고 있다.

출판물과 글로 서로 주장을 펴는 한글파와 한자파 싸움
— 《한글 새소식》과 《우리말 우리얼》, 《어문春秋》와 《어문生活》

1960년대 한글과 한자 싸움이 치열해지면서 한글단체와 한자단체는 서로 건의문, 성명서, 궐기대회를 수단으로 자기 의견을 발표했다. 신문과 방송 같은 언론을 통해 서로의 주장을 홍보하고 신문

광고도 내고, 글을 쓰기도 했다.

그런데 한자파는 조선일보사, 동아일보사, 중앙일보사 들 일간신 문사의 호응과 도움을 많이 받고 있으나 한글파는 그렇지 못해 힘 든 싸움을 하고 있었다. 그래서 한글학회는 자체 홍보물을 만들기 로 했다. 공병우 박사가 《한글 새소식》이란 자체 운동 소식지를 만 들자고 제안하고 타자기로 그 월간 소식지를 조그만 신문형식으로 만들어 주어서 1972년 8월부터 다달이 운동 소식지를 냈으며, 한글 학회에서 지금까지 내고 있다.

25쪽 분량으로 2005년 7월 현재 395호째가 되는데 한글학회 살 림이 어려워 계속 내야 하느냐 걱정을 많이 하고 있다. 지난 30년 동안 《한글 새소식》은 "1. 한글만 쓰자. 2. 쉽고, 바르고, 고운 말 을 가려 쓰자. 3. 글자 생활을 기계로 하자"는 주장을 내세우며 한 글운동꾼들을 뭉치게 하는 길잡이로 큰 몫을 했다. 허웅 한글학회 장은 창간사에서 "1. 한글은 나라글자, 일상생활에서는 한글만 쓰기 로. 2. 글자 생활의 기계화는 한글만 씀으로써. 3. 우리나라의 신문 잡지는 다 한글만 쓰기로. 4. 모든 학과목에 쓰이는 용어는 쉬운 우 리말로. 5. 한문의 전문적 학습은 지금보다 더 철저히. 6. 한문으로 된 우리의 고전은 빨리 한글로"라는 '한글만 쓰기 주장'을 한다.

한자파도 그보다는 늦게 1982년 8월부터 '語文바로잡기운동 汎國 民協議會(편집인 金慶漢)'에서 《한글 새소식》과 비슷한 크기로 《어 문春秋》란 한자혼용운동 소식지를 냈다. 그러다가 1985년에 《한글 과 漢字》라는 계간지를 내고 1990년엔 어문회에서 《어문회보》를 내면서 한글 쪽에 맞선다.

어문회 남광우 회장은 《한글과 漢字》 창간호에서 "우리는 우리 말의 70퍼센트가 漢字말이요, 漢字가 당당히 國字의 하나임을 옳게 인식해야 한다. 國字인 한글과 漢字는 각각 長短點이 있는바 採長補

短하는 國漢混用체제가 理想的이다. 漢字는 한글의 단점을 보완하는 구실을 하며 視覺性, 造語力, 宿約力에 있어 한글에 比해 월등하다. 本會는 '漢字敎育이 바로 국어敎育의 지름길이요, 國語를 媒體로하는 모든 敎育效果를 증진하는 要諦'임을 확신해서, 1. 國民學校부터 漢字敎育을 하고, 2. 모든 敎科書를 國漢混用으로 할 것을 주장해온바 이제 국민학교부터의 漢字敎育 陽性化와 中·高·大에서의 漢字敎育强化를 强力히 促求하는 것이다"라고 밝히고 있다.

그러다가 1998년에 우리말살리는겨레모임은 《우리말 우리얼》을 다달이(지금은 두 달에 한 번) 내면서 한자 쪽에 강력하게 대항했다. 한글학회에서 내는 《한글 새소식》은 한글단체나 학자, 이름난 사람들 중심으로 만들었지만 《우리말 우리얼》은 다양한 일반 시민들의 목소리를 알리는 소식지, 운동지였다. '우리말살리는겨레모임'에서 만든 《우리말 우리얼》과 '우리말 지킴이와 훼방꾼 뽑기 행사'의 등장은 한글과 한자 싸움에 새로운 국면을 열었다.

그에 뒤질세라 한자 쪽은 1999년에 《어문회보》라는 소식지를 《어문生活》이란 월간지로 냈다. 한자 쪽은 한자능력검정시험 사업으로 돈을 많이 벌게 되니 《어문生活》을 화려하게 만들어 뿌리고 있는데 한글 쪽은 돈이 없어 소식지 내기도 점점 힘들어지고 있다.

6. 한국말과 미국말 싸움 시대

김영삼 정권과 영어 공용어 추진에 맞선 싸움

앞서 말했듯이 노태우 정권은 한글날을 공휴일에서 빼고 영어 조기교육 건의에 귀를 기울였다. 그러나 한글단체가 앞장서서 반대하니 영어 조기교육은 추진하지는 않는다. 그 뒤를 이은 김영삼 정권은 세계화를 외치며 영어 조기교육을 선언하고 추진했다. 그리고 한자 조기교육도 추진하다가 주춤한다.

김영삼 정권은 우리말을 우리 글자로 적는 국어독립시대가 코앞에 왔는데도, 국어독립을 마무리하기보다 영어 식민지로 만들 기초를 닦음으로써 경제까지 망치고 국민을 고통스럽게 만들었다. 그래서 자주문화를 창조하고 선진국으로 가려는 밑바탕과 꿈을 망가트렸다. 마치 신라가 강대국 당나라의 말과 문화 식민지로 변했던 것처럼 그 기초를 닦아놓는다. 국민 말글살이는 한층 어지럽게 되고 국민정신도 흔들려서 제 갈 길을 찾지 못하고 헤매게 되었다.

건국 초기 이승만 대통령부터 박정희 대통령까지는 한글을 살려 쓰려는 의지가 있었고 노력도 했다. 그런데 전두환 대통령 때부터

2008년 8월 정부종합청사 앞에서 열린 영어 조기교육 확대 반대하는 시민단체의 기자회견

그 정신이 식으면서 한자와 영어 세상으로 가려는 기미가 보이기 시작했다. 그리고 노태우, 김영삼이 정권을 잡으면서는 완전히 한글을 죽이려는 쪽으로 간다.

노태우 정권을 이은 김영삼 정부는 한글날 기념식은 대충하고 한글과 우리말을 못살게 하는 정책을 추진했다. 한글날을 공휴일에서 뺄 때에는 기념식도 더 성대하게 하고 한글을 더 사랑하는 정책을 펴겠다고 하고서는 실제로는 그 반대였다. 국제화, 세계화 구호를 외치며 한자 조기교육과 영어 조기교육을 시행하겠다고 떠들었다. 이때 한자혼용파인 김종필 당 대표의 영향이 컸다고 보이는데, 국어사랑 정신이 없는 김영삼 대통령이 김종필의 의식을 따르면서 우리말과 한글을 짓밟은 정권이 된 것이다. 여기에 한자파와 조선일보사가 거들고, 국립국어연구원과 학술원까지 한자파에 힘을 실어 주니 한글과 우리말은 바람 앞의 등잔불 꼴이 되었다.

재벌과 미국 유학파 세력, 영어학원 세력까지 나서서 세계화 시대에 대비해서, 온 국민이 영어를 잘해야 한다고 영어 조기교육을

한글날 기념식장(세종문화회관) 앞에서 영어 공용어 반대 1인 시위를 마치고

거들었다. 한자 조기교육은 한글단체가 발 벗고 나서서 막았지만 영어 조기교육은 결국 막지 못했다. 김영삼 정권은 준비도 제대로 하지 않고 영어 조기교육을 밀어붙였다. 일반 국민은 그 피해가 얼마나 클지 깨닫지 못하고 자기 자식만 남보다 먼저 출세시키겠다는 욕심에 찬성하는 이가 많았다.

또 1997년 말에 소설가 복거일이 경향신문사가 발행하는 《뉴스메이커》 제249호에서 '영어를 공용어로 삼자'고 주장하고, 조선일보사가 바람을 일으키니 영어 공용화론이 불붙기 시작했다. 2001년 5월 14일에 민주당 제주국제자유도시정책기획단(단장 이해찬, 총괄분과위원장 김윤식)은 '제주국제자유도시특별법'을 제정하고 제주도에서 영어 공용어정책을 단계적으로 시행하겠다고 발표했다. 영어 조기교육 열풍에다가 외국어 남용까지 일어나 우리의 말글살이를 어지럽혔다.

그래서 우리말살리는겨레모임은 김대중 정권의 김종필 총리, 신낙균 장관, 심재기 국어연구원장을 우리말 훼방꾼으로 뽑으며 항의했고, 나는 김종필 총리에게 내용증명으로 공개 질의서도 보냈으며, 심재기 국어원장에게 토론 제안서도 보냈다. 한자혼용을 주장하는 이들이 정책으로 한자뿐 아니라 영어 섬기기에 나선 것이다. 국어문화운동본부 회장 남영신은 집권당인 민주당 당사 앞에서 영어 공용어 반대 1인 시위를 했다. 그리고 우리말살리는겨레모임 공동대표인 나는 10월 9일 한글날 기념식이 열리는 세종문화회관 앞에서 '영어 공용어 추진반대, 한글날 국경일 제정 촉구' 1인 시위를 했다.

영어 공용어 실시 준비가 다 되었는가?

영어 공용어 추진하겠다는 김대중 대통령에게 묻다!

정부는 7월 16일 오후 청와대에서 김대중 대통령 주재로 민·관 합동 '포스트 월드컵 종합 대책' 보고회를 열고 월드컵을 성공적으로 개최해 국운 융성으로 발전시키기 위한 종합대책을 확정한 자리에서 "제주 국제자유도시, 김포 국제금융도시, 영종·무의·용의도 항공 물류기지, 송도 새 도시, 부산항만·광양만 배후지역 등 올 하반기에 경제 특구로 지정될 지역에서는 한국어와 함께 영어를 공용어로 하고 상용화하기로 했다"고 언론이 보도했다.

세계인이 주목하는 월드컵 때 우리가 세계 으뜸가는 글자를 가진 문화민족임을 알리고 자랑해 관광객을 끌어들일 생각은 하지 않고 우리 문화의 뿌리인 말글을 죽일 짓이나 하려니 답답하다. 영어를 공용어로 하면 국어가 제 빛을 잃을 것이 뻔하고 국어가 힘을 못 쓰면 이 나라와 겨레 또한 기울 것은 뻔한 일인데 어째서 영어를 공용어로 하는 것이 국운 융성으로 발전시키는 것인지 어린 백성은 알 수가 없다.

한마디로 민·관 합동으로 제 겨레말 죽이고, 겨레 얼과 민족정기를 짓밟아 나라 망칠 종합 대책을 만든 것으로 보인다! 진짜로 대통령과

나라를 이끄는 사람들을 이해할 수가 없고 그들 생각이 궁금해 김대
중 대통령에게 그 궁금증을 풀기 위해 공개로 묻는다! 제발 영어로 대
답하진 말고 우리 말글로 써서 누리통신에 자세히 대답해주기 바란다!

1. 김대중 대통령에게 묻습니다! 우리가 볼 때 영어 공용어가 더 급한
   문제가 아니라 대통령 아드님과 정부 고위 공직자들이 기업주들과
   부정부패를 저질렀다고 하는 보도와 같은 소리가 들리지 않는, 부
   정부패 없는 나라를 만드는 것이 나라 위상을 드높이는 길이라고
   보는데 김대중 대통령은 어떻게 생각하십니까? 그것은 별것이 아니
   라고 봅니까?

2. 김대중 대통령에게 묻습니다! 영어를 공용어로 하면 우리 말글이
   더럽혀지고 짓밟힐 것이며 죽어갈 것이 뻔한데 그 대비책은 세웠습
   니까? 그 결정을 하는 회의를 주재하면서 우리말글을 살리고 지킬
   대비책은 있느냐고 묻든가, 걱정하지는 않으셨나요? 우리 말글은
   어떻게 되든지 관심이 없으신가요? 없다면 왜 그렇지요?

3. 김대중 대통령에게 묻습니다! 지금 영어를 공용어로 할 준비가 되
   어 있습니까? 공무원들이나 국민이 영어를 공용어로 할 만큼 영어
   를 잘합니까? 그것도 신경 쓸 것 없다고요? 미국과 재벌들 요구만
   들어주면 되는 일이라고 생각하시기 때문인가요? 아니면 대통령과
   비서실장께서는 영어로 공문을 만들고 받을 영어실력이 있기 때문
   인가요?

4. 김대중 대통령에게 묻습니다! 외국 기업과 외국인들에게 온갖 특혜
   를 준다고 하는데 우리 국민에게 그런 특혜와 사랑을 줄 수 없습니
   까? 우리 말글에 그런 관심과 사랑을 줄 수 없습니까? 그런 관심과
   사랑과 특혜를 우리 국민에게 주면 더 좋을 것이란 생각해보시지
   않았습니까?

5. 김대중 대통령에게 묻습니다! 세종대왕을 아십니까? 그분을 어떻게

생각하십니까? 그분이 임금일 때 그분의 아들딸들이 아버지를 도와 한글을 만들었다는 것을 아시나요? 그분이 왜 지금까지 국민의 존경과 사랑을 받고 있는지 아시나요? 그분이라면 영어를 공용어로 하는 것이 국운 융성으로 가는 길이라고 생각했을까요?

2002년 7월 17일 제헌절 아침에
대한민국 나라임자 이대로 올림

한글단체, 영문으로 이름을 바꾼 회사를 상대로 소송
── 'KT'는 '한국통신'으로 'KB'는 '국민은행'으로 되돌려라

2002년 11월 28일에 한글학회, 세종대왕기념사업회, 국어문화운동본부 들 3개 단체와 남영신(국어문화운동본부 회장), 서정수(한양대 명예 교수), 김세중(국립국어연구원 규범부장), 최기호(상명대 교수), 이대로(우리말살리는겨레모임 공동대표), 이동훈(부산침례교회 목사), 박종만(까치글방 대표), 김성규(경기대 교수) 들 8명의 이름으로 "한국통신과 국민은행이 KT와 KB로 상호를 바꿔서 국어를 아끼는 국민들에게 정신적인 고통을 줬다"며 2억2천만 원의 손해 배상 청구 소송을 서울지법에 냈다.

김영삼 정권이 세계화를 외치며 시작한 영어 열병이 회사들의 영문 창씨개명 바람을 일으켰다. 처음에 '선경'이 'SK'로, '럭키'가 'LG'로 바꾸더니 점점 더 많은 회사가 영문으로 바꾸고, 영문으로 새로 회사이름을 지었다. 그러더니 국가기관이나 다름없는 '한국통신'이 'KT'로 바꾸고, '국민은행'이 'KB'로 바꾼다고 했다. 한글단체는 도저히 그냥 보고만 있을 수 없었다. 그래서 그 바람을 막으려고 법원에 소송을 하게 된 것이다.

2002년 한글날에 한글세계화운동본부(회장 서정수)에서 우리나라의 증권시장에 상장된 회사이름과 코스닥 시장의 회사이름을 살펴보니 주식시장의 598개 회사 가운데 한국어 이름으로 된 회사는 398개로서 66퍼센트인데 코스닥 시장은 831개 가운데 우리말 이름이 228개로서 27퍼센트였다. 주식시장은 옛날부터 회사 이름을 우리말로 쓰고 있기 때문에 아직 우리말 이름이 많으나 해마다 영어로 바꾸는 회사가 늘고 있고, 새로 생긴 회사는 거의 영어였다. 이러다간 머지않아 외국말 회사이름이 90퍼센트나 100퍼센트가 될 것으로 보였다.

우리는 일제 식민지였을 때 그들에 의해 강제로 창씨개명 당한 것에 분노하면서 가슴 아파했다. 선배나 부모가 한 일은 부끄럽고 내가 한 잘못은 옳다는 말인가? 지금 우리는 스스로 아무 거리낌 없이 미국식으로 창씨개명하고 있다. 그것을 자랑스럽게 생각하거나 당연하게 여기는 것은 모순이고 잘못된 일이다.

옛날부터 우리는 자신의 성명을 소중하게 여기고 함부로 바꾸지 않았다. 결백을 주장할 때 "이 말이 거짓말이면 내 성명을 갈겠다. 믿어 달라!"고 한다. 그런 쪽으로 봐도 오늘날 미국식 창씨개명 바람은 우리 참모습을 무너뜨리는 것이고 보통 일이 아니다. 우리가 이름을 미국식으로 바꾼다고 미국인이 되는 것도 아니고, 미국이 우리를 그냥 먹여주지 않는다. 우리가 아무리 영어를 열심히 배워도 미국인처럼 하기가 쉬운 일도 아니고 그럴 필요도 없다.

2년 뒤에 법원은 "정신 피해보상은 패소했으나 영문으로 간판을 바꾸는 것은 위법이고 잘못이다"라는 판결을 내렸다. 우리가 정신 피해보상을 바란 건 아니지만 아쉬운 판결이었다. 영문 창씨개명은 잘못이라고 법원 판결이 났는데도 정부나 기업은 여전히 그 타령이다. 오히려 지방자치단체는 영어 섬기기에 더욱 열을 올리고 있다.

영어로부터 우리말 지키려는 감사청구와 헌법소원 제출

서울 거리엔 하루가 다르게 외국말 간판이 늘어나고 있다. 앞서 말했듯이 이것은 제 나라 말글을 짓밟는 일이고, 거의 모두 옥외광고물 관리법을 위반한 것이다. 그런데 이를 지도·감독할 책임이 있는 서울시와 공무원들은 못 본 체하고 있다. 서울만 그런 게 아니다. 대한민국 곳곳에서 한국말과 한글이 외국말에 밀려 몸살을 앓고 죽어가고 있다. 그래서 한글을 사랑하는 국민과 한글단체는 정부기관에 그 업무를 충실히 이행하라고 말하고 있지만 듣지 않고 있다.

힘센 나라인 미국말과 문화침투에 먹히지 않으려면 정부와 국민이 한마음으로 뭉쳐서 막아도 힘든 판인데 정부는 뒷짐지고 있는 꼴이다. 오히려 세계화란 이름으로 영어 열병을 부채질하고 있다. 영어 공용어를 주장하고 영어 마을을 만들며 영어 직제 이름까지 만들고 영어 혼용광고를 스스럼없이 하고 있다. 이들은 말로는 한글과 우리말을 사랑한다고 하면서 실제 하는 일은 우리말은 거들떠보지 않고 영어 섬기기만 열심이다. 가장 큰 자치단체인 서울시가 그 대표 정부기관이다.

그래서 한글단체는 오래전부터 그 잘못을 알려주고 바로 잡으려 건

2004년, 최기호 교수와 감사원에 감사청구 접수

의하고 호소해도 안 들어서 우리말살리는겨레모임이 지난 2004년 7월 14일에 감사원에 '우리말 살리기 위한 서울시 특별감사'를 청구했다. 그러나 감사원은 법인이 아닌 임의단체가 요구한 것이

라고 서울시 감사실에 그 민원을 넘겼다. 서울시가 변명하고 자신들 하는 일을 홍보할 기회만 주었다.

더욱이 지난 2004년 8월 11일 서울지방법원은 한글단체가 낸 소송에서 거리 영문 간판은 법령 위반이고 정부 기관이 바로 잡아야 할 일이라고 판결을 했는데도 서울시는 눈 깜짝도 안 하고 있다.

서울시 공무원과 그 감독기관인 감사원과 행정자치부 공무원은 한글이 죽어가도 아무 걱정도 없고 국민의 소리와 법령을 우습게 여기며 서로 감싸기 바쁜데 판사와 법원은 바른 판결을 한 것이다. 나는 이 일을 하면서 공무원에게 건의하고 감사 청구를 한다는 게 얼마나 엉터리요, 쓸모없는 일인지 절감했다.

감사원이 법인이 감사 청구해야 한다고 해서 한글단체는 다시 한글학회(회장 김계곤) 이름으로 2004년 9월 22일 오후 3시에 감사원에 '우리말 살리기 서울시 감사 청구'를 접수했다. 한편 한글문화연대(회장 김영명)은 같은 날 4시에 한글학회와 우리말살리는겨레모임 등 20여 한글단체대표와 시민 5백여 명 이름으로 헌법재판소에 '서울시가 시내버스에 영문 로마자를 크게 쓴 잘못을 바로잡기 위한 위헌소송'을 냈다.

한글문화연대는 "서울시가 8천여 대 이상의 시내버스에 아무 의미도 없는 영문 도안을 크게 집어넣는 정책을 강행함으로써 다음과 같은 헌법상의 기본권을 침해하고 있다고 밝힙니다"라는 취지 보도문을 낸다. 또한, 우리말살리는겨레모임은 2004년 9월 22일 아침 노무현 대통령에게 "우리말과 한글을 지키고 살리기 위한 특별담화문을 한글날에 발표하고 대통령 직속으로 국어정책청을 만들어 달라"는 건의문을 청와대에 보냈다.

7. 한글날 국경일 제정과 국어기본법 제정운동

한글날이 3등급 기념일로 떨어지다

앞서 말했듯이 노태우 정부는 1991년부터 한글날을 공휴일에서 뺐다. 그때 한글단체와 노동자단체는 강력하게 반대했으나 정부는 경제단체의 말만 듣고 한글단체 이야기는 귀담아듣지 않았다. 한글과 우리말은 스스로 몸을 가누기에 자꾸 힘들게 된다. 이에 한글단체들은 바로 한글날을 국경일로 승격시켜 줄 것을 정부에 건의했다. 국가 기념일 가운데 국경일은 1등급이고 일반 공휴일은 2등급이고 공휴일이 아닌 일반 기념일은 3등급이다. 한글날이 3등급 기념일로 떨어져 버린 것이다. 한글날을 공휴일에서 빼더라도 행사를 더 성대하게 하고, 한글을 빛내는 일에 힘쓰겠다던 정부는 형식만 갖춘 기념식을 했고, 국무총리가 참석하던 기념식에 장관이 나왔다.

거기다가 김영삼 정권은 세계화한다면서 영어 조기교육과 한자 조기교육을 추진하려 하고, 김대중 정권은 한자혼용을 추진하려다 되지 않으니, 한자병용정책을 시행하고 영어 공용어까지 하겠다고 나섰다. 한글과 겨레를 걱정하는 한글단체들은 도저히 참을 수 없어 거

220

2002년 10월 9일 한글날을 앞두고 국회 정문 앞에서 일주일 동안 한글날 국경일 제정을 촉구하는 1인 시위를 했다.

세게 시위도 하고 항의 방문도 하고 '한글날 국경일 제정 공청회'를 열었다. 80세가 넘은 학자들까지 거리로 나와서 두 팔을 높게 들고 제 나라 글자를 버리지 말라고 외친 일은 우리 역사에 처음 있는 일이며 매우 부끄러운 일이다.

마침내 국회에 그 소리가 전해져서 16대 국회 때 '한글날 국경일 제정을 위한 국회의원모임(대표 신기남 의원)'이 생기고 '한글날 국경일 제정을 위한 국경일 제정법 개정안'이 발의된다. 그러한 국회의 활동을 돕고자 2000년에 한글단체와 사회 각계 인사들이 모여 '한글날 국경일 제정 범국민 추진위원회(위원장 전택부)'를 꾸리고 힘차게 국경일 제정운동을 벌였다. 한글날국경일제정추진회는 수만 명의 찬성 서명을 받아 국회에 제출하고, 2002년 한글날에는 시민단체 대표들까지 나서서 국회 앞에서 '한글날 국경일 제정촉구 1인 시위'도 하고, 2003년 한글날엔 세종대왕동상 앞에서 촉구대회도 열고, 국회의원들을 찾아다니며 호소하고 간청했다.

그러나 경제단체와 행정자치부(장관)가 반대해서 뜻을 이루지 못한다. 한글날을 공휴일에서 뺄 때도 행자부(당시 총무처)가 경제단체에 꼼짝 못했는데, 지금도 정부와 국회가 모두 경제단체 앞에 말 한마디 제대로 하지 못하고 있다. 자기 나라말을 써 달라고 국민이 자

기 정부와 국회에 청원하고 시위해도 듣지 않는 그 정부나 국회가
제대로 된 정부기관인가? 이런 나라가 세계 어디에 있을까? 오늘날
의 우리 현실을 후손들이 어찌 생각할까? 아아! 부끄럽고 슬프도다!

대통령과 국회의장에게 낸 한글날 국경일 제정 청원

수신 : 노태우 대통령님께

제목 : 한글날 국경일 제정 3만5천 명 서명 청원

1. 나랏일 하시기 얼마나 바쁘십니까?
2. 10월 9일 한글날을 대한민국 국경일 법에 따라 대한민국 국경일로
   제정 공포해 주시길 청원드립니다.
3. 저희, 한글문화단체모두모임에서 지난해(1990년) 11월 22일에 '한
   글날을 겨레의 공휴일로 선포'해 주시길, 함께 보내드리는 사본과
   같이, 청원드렸던바, 온 국민 사이에 "한글날은 국경일 법에 따라
   대한민국 국경일로 제정해야 한다"는 소리가 들끓어 올라, 그 뜻을
   글로 서명을 받기 시작했습니다.
      함께 보내드리는 것과 같이, 시인이나 소설가 같은 문화인을 비
   롯해서 대학교수, 기업인, 은행가, 회사원, 국민학교나 중·고등교의
   교사, 그 밖의 여러 국민까지, 3만5천 명이 훨씬 넘는 사람들이 서
   명해 왔습니다. 대한민국 4천만을 대표할 수 있는 지성인들의 서명
   인만큼, 그 뜻을 꼭 받아 주시기 바랍니다.
4. 건강과 행복을 누리시며, 내내 건투해 주시기를 빌고 바랍니다. 안
   녕히 계십시오.

1991년 9월 11일

한글문화단체모두모임 회장 안호상

한글날 국경일 제정 청원서

일본 침략자들은 우리 겨레에게서 우리 얼을 송두리째 뽑아 버리기 위해 우리말과 글을 없애는 정책을 썼습니다. 이에, 겨레의 운명에 대한 위기를 느낀 한글학회(조선어학회)를 비롯한 문화단체들은 우리 겨레 가운데의 정수인 우리말과 글을 지키기 위해서 1926년, 한글날을 만들어 기념하기 시작하였으며, 광복 뒤에는 이 날을 공휴일로 하여 그 뜻을 한층 드높여 왔습니다.

그 후 우리나라 국회에서는 1948년에 '한글전용법(법률 제6호)'을 만들어 모든 공용문서는 한글만으로 적도록 하고, "다만 얼마 동안 한자를 병용할 수 있다"는 단서를 붙였습니다. 이러한 단서가 붙은 것은, 그때로서는 아직 한글만 쓰기에 모두 익어 있지 않았기 때문이었습니다. 그러나 그 뒤 우리 민중이 한글만 쓰는 데 많이 익숙해졌기 때문에 1970년 정부에서는 공용문서는 한글로만 가로쓰되, 표준말을 바르게 쓰도록 대통령령으로 규정하였습니다. 그뿐만 아니라, 1991년에는 모든 문서는 한글로 작성하되 한글 맞춤법에 맞게 가로쓴다는 사무규정을 만들었으니, 이는 한글 전용법을 다시 한 번 확인하는 정부의 의지를 보였던 것입니다.

그런데 정부는 공휴일이 너무 많다는 이유만으로 1990년에 국무회의에서 한글날을 단순한 기념일로 끌어내렸습니다. 우리 문화가 무엇인지도 모르고 있는 일부 지식층 무리와 장삿속에만 눈이 먼 일부 기업인들의 잔꾀에 놀아난 우리 어문정책의 실수였습니다. 최근에는 또 영어의 무분별한 침투를 경계하고 우리말과 글을 지키는 데 앞장서야 할 이 나라의 지도층 인사들이 오히려 영어를 나라의 공용어로 끌어들이려는 등 스스로 영어권 문화의 식민지를 자처하니, 이러한 반민족적 인사들의 행태에 분노하지 않을 수 없습니다.

이제라도 정부는 더 이상 정책의 시행착오를 없애고 문화 발전을 가로막는 친일 보수 세력과 외국 말글 침투로부터 우리 말글을 지키겠다는 강한 의지를 보여 주어야 할 것입니다. 그러려면 그동안 끌어내려졌던 한글날부터 바로잡아야 합니다. 지금이야말로 한글날을 단순한 기념일이나 법정 공휴일이 아닌 '국경일'로 제정하여, 우리의 값진 문화유산을 지키고 민족의 자긍심을 북돋우는 데 온 힘을 기울일 때입니다. 이에, 우리 말글을 지키고 사랑하는 한글문화단체들은 뜻을 모아 이번 554돌 한글날부터 법정 국경일로 제정하여 줄 것을 간곡히 청원합니다.

2000년 5월 25일

청원단체

한글학회(회장 허웅), 세종대왕기념사업회(회장 박종국), 외솔회(회장 김석득), 한글문화단체모두모임(회장 한갑수), 국어순화추진회(회장 주영하), 국어문화운동본부(회장 남영신), 한글문화세계화운동본부(대표 서정수), 민족문제연구소(소장 김봉우), 우리말뿌리찾기모임(회장 이강로), 전국국어운동대학생동문회(회장 이봉원), 한겨레문화연구원(이사장 손보기), 한글재단(이사장 한갑수), 한국땅이름학회(회장 배우리), 국어정보학회(회장 진용옥), 한국바른말연구원(원장 원광호), 한말연구학회(회장 김승곤), 한말글연구회(회장 정재도), 한국정보관리협회(회장 조석환), 대한음성학회(회장 이현복), 법률신문사(사장 이진우), 아태공법학회(회장 한상범), 우리말바로쓰기모임(회장 김정섭), 우리말살리는겨레모임(공동대표 이오덕), 한국국어교육연구원(원장 박붕배), 한국몽골학회(회장 최기호), 한국전자출판협회(회장 김경희), 한글기계화추진회(회장 송현), 한말글사랑겨레모임(대표 이대로), 우리말글을 지키는 통신인모임(대표 조상현).

청원 대표 : 한글학회 회장 허웅

한글날 국경일 제정을 위한 국회 입법 추진

1999년 7월에 세종문화회관에서 '한글날 국경일 제정 공청회'를 한글단체 주최로 열었다. 앞서 말했듯이 국민의 소리가 국회에 들어가 16대 국회에서 국회의원들이 '한글날 국경일 제정을 위한 의원모임'을 만들고 2000년 10월 2일자로 신기남 의원 외 여야 의원 34명이 한글날 국경일 지정을 위한 법률안을 발의하였다. 우리 문화의 꽃이자 세계적 자랑거리인 한글의 위상을 드높여야 한다는 여론에 힘입어 국회의원들이 의원 입법으로 한글날을 국경일로 제정하려는 움직임이 힘차게 일어났던 것이다.

그리고 법안 발의 이후 원만한 처리를 위해 2000년 11월 15일자로 '한글날 국경일 추진을 위한 의원 모임'이 발족되었다. 모임 대표는 신기남 의원, 4당 간사로 민주당 허운나 의원, 한나라당 박종희 의원, 자민련 정진석 의원, 민주국민당 강숙자 의원이 맡았고 찬성 서명을 받는데 찬성한 의원이 92명이었다. 또한 '한글날 국경일 추진을 위한 의원 모임(대표 발의 의원: 신기남)'은 2000년 11월 30일 '한글날 국경일 추진을 위한 공청회'를 주최하였다. 국회도서관 대강당에서 한글학회, 세종대왕기념사업회, 외솔회 등이 후원한 가운데 열려, 한글날 국경일 제정을 위한 열기를 뜨겁게 달아오르게 하였다. 그래도 국회 행정자치위원회는 경제단체와 행자부가 반대한다며 법안 심의도 제대로 하지 않았다. 그래서 한글단체는 항의 방문도 하고 여의도 세종대왕 동상 앞에서 촉구대회도 열었다. 아래 그 결의문을 소개한다.

한글날 국경일 제정 촉구 결의문

한글이 우리 자주 문화의 최고 기틀이자 정보화 시대의 이기이며, 세계 인류 문화유산으로 각광을 받고 있음은 주지의 사실입니다. 그럼에도 불구하고 한글은 그에 걸맞은 대우를 받지 못하고 오히려 천대를 받아 왔습니다. 이는 우리 자신을 비하하는 일이며 우리 문화를 업신여기는 반민족적 처사가 아닐 수 없습니다.

무엇보다도 한글날을 국경일로 제정하여 국내외에 선포하고 자손만대에 자랑스러운 유산으로 남기는 일에 온 겨레가 힘을 모아야 합니다. 이는 우리의 한결같은 염원이며 우리 문화 발전의 일대 전기를 마련하는 일입니다.

이에 우리는 우리의 뜻과 목소리를 한데 모아 한글날 국경일 제정을 촉구하는 결의를 다짐하며 온 국민과 국회 그리고 정부 당국에 호소하는 바입니다.

첫째, 국회는 행정자치위원회에 3년째 계류 중인 '한글날 국경일 제정 법안'을 16대 임기 안에 통과시켜 '문화의 국회'로 역사에 남기를 국민의 이름으로 촉구합니다.

둘째, '한글날 국경일'을 하루 빨리 제정하여 위기에 직면한 국어 문화를 살리는 전기를 마련하여야 합니다. 태풍 같은 외래 문화와 날로 거세지는 외국어의 남용으로 우리말은 바람 앞의 등불 같은 위기를 맞고 있습니다. 이러한 문화 위기를 극복하기 위해서 한글날을 하루빨리 국경일로 제정할 것을 강력히 촉구합니다.

셋째, 한글날 국경일은 온 국민이 바라고 한결같이 축하해 마지않는 국경일 중 국경일입니다. 한글은 겨레의 최고 자랑일 뿐 아니라 국민 모두가 하루도 빠짐없이 쓰며 그 혜택을 누리는 보배입니다. 국회는 국민 모두가 함께 축하할 수 있는 국경일다운 국경일을 제정하여 온 국민이 활짝 웃도록 마지막 선물을 마련하여 주시기 바랍니다.

넷째, 한글날 국경일은 '문화의 국경일'입니다. 세계 유수한 문화 민족인 우리가 문화의 국경일 하나 없다는 것은 너무나 가슴 아프고 부끄러운 일입니다. 국회와 정부 그리고 뜻있는 모든 문화 애호가들이 힘을 합하여 한글날을 문화의 국경일로 선포하기를 거듭 촉구합니다.

2003년 9월 20일

한글날 국경일 제정 촉구 국민모임 일동

법안 심의조차 제대로 하지 않는 국회 행정자치위원회

앞서 말했듯이 2000년 10월 2일에 신기남 의원과 여야 32명의 국회의원이 '한글날 국경일 지정법안'을 냈는데 그 심의 위원회인 국회 행정자치위원회는 경제단체가 반대하고 행정자치부가 그를 핑계로 한글날 국경일 제정을 꺼린다고 그 법안을 심의조차 제대로 하지 않았다. 이는 정치인과 국회가 경제단체의 꼭두각시임을 보여주는 본보기이다. '전국경제인연합회'나 '경제인총연합회'란 경제단체란 누구인가? 이른바 정경유착과 부정부패로 국민에게 고통을 안겨주고 나라를 기울게 한 장본인들이었다. 그러한 정치인과 경제인이 한글날 국경일을 가로막고 있는 것이었다.

저들이 한글날 국경일 제정을 반대하는 까닭을 옮긴다.

국경일에 관한 법률 개정(안)에 대한 경제 5단체 의견
―― 한글날의 국경일 승격에 대하여

지난 2000년 10월 2일 신기남 의원 외 32명이 발의한 〈국경일에 관한 법률〉중 개정법률(안)이 현재 국회에 계류 중입니다. 동 개정법률(안)의 취지가 한글날을 국경일로 승격시켜 우리 민족사에 가장 빛나는 날로 승화시킴으로써 민족문화를 개화시키는 데 이바지하고 국민의 자긍심을 드높이고자 하는 것임에 충분히 공감합니다.

그러나 현재 우리 경제가 본격적인 회복기에 접어들지 않았고, 수출마저 부진을 면치 못하고 있는 상황에서 열심히 일하는 분위기를 더욱 확산시킬 필요가 있음에도 공휴일 수를 하루 더 늘리는 것은 바람직하지 못하다는 기업들의 문제 제기가 계속되고 있습니다. 이에 경제 5단체는 동 개정법률(안)과 관련된 기업들의 의견을 수렴하여 다음과 같이 제출하오니 적극 반영하여 주시기 바랍니다.

• 한글날을 국경일로 승격하는 규정은 현재 우리나라 경제사정을 고려할 때 삭제하여 〈국경일에 관한 법률〉을 현행대로 유지해야 함.
• 이유 : 한글날을 국경일로 할 경우 산업현장에는 휴무일로 생산이 중단되는 시간이 24시간 더 늘어남으로써 국민적 공감대가 형성된 '일하는 분위기'를 다시 저해시키고, 정상 근로시간 감소에 따른 인건비 등 수출원가 부담 가중 등 우리 경제에 피해를 줌.

행정자치부와 국회 행정자치위원회의 반대에 대한 대응

국회 행정자치위원회는 행정자치부장관이 반대한다고 논의도 제대로 하지 않았기 때문에, 나는 우리말살리는겨레모임 공동대표으로서 대통령에게 그 잘못을 알려주고 정부가 한글날 국경일 제정에 협조할 것을 건의했는데, 그 건의에 대해 행자부장관이 아래와 같이 답변을 했다.

문서번호 : 의정 07000-421

시행일자 : 2001. 04. 19(1년).

수신 : 이대로 귀하

제목 : 〔한글날 국경일지정〕 이첩민원에 대한 회신

1. 안녕하십니까? 귀하께서 대통령비서실에 제출하여(접수번호 P01
04-0697) 우리부에 이첩된 서신에 대한 회신입니다.

2. 정부에서는 우리의 문화유산인 한글의 우수성을 기리기 위하여
한글날을 '법정기념일'로 정하여 전국적으로 기념식을 거행하는 한편,
태극기를 게양토록하며, 한글선양 유공자에 대하여는 포상을 실시하
고 한글에 대한 각종 홍보, 계몽 등 다양한 관련 행사를 실시하고 있
습니다.

3. 이와 같이 한글날은 한글의 우수성을 기리고 국민의 자긍심을
높이는 자랑스럽고 뜻깊은 날로서 정부는 국가의 주요 법정기념일의
하나로 정하여 온 국민이 한글날의 의미를 되새기게 하고 있습니다.
다른 한편, 국경일은 국권회복운동이나 건국 등 나라의 기초를 세
우는 데 직접적인 관련이 있는 날로서 '국경일에 관한 법률'에서 별도
로 정하여 기념하고 있습니다. 이와 같은 의미에서, 정부수립 이후 계
속 유지되어 오고 있는 국경일의 근간을 바꾸는 문제는 신중을 기해
야 될 사안이라고 생각합니다. 현재 한글날을 국경일로 하는 것을 내
용으로 하는 법안이 의원입법으로 국회에 계류 중에 있습니다만, 한글
날을 국경일로 지정해야 한다는 취지가 한글을 아끼고 사랑하는 분위
기를 조성하여 우리글에 대한 중요성을 일깨우기 위해서라면 우선 법
정기념일로 되어 있는 한글날의 의미를 더욱 기리고 행사를 더욱 다
양화하여 국민적 공감대를 형성하는 것이 필요하다고 생각합니다.

4. 귀하께서 보내주신 한글날을 기념하는 문제에 대한 관심에 깊은 감사를 드립니다. 건의하신 내용들은 앞으로 정책수립에 많은 참고가 될 것으로 생각합니다. 귀하의 건승을 기원합니다. 끝.

행정자치부장관 인(도장)

나는 위 답변을 행정자치부장관으로부터 받고 공개토론을 제안했으나 응하지 않아, 한글단체만 한글회관에서 토론회를 하고 또 한글날국경일제정추진위원회 이름으로 건의문을 보냈는데, 아래와 같은 회신을 보내왔다.

문서번호 : 의정 1200-534
시행일자 : 2001.5.24.
수신 : 전택부 귀하
제목 : 한글날 국경일지정 건의에 대한 회신

1. 지난 5월 8일 바쁘신 가운데서도 행정자치부를 방문하셔서 여러 가지 귀중한 고견을 주시고, 이렇게 다시 서신까지 주신 것에 대하여 깊은 감사를 드립니다.

2. 지난번에도 말씀을 드린 바가 있습니다만 정부는 정치·경제·사회·문화 등 각 분야의 의미 있는 날을 법정기념일로 정하여 기념하고 있으며, 국권의 회복 및 건국과 관련하여 특별히 의미가 있는 날에 대하여는 법률로 국경일을 정하여 기념하고 있습니다.

3. 한글은 우리의 자랑스런 문화유산으로서 한글은 궁극적으로 국가를 수호하고 독립투쟁을 하는 데에도 간접적으로 기여하였다는 점에는 기본적으로 위원장님과 같은 생각을 가지고 있습니다만, 그러한 한글 제정을 기념하는 일이 국가수립이나 국권회복 그 자체의 뜻을

기념하는 국경일과 같은 의미를 가지고 있는지에 대하여는 생각을 같이 한다고 말씀드리기가 어렵습니다.

4. 이 점에서, 한글날의 국경일화는 대한민국 정부수립 이후 반세기 동안 계속 유지되어온 국경일의 근간을 바꾸는 문제가 될 뿐만 아니라 국경일과 법정기념일의 개념 구분마저 어렵게 하는 등의 문제를 가져올 수도 있어 정부로서는 신중을 기하고 있다는 말씀을 드립니다. 정부가 이러한 문제들에 대하여 처하고 있는 입장을 위원장님께서도 어느 정도는 이해를 하시고 계시리라 믿습니다.

5. 현재 한글날의 국경일 지정과 관련한 의원입법안이 국회에 계류되어 있습니다만, 정부로서는 국회의 입법추진일정에 따라 앞으로 다양한 국민의 의견을 귀담아 들으면서 무엇이 국가 사회의 이익에 보다 합당하고 한글날의 의미가 국민의 가슴에 깊이 자리하게 할 수 있을 것인가에 대하여 깊이 연구 검토해 나가면서 국회의 의원입법추진에 대처해 갈 것입니다.

6. 위원장님의 한글에 대한 깊은 사랑과 관심에 다시 한 번 경의를 표하며, 항상 건강하심과 가정에 축복이 충만하시길 기원합니다. 안녕히 계십시오. 끝.

행정자치부장관 (인)

행정자치부는 한글 훼방꾼인가?

내가 《노동일보》에 2001년에 썼던 글을 아래에 싣는다.

21세기 문화 경쟁시대를 맞이해 지식 문화창조의 최신 무기요, 세계에서 으뜸가는 글자인 한글을 지키고 잘 활용해서 지식정보 강국을 만들기 위해 여야 국회의원 35명이 합의해 '한글날 국경일 지정 법안'

을 발의했다. 그러나 지난 6월 18일 행정자치위원회의 첫 토의에서 행정자치부가 반대해서 다시 소위원회로 되돌아갔다고 한다.

행정자치부는 지난 1990년에 공휴일이 많다는 핑계로 한글날을 공휴일에서 뺄 때도 앞장선 일이 있었고, 근래엔 정부 공문서에 우리말을 한글로 쓰기로 한 규정을 한자와 외국 글자를 병용하도록 강행했다. 또 새로 만드는 주민등록증에 이름을 한글로만 쓰기로 정하고 모든 준비까지 완료한 것을 갑자기 한자 병용으로 바꿔서 많은 나랏돈을 낭비하게 만들어서 한글을 사랑하는 국민들을 실망시킨 바 있다. 그런데 이번에 또 한글날 국경일 지정을 가로막고 있으니 한글 훼방꾼이라 하지 않을 수 없다.

지난 6월 18일 국회에서 행자부 차관은 "국경일은 개국과 건국 관련 기념일인데 한글날을 국경일로 지정하는 것은 그 근간을 바꾸고 제헌의회의 국경일 제정 정신을 위배하는 것"이라면서 한글날 국경일 지정을 반대했다고 한다. 행자부 차관의 말이 일반인들이 듣기엔 그럴듯하게 들릴지 모르지만 내게는 550여 년 전 한글 창제를 반대한 집현전 부제학 최만리를 연상시켰다. 개혁과 변화를 두려워하면서 자기 것을 우습게 여기는 마음으로 한글을 보며 한글날이 건국과 나라의 기초를 튼튼하게 만드는 데 깊은 관련이 있음을 지나쳤으니 말이다. 말로는 한글을 사랑한다면서 실제는 그렇지 않기 때문에 민중의 간절한 소리를 못 듣고 한글의 밝은 앞길을 가로막고 제멋대로 제헌의회 정신을 확대 해석한 것이다.

국경일에 관한 법(법률 제53호) 제1조에 보면 '국가의 경사스런 날을 기념하기 위해 국경일을 성한다'고 되어있고 그 제정 목적은 국민들에게 민족의식과 민족정기를 고취시키기 위한 것이라고 행정자치부 누리집(홈페이지)에도 뚜렷이 적혀있다. 국경일이 경사스런 날이라는 법조문에 비추어 보면 한글날이 현 4대 국경일보다 더 뚜렷하다.

건국 초기에 비해 국경일 행사가 형식에 그치고 국민들 참여의식도 낮아서 많은 국민들이 국경일을 단순히 노는 날로 알고 있다고 걱정하는 분들이 많다. 거기다가 세계화 태풍을 타고 외세가 물밀듯이 몰려와 민족의식과 나라를 뒤흔들고 있어 망국 불안감까지 퍼지고 있다.

그래서 국회의원들이 국민들에게 자신감과 자긍심을 높여주고 문화 경쟁력을 키워주어 21세기 문화 강국을 만들자고 문화 국경일 지정법 제정에 힘쓰고 있는데 정부가 적극 돕지는 못하고 찬물을 끼얹고 있으니 안타깝다. 이제라도 국경일 행사 담당부처인 행자부는 왜 많은 국민들이 국경일을 단순히 노는 날로 여기게 되었는지 반성해야 한다. 그리고 한글날 국경일 지정이 국경일 제정 정신과 목적을 살리고 온 국민이 참여할 계기가 될 것임을 깨닫고 협조하기 바란다. 이것이 제헌의회 정신을 제대로 이어가는 길이고 국민과 후손을 위한 시급한 일이다.

《노동일보》 '아침햇살', 2001. 6. 27.

앞서 말했듯이 경제단체와 행자부의 반대로 뜻을 이루지 못했지만 한글과 한글을 살리는 일은 그칠 수 없는 일이기에 17대 국회가 문을 열자마자 국경일 제정 추진위원회는 한글단체와 한글을 사랑하는 국민에게 추진운동에 협조해주기를 공문을 보내고, 다시 국회에서 법안 통과운동을 시작한다. 국회의원모임과 국회 문광위 위원들도 법안 통과를 촉구하는 성명서를 발표한다. 아래에 그 공문과 성명서를 소개한다.

문서번호 : 한국경일 040713-010

때 : 2004년 7월 13일

받을 분 : 한글을 사랑하는 모든 이

보낸 이 : 한글날 국경일 제정 범국민 추진위원회

제목 : 한글날 국경일 제정 협조 요청문

안녕하십니까?

우리는 누구나 한글의 주인이며 한글을 사랑하고 빛내야 할 의무가 있습니다. 무엇보다도 우리가 시급히 이루어야 할 일은 한글날을 국경일로 제정하여 온 국민의 으뜸가는 경사스런 날로 선포하고 받드는 일입니다.

한글이 어떤 글자입니까? 한글은 우리 겨레문화의 뿌리요, 꽃이며 세계 으뜸가는 글자입니다. 유네스코를 비롯한 모든 세계 석학과 인류 문화 애호가들이 한결같이 증언하는 뛰어난 세계 문화유산입니다. 더구나 한글이 없다면 우리나라는 어떻게 되겠습니까? 교육, 문화, 경제, 정치, 언론, 사회생활 등은 한글이 없다면 하루아침에 그 터전을 잃고 맙니다.

그런데도 우리는 한글을 너무나 업신여겨 왔습니다. 특히 1990년에는 정부가 앞장서서 한글날을 법정 공휴일에서조차 빼버리고 말았습니다. 그리하여 한글의 가치가 땅에 떨어지고 있으며 외국 글자와 언어가 판을 치고 있습니다.

우리는 이번 17대 국회의 정기 회기가 시작되는 9월을 전후해서 한글날을 국경일로 만드는 일을 기필코 이룩하여야 합니다. 16대 국회 때 통과시키지 못한 '한글날 국경일 제정 법률'을 이번에는 꼭 통과시키도록 우리 모두가 한마음으로 뭉쳐서 온 힘을 기울여야만 합니다.

이 일을 실현하기 위해서 여러분께 '붙임'과 같이 참여와 협조를 간곡히 호소하오니 한글과 나라를 사랑하는 마음으로 힘껏 밀어 주시기 바랍니다.

2004년 7월 12일

한글날 국경일 제정 범국민 추진 위원회

위원장 전택부

추진본부장 서정수

사무총장 이대로

국회는 이번 정기국회에서 한글날을 국경일로 지정해야 한다

—— 행정자치위원회에 계류 중인 '국경일에 관한 법률 중 개정법률 안' 처리를 촉구하며

우리는 10월 9일, 제559돌 한글날을 맞게 된다. 우리 민족정신의 근간이자 문화의 상징인 한글이 만들어진 '한글날'이 개국기념일인 '개천절'과 국권을 되찾은 '광복절'에 견줄 만한 '국가의 경사스러운 날'임에도 불구하고, 올해도 '국경일'이 아닌 조촐한 '기념일'로 맞게 된 것을 우리는 매우 안타깝고 유감스럽게 생각한다.

한글의 우수성은 세계가 인정하고 있다. 세계의 석학들은 "인류가 쌓은 가장 위대한 지적 성취의 하나", "세계에서 가장 과학적인 글자"라고 찬사를 아끼지 않고 있으며, 유네스코는 훈민정음을 세계기록유산으로 지정하고, 문맹퇴치에 가장 큰 공헌을 한 사람에게 주는 상에 '세종대왕상'이라는 이름을 붙일 정도로 그 가치를 높이 평가하고 있다.

우리는 세계가 칭송하는 위대한 유산인 한글을 바르고 아름답게 사용하며, 부지런히 갈고 닦아 후손들에게 물려줘야 할 의무가 있다.

민족의 스승이신 주시경 선생께서는 "나라를 보존하고 일으키는 일은 나라의 근본을 세우는 것이며, 그 근본을 바로 세우는 일은 자기의 말과 글을 존중하여 씀에 있다"고 하셨다. 이는 우리나라의 장래를 위해 우리는 먼저 한글을 존중하고 발전시켜야 한다는 가르침이다.

그러나 우리의 현실은 어떠한가. 각종 언론매체와 거리의 간판 등에서의 국적불명의 언어와 무분별한 외래어의 남용 속에서 한글과 우리말에 대한 경시풍조가 자리를 넓혀가고 있으며, 자라나는 세대에게 우리말과 글에 대한 자부심을 심어주지 못하는 안타까운 오늘을 맞고 있다.

우리는 한글날을 국경일로 지정하는 것이야말로 우리 민족의 미래를 위한 근본을 튼튼히 하는 일이며, 우리문화를 발전시키는 첫 과제라는 것을 강조한다. 우리 문화의 정수인 한글과 우리말을 세계로 널리 보급함으로써 전 세계에 불고 있는 한류 열풍을 지속적으로 발전시키는 계기가 될 것이며, 정보화 시대에 그 우수성이 빛나는 한글의 과학성과 독창성을 더욱 드높여 문화민족으로서의 자긍심을 일깨우는 기회가 될 것이다.

그러함에도 국회는 한글과 그 창제를 기념하는 한글날의 가치를 제대로 평가하지 않고 국경일 지정을 위한 '국경일에 관한 법률 중 개정법률안'의 처리를 뒤로 미루고 있다. 일부에서 공휴일의 수를 이유로 반대하고 있으나 공휴일은 대통령령으로 얼마든지 조정할 수 있으므로 반대의 이유가 될 수 없다.

따라서 국회는 더는 한글날의 가치를 '노는 날이 하루 더 늘어난다'는 식의 소극적인 주장에 얽매이지 말고, 한글날이 '국가적 경축일'이라는 의미와 한글이 우리 민족문화의 정수를 담고 있는 기록문화유산이라는 가치를 제대로 평가하여, 이번 정기국회에서 한글날을 국경일로 '반드시' 지정해야 할 것이다.

'국경일에 관한 법률 중 개정법률안'이 이번 정기국회에서 통과되어 한글날이 국경일로 지정된다면, 민족문화발전을 위한 17대 국회의 빛나는 공로로 역사에 기록될 것이다.

2005년 10월 7일
한글문화세계화를 위한 의원모임
대표 : 신기남
간사 : 임종인, 정두언, 손봉숙, 노회찬

드디어 한글날 국경일 지정법안 통과되다

세종성왕께서 만든 한글은 세계 으뜸가는 글자로 우리 겨레의 자랑거리이며 인류가 만든 훌륭한 문화유산이다. 더욱이 이 한글은 세계 모든 글자 가운데 만든 사람과 만든 날짜와 만든 까닭이 뚜렷하게 밝혀진 하나뿐인 글자이다. 그런 한글을 우리 조상은 5백 년 동안 제대로 사랑하고 즐겨 쓰지 않아 그 빛이 나지 않았다. 참으로 안타깝고 답답한 일이었다. 다행스럽게 백 년 전부터 한글이 훌륭하고 중요함을 깨달은 분들이 한글을 갈고 닦는 일에 힘써서 오늘날 온 겨레가 즐겨 쓸 수 있게 되었다.

이러한 일은 대한제국 시대에 주시경 선생이 '언문'이나 '암클'이

라고 불리던 우리 글자에 '한글'이란 버젓한 이름을 지어주면서 시작되었다. 그리고 주시경 선생 제자들을 중심으로 민족지도자들이 한글날을 알차게 만들었고, 한글맞춤법을 만들고 한글을 조직과 체계를 갖추고 연구하고 빛냈다.

한글날 국경일 승격 축하 모임

한글날은 1926년 민족지도자들이 한글을 반포한 날을 '가갸

날'로 정한 게 처음이다. 이들은
나라를 되찾고 겨레를 빛내기
위해 조선어학회를 중심으로 말
모이(사전)를 만들다가 많은 한
글학자와 지원자들이 감옥에 끌
려가 온갖 고문을 당하고 목숨
까지 빼앗기기도 했다. 이러한
선열들 덕에 광복 뒤에 우리말
과 글로 공문서를 작성하고, 교
과서를 만들고 또, 교육을 할 수
있었다. 그리고 광복 뒤엔 한글
날마다 한글사랑 나라사랑을 생
각했다.

법안 통과 촉구대회

2006년 국경일이 된 첫 한글날 기념 어가
행렬 때 깃발을 들고 광화문 거리 행진(왼
쪽부터 나, 최기호, 박종국, 노명환, 김덕
영, 이봉원)

　나라를 잃은 일본제국 시대에 만든 한글날은 나라독립을 다짐하
고 준비한 날이고, 광복 뒤에 한글날은 국민을 자주 민주시민으로
키우고 힘센 나라를 만드는 데 큰 공을 세운 민족 최대 기념일이다.
미국 군정 때인 1946년부터 한글날을 공휴일로 정해 온 국민이 한
글사랑, 겨레사랑 정신을 키우며 경축했다. 한글날은 한글을 지켜주
고 빛나게 했고, 한글은 우리 국민을 똑똑하게 만들었고, 나라가 빨
리 발전하게 하는 밑거름이 되었다.

　그런데 1990년 대한민국의 노태우 정권은 경제단체가 공휴일이
많아서 나라 경제가 어렵다고 한글날을 공휴일에서 빼달라고 요구
하니 깊게 생각하지 않고 한글날을 공휴일에서 빼버렸다. 온 국민
에게 겨레사랑, 나라사랑 정신을 심어주고 나라를 튼튼하게 하는
데 가장 큰 공이 많은 한글날을 3등 기념일로 만들었다. 그리고 한
글날 기념식을 마지못해 하면서 우리말과 한글을 천대하니 한글과

한국말과 한겨레 얼이 시들었다.

한글문화단체는 이를 그냥 보고만 있을 수 없어서 바로 국경일 승격운동을 시작했고, 15년 만인 2005년 12월 8일에 '국경일 지정 법안'이 국회에서 통과되었다. 많은 사람이 한글날이 국경일로 승격한 게 우연히 된 것으로 아는데 그게 아니었다. 민중이 싸워서 쟁취한 것이다. 나는 한글날 국경일 제정운동을 하면서 한 번 잘못된 역사를 바로잡는 일이 얼마나 힘든지 지난 수년 동안 절실하게 깨달았다.

왜 한글날을 국경일로 만들었나?

한글학회와 외솔회, 우리말살리는겨레모임 등 한글단체뿐 아니라 국회의원과 전교조, 국어교사모임, 참교육학부모회 등 교육단체와 시민단체까지 힘을 모아 한글날을 국경일로 만들었다. 이는 한글이 빛난 바탕에서 우리 겨레와 나라의 모든 일이 잘 풀리게 하자는 꿈을 이루려는 것이었다. 이제 그런 한글날을 알차게 만들기 위해 어떻게 해야 할지, 왜 우리가 그 어려움을 무릅쓰고 한글날을 국경일로 만들었으며 한글날의 참뜻은 무엇인지 생각해보자.

첫째, 우리는 정부와 정치인과 경제단체가 한글과 한글날을 우습게 여기는 잘못을 바로잡으려고 한글날을 국경일로 제정하도록 주장했다. 우리글인 한글과 우리말을 살리고 빛낼 수 있도록, 온 국민과 함께 한글날을 뜻 깊게 보내는 데 더 힘써야 할 지배층들은 한글날을 3등 기념일로 내리고 영어를 공용어로 하자면서 한국말을 짓밟았다. 중국의 영향 아래 있을 때는 중국 글자(한문)를 섬기고, 일본의 식민지일 때는 일본말을 나라말로 섬기고, 이제 미국말까지 섬기는 것을 우리는 보고만 있을 수 없었다. 한글날을 다시 문화

국경일로 만들어 그런 풍조를 막고 싶었다.

둘째, 한글로 우리 한글문화, 자주문화를 꽃피우자는 것이다. 한글은 세계 언어학자가 인정하는 세계 으뜸 글자다. 우리는 그런 글자를 헌신짝 보듯 하면서 잘 이용하지 않았다. 중국 한자나 일본 책이나 미국말만 우러러보고 베끼는 꼴이었다. 그래서 수천 년 역사를 가진 민족이라고는 하나, 내놓을 만한 우리 문학 작품이 없었는지도 모른다. 거의 중국 한문으로 쓴 책이고 중국 문학과 문화의 곁가지에 지나지 않았다. 이제 우리말을 우리 글자로 글월을 써서 고급스런 우리 한글 문화를 꽃피는 계기로 삼자.

셋째, 한글로 정보통신 강국이 되자는 것이다. 과학과 철학에 바탕을 두고 만들어진 한글을 잘 이용해 과학 강국, 철학 강국이 되자는 것이다. 오늘날 정보통신 학자들은 세종대왕이 셈틀을 이용한 정보통신시대를 내다보고 6백 년 전에 한글을 만든 것 같다고 할 정도로 한글은 셈틀과 찰떡궁합이다. 오늘날은 정보통신시대요, 문화경쟁시대라고 한다. 이 시대에 한글을 잘 이용하여 그 경쟁에서 이기자. 실제로 한글은 우리가 정보통신 강국이 되는 데 밑거름이 되었고 크게 이바지했다. 제 나라 글자인 한글을 우습게 여기던 정치인, 학자, 언론인들은 이제라도 한글을 더욱 사랑하고 잘 이용해 과학과 학문을 발전시켜주길 바란다.

넷째, 세종대왕의 한글창제 정신으로 온 국민이 잘사는 나라를 만들자는 것이다. 세종대왕은 백성을 끔찍하게 사랑하는 마음에서 한글을 만들었다. 그런 정신으로 정치를 해서 나라를 이끌고 국민이 모두 따르면 살기 좋은 나라가 될 것이다. 온 국민이 한글로 지식을 빨리 많이 얻어서 국민수준이 올라갈 때 정치도 안정되고 경제도 빨리 좋아질 것이다. 몇 해 전에 이름난 어느 미래학자가 "앞날은 동양문화시대가 될 것이다"라고 예언한 일이 있다. 한글은 우리 문화뿐 아니라 동양 문화 나아가 세계 문화의 수준을 높여 줄 것이다.

다섯째, 한글로 겨레의 자긍심과 자신감을 키우자는 것이다. 우리 가 5천 년 역사를 가진 나라요, 민족이지만 세계에 자신 있게 내세 울 만한 문화 유적이나 유물이 많지 않다. 그러나 한글을 만든 머 리와 정신은 그 어느 나라나 민족에게도 자신 있게 자랑하고 뽐낼 수 있다. 무슨 일을 하든지 마음과 정신이 그 승패를 좌우한다. 한 글은 민족이 일어나는 기운을 북돋울 것이다. 한글의 주인이라는 자긍심 속에서 자신감을 가지고 주체성 있는 학문, 예술, 정치, 문 화를 꽃피워 후손에게 물려주자는 것이다.

우리에게 개천절, 삼일절, 광복절, 제헌절, 이렇게 4개의 국경일 이 있다. 그런데 지금까지 중앙정부에서 기념식이나 한 번 하는 것 으로 끝나고 국경일의 참뜻을 살리는 국민 참여행사가 없었다. 근 래엔 국경일이 그저 등산이나 가고 집에서 노는 날로만 여기는 이 가 많다. 국경일은 나라의 경사스런 날이고 온 국민이 함께 경축하 고 즐길 수 있어야 하는데 그렇지 않았다. 이제 한글날은 본래 국 경일의 참뜻을 살려 정부와 온 국민이 함께 참여해 즐기는 날, 나 라에서 가장 경사스런 날로 만들자. 그것도 문화 국경일로 만들어 우리 자주문화를 꽃피게 하고 온누리에 자랑하는 날로 만들자. 5백 년 동안 천대받던 한글이 제 빛이 나게, 제 대접을 받게 하자.

그래서 한글단체와 문화관광부는 '한글날 큰잔치 조직위원회'를 꾸리고 그러한 국경일로 만들려고 여러 가지 계획을 세우고 준비를 하고 있다. 우리 말고는 세계 어디에도 글자를 만든 날을 국경일로 기념하는 나라는 없다. 우리만 누릴 수 있는 날이기에 남다른 문화 잔칫날로 만들어 세계인이 부러워하면서 구경하러 올 수 있게 하고 싶다. 그래서 자랑도 하고 돈도 벌어 보자. 수백, 수천 년 뒤에 우리 후손들이 21세기 초에 살던 조상이 한글날을 국경일로 만든 것은 잘했다고 기리도록 뜻있는 행사를 많이 하고 마음껏 즐기고 싶다.

이제라도 더 먼 앞날을 내다보며 이 한글을 잘 부려 쓰고 한글꽃을 피워 온누리를 아름답게 만들자. 깨어있는 국민이 한글과 한글날을 살려서 우리 겨레가 우뚝 서게 했다는 말을 후손들로부터 듣자.

국어기본법 제정운동

한글단체는, 오래전부터 국어 관련법이 한글전용법(법률 제6호)뿐이고 제대로 된 국어 진흥법이나 국어정책이 없는 것에 대해서 문제 제기를 하고, 강력한 국어 진흥법을 만들 것을 주장하고 정부에 건의도 했다. 우리말은 오랫동안 한자에 짓밟혀 멍들고 일본말에 더럽혀진 데다가 요즘엔 세계화 바람을 타고 영어에 밀려 죽어가고 한마디로 국어가 위기를 맞은 것이다. 그래서 정부도 국어를 지키고 발전시켜야 한다는 데 공감을 하고, 2002년부터 공청회도 열고 여론을 듣고 국어기본법(법률 제7368호)을 만들어 2005년 1월 27일에 공포하고 7월부터 시행령을 만들어 시행하고 있다.

국어기본법이 공포되면서 1948년에 제정된 '한글전용에 관한 법률'과 문예진흥법에 들어있는 국어 관련 조항은 없어지고 국어기본법에 포함되었다. 그리고 국가는 5년마다 국어 발전 기본계획을 수립하여 시행하며, 2년마다 국회에 국어 정책의 시행결과를 보고하도록 규정하고 있다. 또한 국가기관과 지방자치단체에 국

2005년 4월 30일, 내가 국어기본법 관련 토론회 사회를 보았다.

어책임관을 두어 국어 발전과 보전 업무를 총괄하도록 했다. 한편 국민이 각 분야의 전문용어를 편리하게 사용할 수 있도록 전문용어를 표준화·체계화하여 보급하도록 했다. 이 밖에 재외동포, 외국인을 상대로 한국어를 가르치고자 하는 이들에게 국가가 자격을 부여하고, 국민이 국어와 관련된 상담을 할 수 있도록 대학 연구소와 사회단체 등에 국어상담소를 둘 수 있게 하였다.

　이번에 국어기본법이 제정되기 전에는 한글전용법이 우리말과 한글을 지키는 데 큰 몫을 했으나, 이제 한글전용법은 국어기본법에 포함됨으로써 없어지게 되었다. 한글전용법에는 처벌 조항이 없어서 그 법이 힘을 제대로 쓰지 못했지만 한자와 영어 침투를 막는 유일한 방패였다. 그동안 나는 한글전용법을 방패로 한글을 지키고 우리말을 살리는 운동을 나름대로 선배나 동지들과 했다. 더욱이 한자혼용파가 한글전용법을 폐기하고 한자혼용법으로 만들려고 할 때는 눈앞이 캄캄해서 피 터지는 싸움을 하기도 했다. 이제 국력을 낭비하고 국민과 국어생활을 혼란케 하는 한자와 한글 싸움은 끝나길 간절히 바란다.

　이 법을 만드는 데 국어문화운동본부 남영신 회장과 국립국어원 남기심 원장이 많이 애썼다. 그러나 제정과정에서 법무부와 국회를 거치면서 처음 안이 많이 변해서 어설픈 법이 되었다. 한글전용법과 마찬가지로 국어기본법도 지키지 않을 때 처벌한다는 강제조항이 없어 얼마나 힘을 쓸 수 있을지 걱정이다. 그래도 국어 보존과 발전을 위해 기본 틀을 마련했다는 데 큰 뜻이 있고 잘된 일이 아닐 수 없다.

　21세기는 치열한 언어전쟁, 문화전쟁의 시대가 될 것임을 많은 미래학자들이 말하고 있다. 한국과 한국말이 21세기에 살아남아 번영을 누리기 위해서는 국어의 중요성을 모두 인식하고 국어기본법을 잘 지키고 우리의 말과 글을 갈고 닦는 데 힘써야겠다.

국어원장 출신들과 한자파, 국어기본법안 폐기 촉구 성명

그런데 2004년 12월 28일 《연합뉴스》 기사에 한국어문교육연구회(회장 강신항)와 사단법인 한국어문회(이사장 정기호)는 28일 성명을 내고 '국어기본법안'의 폐기를 촉구한 내용이 실렸다. 두 어문단체는 이날 성명서를 통해 "최근 국회 문화관광위원회의 수정을 거쳐 국회 법사위원회로 넘어간 '국어기본법안'은 한자문화를 고려하지 않음으로써 한글전용법보다 더 나쁜 결과를 초래할 우려가 있다"고 말했다는데 서울대 국문과 출신인 안병희, 심재기 등 전 국어연구원장들은 모두 그에 동조한 것이다. 우리말이 일본 한자말에 짓눌리고 영문에 짓밟혀 죽을 지경이어서 우리말을 살리고 한글을 빛내자는 뜻으로 국어기본법을 만들자고 했는데, 국립국어연구원장을 지낸 분들이 반대한 것이다.

이번 일로, 한국어문교육연구회라는 단체와 국립국어연구원이 한통이 되어 한글이 살고 빛나는 것을 가로막았다는 것이 증명되었다. 지난날 이들은 한글전용법 폐기 운동도 하고, 한글전용법을 힘없는 법으로 만들려고 계속 앞장섰다. 그래서 나는 그것을 바로잡으려고 이들을 우리말 훼방꾼으로 뽑기도 했다. 우리말과 한글을 지키고 빛내는 데 앞장서야 할 국립국어연구원과 일류대학 국문과 출신들이 오히려 그 반대 활동을 했다는 것은 대단히 큰 문제였고 국어 발전에 가장 큰 걸림돌이었다. 앞으로는 이런 일이 없어야 할 것이다.

고마운 한글전용법(법률 제6호)이여 안녕!

1947년 조선어학회가 한글전용법을 만들 것을 국회와 정부에 건의하고 1948년 국회 78차 회의에 한글전용법을 상정, 재석 131명 가운데 86대 22로 가결되어 1948년 10월 9일에 공포해 지금까지 시행된 한글전용법이 2005년 1월 1일부터 국어기본법이 시행되고 2005년 7월 1일부터 그 시행령이 공포됨으로써 사라졌다.

한글전용법(법률 제6호)은 "대한민국의 공용문서는 한글로 쓴다. 다만, 얼마 동안 필요할 때에는 한자를 병용할 수 있다"는, 시행령과 처벌 조항도 없이 단 두 줄로 된 법이었지만, 이 법은 한글을 지키는 데 엄청난 공헌을 했다. 처벌 조항이 없어 공무원과 정치인들로부터 천대받고 무시당한 법이기도 하다.

그러나 한글단체는 이 법을 근거로 정부와 공무원들에게 한글 쓰기를 계속 요구했다. 나 개인만 해도 지난 41년 동안 이 한글전용법 하나를 지키려고 현직 국무총리까지 검찰에 고발하는 등 온갖 노력을 다했다. 앞으로 한글전용법의 후신인 국어기본법은 한글전용법이 다 못한 일을 완수해주길 바라며 한글전용법을 만들고 지킨 여러분께 고마운 큰절을 드린다.

나라말 지키기 백만 인 서명운동

우리말이 영어에 짓밟혀 죽을 지경이다. 앞서 말했듯이 김영삼 정부가 영어 조기교육을 하겠다고 하면서부터 영어 열병이 일어서 지방자치단체까지 수백억 원을 들여서 영어마을을 만들더니 이제 영어로 모든 학과를 교육하겠다고 했다. 영어 조기교육도 분명히 얻는 것보다 잃은 것이 많은 정책이다. 지방 자치단체의 영어마을도 적자투성이로 헛돈 쓰기다. 김대중 정권에서는 영어를 공용어로 하자는 말까지 나왔다. 그런데 노무현 정권도 마찬가지였는데 이명박 정권은 그보다 한

2008년 1월 초, 겨울에 종로 2가에서 '나라말 지키기 서명운동에는 다수의 시민들이 한글사랑에 뜻을 같이했다.

술 더 떠서 영어가 나라의 운명을 좌우할 것처럼 영어 섬기기에 정신이 없다.

그런데 왜 자꾸 잘못될 길을 갈까? 정부와 대기업과 학자들이 먼저 나서서 그 길을 부추기고 국민들은 불나비처럼 영어에 목숨을 걸고 매진하고 있다. 분명히 보이지 않는 큰 손을 가진 세력이 뒤에 있는 것이다. 나는 도저히 그냥 보고만 있을 수 없어 한글문화연구소 박용수 이사장과 함께 '나라말 지키기 백만 인 서명운동'을 하기로 하고 2007년 10월 7일에 종로 탑골공원 앞에서 거리 서명을 시작하면서 잠실체육관 앞, 대학로, 종로 종각, 불탄 숭례문 앞 등에서 계속 서명운동을 하고, 누리통신에서도 함께 했다.

박용수, 김슬옹, 김영조, 김종범, 반제원, 성제훈, 유선희, 육철희, 이백수 들이 앞장섰다. 나는 서명운동을 시작한 뒤 곧, 중국에 있는 대학으로 한국어를 가르치려고 가게 되었다. 겨울방학인 2008년 1월 초에 돌아와 종로 보신각 앞길에서 나는 "백 년 전에도 여기 이 자리에서 애국지사들은 온 백성이 힘을 모아 나라를 지키자고 외쳤으나 국민이 따르지 않아서 나라를 일제에 빼앗겼습니다. 지금 우리의 사정이 백 년 전과 다르지 않습니다. 오늘날 우리말이 위기에 처했습니다. 오늘 우리말을 지키지 못하면 그때처럼 나라가 망할 수 있습니다. 11년 전 국제통화기금 위기 때보다 더 무서운 위기가

옵니다. 우리말은 우리 얼이고 근본입니다"라고 외치면서 우리말 지키기 서명을 받았다.

2008년 2월 21일, 불타버린 숭례문 앞에서 서명을 받으면서 나는 "숭례문 개방 뒤 대비책을 제대로 세우지 않고 숭례문을 서둘러 개방만 해서 아까운 우리 보물이 불타 사라졌습니다. 철저한 대비책 없이 영어 조기교육을 강행해서 부작용만 늘었습니다. 마찬가지로 국사와 국어까지도 영어로 교육한다는 영어몰입 교육을 서두르면 숭례문 재앙보다도 엄청나게 더 큰 재앙이 옵니다"라고 하며 서명을 호소했다. 그때 많은 분이 서명했는데, 한 일본 관광객은 일본돈 백 엔을 성금으로 주면서 서명하고 격려했다.

나도 영어가 중요하고 잘하면 좋다는 걸 알고 있다. 그러나 제대로 준비도 하지 않고 무조건 어려서부터 가르치면 좋다고 서두르는 게 잘못이고 문제가 있기 때문에 그 정책에 반대한 것이다. 그런 식이라면 실패할 게 뻔히 보이기 때문이다.

영어를 잘 쓸 수 있는 능력은 중요하지만 영어 몰입 교육은 지나치다. 지나치면 모자람만 못하다고 했다. 지금 우리가 대통령까지 나서서 영어에 엄청난 나랏돈을 쓸 때인가? 지금 중·고등학교 영어교육 개선을 먼저 하는 게 해결책이다. 그게 바로 영어 공교육 개혁이다. 세종대왕처럼 국어부터 살리고 외국말을 생각하는 게 차례요, 바른길이다.

힘없는 국어기본법과 국어정책기관

한글날이 국경일이 되었고, 국어기본법이 제정되었다고 해도 여전히 우리 국어가 부닥친 처지가 어려운 건 마찬가지다. 영어에 밀려서 죽을 판인데 국어를 살리고 빛낼 국어 정책기관도 전문가도 없다. 그래서 나는 2008년 6월 초에 중국에서 국어정책 주무부처 문광부장관에게 국어정책 건의서를 보내고 면담 신청을 해서 7월 초 귀국해서 만났다.

그 자리에서 나는 나라 밖에서 우리 한국말이 인기가 높으니 그 보급을 활발하게 할 종합정책을 세워 줄 것과, 강력한 국어정책기구를 만들어 줄 것과, 한글날에 국경일답게 행사를 할 것과, 남북 말글통일 정책을 세울 것과, 국어단체를 도와 줄 것과, 세종대왕 생가터를 찾아서 성역으로 만들어 줄 것을 건의했다.

그러나 얼마나 잘될지는 의문이다. 국어기본법이 힘쓸 수 있도록 개정해야 하고, 국어원과 국어심의회, 국어책임관이 제 몫을 다하도록 예산을 늘리고, 구성원들을 다시 잘 뽑아 앉혀야 한다. 지금 우리말이 5천 년 역사에서 나라 안팎에서 가장 주목받고 있다. 그런데 나라의 정책이 그 뒤를 밀어주지 않아서 힘들다.

글을 마무리하면서

한글학회 초대 회장 최현배와 2대 회장 허웅, 그리고 한자파

한글을 빛내고 지키는 일에 주시경 선생 다음으로 공로가 큰 분들을 들라면 외솔 최현배 선생과 눈뫼 허웅 선생을 뺄 수 없다. 외솔은 일제가 물러간 뒤 한글을 지키고, 한글이 나라의 글자로 쓸 수 있는 밑바탕을 닦은 분이고, 눈뫼는 한자와 벌인 싸움의 사령관으로서 이 땅을 떠나는 날까지 한자파와 싸움에 몸과 마음을 다 바쳤다. 외솔은 내가 국어운동학생회 활동을 하던 1968년 쯤 한글학회에서 뵌 일이 있고, 눈뫼 선생은 대학국어운동학생회 지도교수였기에 알게 된 분이다.

외솔은 군사정권이 일본과 국교를 체결한 뒤 한자파가 득세하던 1960대 후반기에 우리 국어운동학생회가 일어나 도우니 매우 기뻐하고 고마워했다. 그런데 1970년에 갑자기 돌아가심에 그 제자인 허웅 선생이 한글학회 회장을 맡았다. 외솔은 일제가 물러간 뒤 미군정 때와 건국 초기에 문교부 편수국장으로 우리 교과서를 한글로만 쓰게 했고, 한글학회 회장으로서 이승만 대통령을 받들어 한글이 뿌리내리게 했다. 이승만 정권 때는 이 대통령이 한글을 사랑한 분이고, 일제를 멀리한 분이라서 일본식 한자혼용파가 힘쓰지 못했다.

그런데 이 대통령이 물러나고 5·16 군사정권이 들어서서 한일회담을 하고 일본과 국교를 체결하면서 일본식 한자혼용파가 득세한다. 교과서에 한자를 혼용하고, 토박이말을 살려 쓴 말본 책과 용어를 못 쓰게 하고 일본식 문법 용어로 통일하도록 한다. 그 잘못을 본 대학생들이 국어운동학생회를 만들고 한글과 우리말 지키기에 나섰다.

이 두 분은 학문의 업적도 크지만 국어운동도 매우 열심히 하셨고 업적이 크고 많다. 눈뫼 선생은 한글학회 회장이 되자마자 한자파와 치열하게 싸우게 되었고 2004년 돌아가시는 날까지 그 싸움의 사령관으로 임무를 다했다. 나는 대학 국어운동학생회 활동을 할 때 허웅 선생을 지도교수로 모신 인연으로 시작해서 한자파와 싸움의 선봉장에 서서 온몸을 바쳤다.

외솔 최현배 선생과 허웅 선생은 전 서울대 교수 이희승 선생과 그 제자 남광우 선생의 한자혼용 주장에 맞서서 치열하게 싸웠다. 연세대 학파와 서울대 학파의 싸움이라고도 불리는 한글과 한자 싸움에서 정부의 국어정책은 오락가락하고, 국민들의 국어생활 또한 혼란스러워졌다. 다행히 이 싸움은 한글이 이기며 끝났지만 이희승 교수와 그 제자들이 중심이 된 한자파가 우리 국어독립에 끼친 해악은 매우 크고 많다.

지금 한글학회 회장실에 가면 조선어학회 사건 때 일제에 수난을 당한 분들 사진과 광복 뒤에 한글학회 회장은 지낸 분들의 사진이 나란히 걸려있다. 그 사진 가운데는 광복 뒤 한글만 쓰기를 발 벗고 반대한 이희승 선생 사진도 함께 걸려있다. 이희승 선생이 일제 때 조선어학회 회원으로 활동하다가 감옥까지 갔다고는 하지만 다른 분들과 나란히 걸려있어도 좋은지 생각해보아야 한다면, 나의 속 좁음을 탓해야 하는가. 그리고 주시경 선생과 함께 최현배, 허웅 회장의 사진은 더 크게 따로 모셔야 한다고 생각한다. 그리고 그 두 분과 함께 수십 년 동안 한글을 지키고 빛내려고 같이 싸운 분들을 받들어야 한다.

60년 동안 왔다 갔다 한 대한민국의 국어정책

이승만 정권 때에는 한자혼용을 하자는 사람들이 기승을 부리지 못했는데 박정희, 김종필 들이 5·16 군사혁명으로 정권을 잡으면서 일본식 한자파들이 설치게 된다. 1965년 한일회담이 졸속 체결되는 해부터 초등학교 4학년 이상은 한자혼용으로 교과서가 바뀐다. 앞서 말했듯이 내가 한글사랑운동에 들어가게 된 것도 이때 고등학교에 다니면서 한자파들이 득세하는 것을 보고 가만히 있을 수 없기 때문이었다. 그런데 1970년부터 박정희 대통령 특별지시로 완전히 교과서를 한글로만 쓰게 만들었고, 신문이나 일반 문서도 완전히 한글전용을 한다는 발표까지 나왔다. 그러나 한자파들이 다시 일어나면서 1975년부터 중·고등학교 국어 교과서를 중심으로 한자를 다시 병기하게 되었으며, 이후 이러한 문자 교육정책의 기본 틀은 지금까지 계속 유지되고 있다.

정치적 전환기마다 한자파들은 한자혼용과 초등학교 한자교육을 추진하려 해서 나라의 정책이 왔다 갔다 하도록 했고, 국민들과 학생들만 피해를 보게 되었다. 그리고 한글전용이 더 앞으로 나갈 수 없었다. 수천 년 동안 뿌리 내린 한자생활이 쉽게 뽑힐 수는 없지만 한자파가 끈질기게 한자를 붙들고 늘어져서 한글은 계속 겉돌았다. 그러나 우리 민족이 멸망하지 않는다면 우리말과 한글이 살고 빛내는 길이 바른길이고 가야할 길이기에 한글은 죽지 않고 살았으나 우리말은 몹시 꼬이고 뒤틀렸다.

거기다가 한자가 좀 시들어가니 영어 숭배 풍조가 일어나 우리말과 한글을 위협하고 있다. 어찌 보면 참으로 한심하고 불쌍한 나라요, 민족이고 우리말이다. 뿌리 깊은 사대근성과 이기주의 때문이다. 한글전용법이 있으나 제대로 지금까지 지키지 않았고 한글전용을 제대로 해본 적이 없다. 이제라도 우리말과 한글이 바로 서고 빛날 수 있도록 나라의 말글정책을 바로 세우고 온 국민이 힘을 모아야겠다.

힘센 한국말을 만들자

나는 이 책을 내려고 자료를 정리하면서, 우리 조상들이 우리 글자를 가지려고 많이 애썼다는 것을 가슴 깊게 느꼈다. 그리고 이제 우리말이 홀로 설 때가 왔다는 것도 느꼈다. 그러던 가운데 지난 연말에 누리그물신문 《참말로》에서 나라 밖의 한국말 교육 열풍을 취재하려고 중국과 일본을 돌아보았는데, 진짜 이제 한국말이 힘쓸 때가 되었다는 것을 확인했고 가슴 뿌듯한 감동을 받았다. 그리고 앞으로는 나라 안에서 국어독립운동은 마치고 나라 밖에서 한국말이 우뚝 설 수 있도록 힘써야겠다는 다짐을 했다.

또 우리말이 영어나 중국어처럼 힘센 말이 될 수 있다는 것을 다시 한 번 깊게 깨달았다. 그런데 아직 우리 정부나 국민은 이 사실을 잘 모르거나 실감하지 못하고 있는 것 같다. 오히려 제 나라의 말을 우습게 여기면서 한문이나 미국말만 더 대단하게 여기고 있어 안타깝다. 이제 우리말이 힘센 말이 되도록 정책을 세우고 정부와 국민이 함께 힘쓸 때이다.

일찍이 나라가 망해 가는 대한제국 때 주시경은 "말이 오르면 나라가 오른다"고 말하며 우리말을 갈고 닦아 힘센 나라를 만들려고 애썼다. 그렇다. 힘센 나라가 되려면 그 나라의 말이 힘센 말이 되어야 한다. 이제 나라 안팎에서 우리말이 오르는 이때에 정부와 학계와 언론과 기업과 국민이 함께 힘쓰면 우리말은 세차게 오를 것이다. 힘센 한국말을 만드는 일은 오늘날 우리가 꼭 해야 할 일이다. 이 일은 시대 사명이고, 오늘날 이를 우리가 이루어 후손에게 물려줄 책임이며 의무다.

그럼, 힘센 한국말을 만들려면 어찌해야 하나?

1. 국민과 정부 모두 우리말에 긍지와 자신감을 갖자. 우리말이 좋은 말이고 갈고 닦으면 온누리에서 으뜸가는 말이 된다는 마음을 갖자. 스스로 깔보고 패배감에 젖어있지 말고 자긍심과 자신감을 갖자는 것이다. 언제부터인지 우리는 우리 것보다 힘센 다른 나라의 것들을 더 우러르는 흐름이 있다. 사대주의가 뼛속 깊게 들어있다는 느낌까지 들 정도다. 이제 이런 못된 정신과 마음을 쓰레기통에 버리고 우리말이 힘센 말이 될 수 있다고 굳게 믿고 즐겨 쓰자. 우리말의 맞춤법 하나 틀리는 것을 부끄럽게 생각하고 남의 나라말을 한 마디도 못하는 것은 부끄럽게 생각하지 말자.

2. 우리 스스로 우리말을 잘 알고 바르게 쓸 줄 알아야겠다. 1950~1960년대에 학교를 다닌 어른들은 학교에서 국어를 제대로 배우지 못했다. 그때 선생님들은 일제시대에 태어나 일본어를 국어로 배운 분들이 거의 모두였다. 그래서 선생님들도 우리말을 잘 알지 못했고 교재도 제대로 되어있지 않았다. 그러나 지금 학생들은 그때보다 더 좋은 선생님과 교재로 공부를 한다. 그리고 학교가 아

니라도 누구나 마음만 먹으면 좋은 책을 구해 스스로 공부해서 우리말을 잘할 기회가 많다.

3. 한글 사랑은 입으로만 하지 말고 실천하자. 한글은 온누리에서 으뜸가는 글자란 것은 앞에서 이미 말했듯이 세계의 이름난 언어학자들이 인정하고 있다. 이런 한글을 우리가 즐겨 쓰고 사랑하지 않는 것은 바보짓이고 못난 일이다. 누구나 말로는 한글을 사랑한다고 말하고 있다. 그러나 입으로 아무리 사랑한다고 해야 쓸모가 없다. 우리말을 한글로만 써야 한다. 우리말은 우리 글자인 한글로만 쓸 때 제 빛이 나고 제 맛이 난다. 한글은 우리말을 적는 데 가장 잘 맞는 글자이다.

4. 강력한 국어정책기관을 만들자. 우리말을 힘센 말로 키울 강력한 힘을 가진 국어정책기관을 두고, 국어정책을 세워 강력하게 실행해야 한다. 세종대왕은 우리 글자가 없을 때 한글을 만들고 언문청, 정음청이란 강력한 국어정책 기관을 두어 힘센 나라말을 만들려 애썼다. 지난날 우리는 국어정책도, 국어정책 전문가도 없고 국어정책기관도 없었다. 이제는 국립국어원이 있고 국어기본법이 있으나 힘을 잘 쓰지 못하고 있다. 우리는 대통령 직속으로 국어청을 만들고 인력과 예산을 대폭 늘려야 한다.

5. 말글 관련법과 규정을 잘 지키자. 우리 일반 국민에겐 띄어쓰기와 표준말을 써야 하는 규정이 있는 한글맞춤법과, 간판은 외국글자가 아닌 우리 한글로 써야 한다는 옥외광고물 관리법이 있으니 이를 잘 지키자. 국가기관과 공무원들은 공문서를 쉬운 우리말과 한글로 적어야 한다는 공문서관리규정을 잘 지키자. 지난해부터 우리말에 관한 종합법인 국어기본법이 시행되고 있으나 이 또한 아직 힘을 쓰지 못하고 있다. 정부 기관에 국어책임관을 두고 공무원부터 바른 말글살이를 하게 되어있으나 그 임무 또한 다하지 못하고

있다. 국어상담소, 국어심의회도 마찬가지이고 한글날을 국경일로 만들어 기념하게 되었으나, 그 행사 예산은 기념일일 때의 수준 그대로이다. 이래선 우리말이 힘을 쓸 수 없다.

2007년 한글날에 한국말을 배우는 중국 대학생들이 나와 함께

6. 외국인에게 한국말을 잘 가르치자. 먼저 우리나라에 와서 일하는 외국인 노동자에게 먼저 잘 가르치고, 나라 밖에 사는 우리 동포와 외국인에게 잘 가르치자. 지난날 우리를 지배한 중국, 몽골, 일본인들이 우리말을 배우려고 야단법석이다. 5천 년 만에 우리말이 오르고 나라가 오를 좋은 기회가 왔다. 이 기회를 놓치지 말자. 외국인에게 우리말을 잘 가르칠 좋은 교재와 선생도 갖추고 교육체계도 만들어 도와주어야 한다. 현재 해외 동포나 외국인에게 우리말을 가르치는 기관이 외무부, 교육부, 문광부에서 제각기 따로 있기 때문에 효과를 제대로 거두지 못하고 있다. 대통령 직속 기관에서 체계 있게 해야 한다.

7. 우리말을 갈고 닦아 빛내자. 국어학자들은 지난날 한문을 섞어 쓸 것이냐, 한글만 쓸 것이냐 따지고 싸우다가 수십 년 세월을 보냈다. 이제 우리말은 우리 글자인 한글로만 적는 게 가장 좋다는 것은 상식이다. 학자들은 누구나 배우고 쓰기 쉬운 우리말이 되도록 갈고 닦는 일을 열심히 하고, 국민은 배워 즐겨 쓰자. 우리말은 저절로 빛나고 힘센 말이 되지 않는다. 그만큼 노력하고 투자해야 한다. 우리말을 외국인이 빛내주지 않는다. 우리 스스로 빛내야 한다.

내가 중국에 와서 대학생들에게 우리말을 가르쳐보니, 한글은 배우고 쓰기 쉬운데, 한국말이 어렵다고 한다. 존댓말, 같은 글자인데 길고 짧게 내는 말, 같은 말인데 뜻이 다른 말, 된소리나 센소리로 발음해야 하는 말들 때문이라고 한다. 이 문제도 연구하고 개선해야 할 것이다.

또한 우리 토박이말을 찾아 살려 써야한다. 토박이말에서 '파랗다'는 말이 '파랗고, 파라니까, 새파랗다, 파르스름하다'처럼 여러 갈래로 가지가 치는 것이 처음에 어렵다고들 하지만 조금 배우면 재미있다고 한다. 그러나 한자말에서는 '아버지'와 같은 뜻을 가진 말이 '부친, 가친, 엄친, 선친, 부'처럼 똑같은 말이 많다는 것을 힘들어하고 불필요하게 생각한다.

외국인이 한국말이 어렵다는 말을 덜하도록 정부가 말 다듬기 정책을 세워야 한다. 세계 어느 말보다도 배우고 쓰기 쉬울 때 가장 힘센 말이 된다.

8. 영어로부터 우리말을 지키자. 지금 영어가 우리말을 잡아먹고 있다. 국민은 말할 것도 없고 정부까지도 국어 공부보다 영어 공부에 더 돈과 힘을 쏟고 있다. 교육부는 영어교육부라고 말할 정도로 영어에 힘쓰고 있다. 애가 태어나기도 전 뱃속에 있는 아이에게 영어를 들려주고, 제 나라의 말을 배우기 전에 영어부터 가르치고 영어 조기유학을 보내는 등 야단법석이다. 기업과 정부가 더 영어 열병을 부채질하고 있다. 이러다가는 우리말이 힘센 말이 되기도 전에 사라질지도 모를 지경이다.

10여 년 전 한국에서 영어를 공용어로 하자는 논쟁이 한창일 때 지금 서울시장인 오세훈 변호사가 진행하는 서울방송 〈100분 토론〉과 문화방송 토론에 반대 토론자로 나간 일이 있는데 찬성자로 정을병 소설가협회 회장이 나와서 "한국말로 소설을 써봤자 그 소설을 읽을 사람이 1억 명도 안 되지만, 영어로 쓰면 수십억 명이 되니 빨리 영어를 공용어로 해서 영어로 소설을 쓰는 게 좋다"고 말을 했다. 그리고 소설가 복거일이 가장 먼저 영어를 공용어로 하자고 부채질을 했다.

이런 정신으로는 우리말이 힘센 말이 될 수 없다. 그런 생각이라면 우리가 영어를 공용어로 하지 않고도 자기만 영어나 중국 한문으로 좋은 소설을 써서 팔면 된다. 우리는 우리말로 문학작품을 쓸때 좋은 작품이 많이 나오고, 그 작품을 번역해서 외국인이 읽게하면 된다.

9. 한글과 우리말로 돈을 벌자. 외국인들이 우리말을 배우려 힘쓸때 그들을 가르칠 교재와 교사를 보내주고, 한국어능력시험을 보게하고 우리나라에 유학을 오게 하자. 영어능력시험인 토익이나 토플시험을 보는 데만 돈을 바칠 일이 아닌 것이다.

한글도 멋있는 글꼴을 갖가지로 만들 수 있다. 상품에 한글 상표를 달고 한글 디자인을 넣어 그 값을 더 높이자. 우리 말글로 노벨문학상을 받을 문학작품을 쓰자. 우리 말글로 우리 자주문화를 꽃피워 수출하자. 한글날을 세계 으뜸가는 문화 잔칫날로 만들어 세계인이 광화문에 와서 그 잔치를 보게 하자. 한글을 만든 세종대왕이 태어난 곳을 성역화하고 한글이 태어난 경복궁과 광화문 거리를문화광장으로 만들어 관광객들에게 볼거리를 제공하자.

우리말로 좋은 노래를 많이 만들자. 그래서 세계인이 많이 부르게 하자. 우리말로 재미있는 영화와 연속극 등을 많이 만들자. 그래서 온누리 사람들이 즐겨 보게 하자. 내가 지금 중국 학생들에게한국말을 가르치면서 "왜 한국말을 배우려고 했느냐?"고 물어보니가장 많은 학생이 "한국 드라마와 영화가 재미있어서 그리고 한국노래가 좋아서"라고 했다. 그 다음이 한국 회사에 취직하려고 한국말을 배운다는 학생이 많았다. 언론과 방송과 영상물이 영향이 어느 때보다 큰 시대다.

한국말이 좋고, 한국말을 잘하게 되면, 한국도 한국인도, 한국 상품도 좋아하게 된다. 말은 마음이고 정신이기 때문이다.

10. 한글기계화, 정보화에 힘쓰자. 오늘날 우리나라는 누리망 정보통신 강국이며 그 선진국이 되었다. 일본과 중국보다 정말 앞서가고 있다. 모두 한글 덕이다. 한글을 만든 세종대왕과 한글기계화 연구에 힘쓴 공병우 박사와 '흔글'을 만든 젊은이들 덕이다. 이 '흔글'이 없었다면 우린 정보통신 강국이 될 수 없었을 것이다. 그런데 지금 뒷걸음질 치고 있다는 말이 나온다. 음성인식을 할 수 있는 셈틀도 우리 한글이 가장 가능성이 많다고 한다. 이 연구도 하고, 글꼴도 다양하게 개발하고, 또 누구나 쉽게 배우고 쓸 수 있는 우리만의 기술을 개발해야 한다. 정부와 기업과 학계가 이 분야에 더 많은 노력과 돈을 투자해야 한다.

이제 우리말이 세계어가 될 때이다

한국말이 힘을 쓸 때 한국인과 한국도 힘을 쓴다. 세계 으뜸가는 글자를 가진 우리는 우리말을 세계 으뜸가는 말로 만들지 못할 까닭이 없다. 얼마든지 만들 수 있고 자신이 있다. 오늘날 우리가 정보통신 강국이 된 것도 한글 덕이다. 온누리에서 으뜸가는 글자인 한글은 우리말을 힘센 말로 만들어 줄 것이다. 빨리 나라 안에서 우리말을 힘센 말로 만들고 나라 밖으로 널리 퍼지게 하라. 훈민정음 28자를 모두 살려서 국제음성기호로 쓰게 하자.

이 일에 기업들과 학계와 정부가 적극 참여해야 한다. 기업이 외국에서 활동을 하는 데도 우리말이 힘센 말이 되어야 유리하다. 우리말이 빛나고 힘을 쓸 때 남북통일에도 큰 도움이 된다. 백범 김구 선생은 "우리가 군사강국이 되기보다 문화강국이 되길 간절히 바란다"라고 말씀하셨다. 그렇다. 이제 우리말로 문화강국을 이루고 세계 문화발전에도 이바지할 때다.

우리말을 우리 스스로 잘 쓰고 갈고 닦아서 영어처럼 강력한 세계어로 만들자. 내가 정권을 잡아야 하느니, 너는 안 된다느니 싸움질로 지새울 때가 아니다. 어떻게 하면 자주 문화를 창조해 잘사는 나라, 문화강국이 되어 국민 모두 잘살 수 있을지 고민하고 방안을 찾고 실천할 때이다. 세계 냉전체제가 무너진 지 오래인데 남북 서로 갈려 싸움할 때도 아니다. 우리말 속에서 모든 문제의 해답이 나오고 무한한 가능성을 찾을 수 있다.

빨리 남북 말글통일을 하자

〈우리의 소원〉이라는 노래도 있는 것처럼 지금 우리가 힘써야 할 가장 시급하고 중요한 일이 갈라진 나라를 하나로 만드는 일이다. 그러나 통일은 그냥 되는 것이 아니다. 그 준비를 하고 노력해야 한다. 노력해도 미국, 중국, 일본, 러시아 들 강대국이 방해할 수 있어 힘들다. 그런데 지금 그런 준비를 제대로 하지 않고 있다.

독일도 통일하기 전에 신문과 방송을 서로 보고 듣게 했다고 한다. 말은 정신이고 마음을 담는 그릇이기 때문에 행동이 통하려면 먼저 마음이 통해야 한다. 그런데 우린 지난 60년 동안 서로 갈라져 살아서 말이 잘 통하지 않는다. 뜻도 통하지 않는 것도 있고, 말투가 많이 다르다. 그래서 감정이 다르고 거리감을 느낀다.

일상 회화는 어느 정도 통하는데, 학술과 기술 전문용어는 전혀 다른 게 많다. 특히 남쪽이 미국말과 일제 한자말을 너무 많이 그대로 써서 그렇다. 남북이 의논해서 될 수 있으면 전문 학술용어도 토박이말로 정하고 어쩔 수 없는 것은 외국말을 그대로 써 빨리 남북이 같은 말을 쓰고 익히게 해야 한다.

그런데 정부는 그런 노력을 제대로 하지 않고 있다. 그저 통일 준비가 남북 이산가족 만나기와 남북을 오가며 정치회담을 하는 데 시간과 돈과 노력을 펑펑 쓰고 있다. 앞에서 말했듯이 강력한 국어 정책기관을 만들어 대통령이 직접 챙겨야 한다.

세종대왕이 나신 곳에 한글박물관을 세우자

나는 지난 2007년 3월에 세종대왕 생가터 복원준비위원회를 만들고 세종대왕 탄신일 하루 전날인 5월 14일 10시 30분에 서울 종로구 통의동 길가, 세종대왕 나신 곳을 알리는 표지석이 있는 곳에서 한글학회장, 국립국어원장, 세종대왕기념사업회장 들 여러 한글 단체 대표들과 함께 박주웅 서울시의회 의장에게 '세종대왕 생가터 복원 건의문' 전달식을 했다. 그리고 올해 서울시에서 2억 원 예산을 확보해 그 논의를 하고 있다.

세종대왕은 세계 으뜸가는 글자를 만든 학자이며, 세계 최고 정치 지도자의 한 분으로서 우리 국민 모두 가장 존경하는 역사 인물이고, 세계 어디에 누구에게도 자신 있게 자랑할 수 있는 위대한 인물이다. 그런데 그분이 태어나신 곳을 알리는 표지석이 길가에 덜렁하나 놓여 있다. 그래서 많은 분이 이를 안타까워했고 나는 오래전

2007년 5월 14일, 세종대왕 생가터 복원 준비위원장인 내가 박주웅 서울시 의회 의장에게 건의문을 전달하고 있다.

부터 한글날을 국경일로 만들고 이 일을 꼭 해야겠다고 마음먹어서 이번에 추진한 것이다. 나는 세종대왕이 태어나신 지역을 성역화하고 그곳에 한글박물관도 만들었으면 좋겠는데 정부는 돈 타령만 하고 있다. 한글은 경

복궁에서 태어났지만 궁궐 안에 박물관을 새로 짓고 만드는 것은 어려운 일이니 바로 경복궁 옆인 생가터에 만들면 아주 좋겠다.

서울시에서 그 일에 착수했지만 중앙정부에서도 함께 나서서 국민 교육장과 한글박물관을 크고 멋있게 만들어 세계인에게 보여주고 자랑도 해야겠다. 세종대왕과 한글이 위대한 만큼 그에 걸맞게 복원하고 성역화해야 한다. 이는 헛돈을 쓰는 게 아니고 들인 것보다 더 많은 이익을 얻을 수 있는 아주 좋은 투자란 것을 정부와 국민이 알기 바란다.

중국 동포들을 본받자

중국 동포들은 나라 밖에 살면서 한국 정부나 국민보다도 우리말과 한글을 지키고 빛내는 일을 더 잘하고 있다. 중국 연길 시내에 가면 한글 간판이 즐비하다. 중국이지만 간판에 한글을 위에 쓰고 중국 글자는 아래에 쓰며, 공문서와 교과서도 한글로 쓰고 있다. 그래서 한국의 작은 도시처럼 느낄 정도다. 이렇게 된 것은 우연스럽게 된 게 아니라, 우리말과 우리 문화를 지키고 살리겠다는 동포들의 굳은 뜻과 피나는 노력이 있어서이고, 중국 정부의 소수민족 우대정책 덕이다.

중국 동포들은 일찍이 한자를 혼용할 것인가 한글만 쓸 것인가 논란이 있었으나, 한글을 쓰는 것을 원칙으로 정하고 될 수 있으면 우리 토박이말을 살려 쓰려고 한다. 그래서 한국보다도 토박이말을 잘 살려 쓰고 있다. 자치정부가 한글을 쓰는 규정을 만들고, 중국조선어학회와 중국조선어사정위원회는 우리말을 살려 쓰고 지키는 연구와 노력을 많이 한 것이다.

이들은 간판과 상품 이름을 우리말과 한글로 적고, 공고문도 우리말을 한글로 적는 규정을 만들고 철저하게 지키고 있다. 그리고 중국과 한국이 국교가 수립되어 통상외교 활동이 활발하게 진행되면서 중국 안에 한국어 보급에도 큰 몫을 하고 있다. 연변대 출신 학자와 교사들이 중국 곳곳의 대학에 한국어학과를 만들고 온 중국에 한글과 한국말을 알리는 데 앞장서고 있다.

"연변은 학자들의 노력으로 순수한 우리말을 살려 쓰는 모범이 되고 있으며, 조선어사정위원회가 있어 혼란스런 말과 한자 남용을 제한한다. 신문·출판에도 우리말 살려 쓰기 원칙을 지키고, 외래어로 이름 짓는 일이 없다. 유식을 자랑하려고 한자말과 외래어를 남용하는 일은 없어야 한다"고 연변대 최윤갑 교수와 유은종 교수는 힘주어 말하고 있다. 또한 이들은 북한과 연길에 견주어 남쪽이 영어에 많이 오염된 것을 걱정하고 안타까워하고 있다.

한국정부와 국민은 중국에 있는 조선족 동포를 본받자. 그리고 일제가 물러간 지 60년이 지난 지금까지 일본제국 강점기 때 쓰던 한자말을 그대로 쓰면서 거기다가 요즘에 미국말 섬기기에 열중인 것을 부끄럽게 생각하고 우리말과 글자를 지키고 빛내는 일을 더욱 열심히 해서 나라 밖 동포에게 부끄럽지 않도록 하자.

한글을 남달리 사랑하고 걱정한 분들

이상하게도 일부 국어학자나 교수, 교장과 힘센 신문사 기자와 돈 많은 회사 사장과 정치인들이 한글을 짓밟고 쓰지 못하게 했다. 일반 국민이 한글을 우습게 여기고 안 쓰려고 해도 쓰도록 주장 할 것 같은 국문학자와 정치인이 오히려 그 반대이니 알 수 없는 일이고 기가 막혔다. 어느 초등학교 교장은 한글로 지은 우리말 이름을 가진 학생을 놀리기도 했다. 그러나 모든 어른들이 그런 것은 아니었다. 내가 41년 동안 한글사랑운동을 하면서 많은 분들과 함께 일했지만, 국어학자도 아니면서 한글을 남달리 사랑하고 지키려고 애쓴 분들과 나와 함께 일한 분들 가운데 몇 분만 소개한다.

돈을 잘 버는 유명한 안과의사이면서 한글사랑운동과 한글기계화운동을 돌아가시는 날까지 하신 공병우 박사를 존경한다. 한글타자기를 실용화하고 셈틀에 한글을 마음대로 쓸 수 있게 만들어 준 개척자이시다. 나는 이분을 성스런 분이고, 고마운 분이라고 생각할 정도로 많은 감동을 받았다.

기독청년회 명예회장이신 오리 전택부 선생도 일생동안 한글을 지키고 빛내는 일을 많이 하셨다. 광복이 되고 바로 고향에서 관리와 교사들에게 한글을 가르치셨고, 한글단체 간부로서 오랫동안 한글을 살리는 데 애썼으며 한글날을 국경일로 만든 데 앞장선 분이다.

역사학자요, 사회운동가이신 김동길 교수도 한글을 남달리 사랑하고 빛낸 분이다. 강연과 글을 통해서 한글이 살아야 나라가 산다는 말씀을 해서 많은 국민을 깨우쳤다. 일본이나 미국 유학을 다녀온 학자나 관리들이 한자나 영어만 떠받드는 일이 많은데 이분은 그렇지 않았다.

민주화운동가요, 지도자인 백기완 선생이 기억이 난다. 이분도 국어학자가 아니다. 그러나 그 어떤 국어학자보다 한글과 우리말을 사랑하고 지키려고 애쓰신다. 민주화운동 때 많은 학생에게 우리말을 사랑하자고 외치고, 결혼하는 젊은이에게 주례사를 할 때도 우리말을 사랑해야 잘 산다고 하시는 분이다.

그리고 한글을 남달리 사랑하고 국어정보화에 힘쓰는 과학자 진용옥 교수, 출판을 통해서 한글을 빛내는 데 힘쓰고 우리말 살리는 운동에도 앞장서는 지식산업사 김경희 사장, 부경대 김영환 철학교수, 전 서울대 국어운동학생회 회장 이봉원이 기억난다. 국어학자

가운데 나와 함께 활동하고 도와주신 허웅 교수, 서정수 교수, 김수업 교수, 오동춘 교수, 최기호 교수과 여러 후배들이 고맙다.

영어와 한자로부터 우리말을 지키려는 시민모임들

한글과 한자 싸움이 계속되면서 한글을 지키고 빛내려는 시민운동모임이 많이 생기고 있다. 한글학회와 한글문화단체모두모임을 중심으로 많은 모임과 사람이 한글과 우리말을 살리려고 애썼는데 그 가운데 열심히 활동한 몇 모임만을 소개한다.

한국어정보학회

옛날엔 붓이나 연필로 글을 썼지만 이제는 셈틀로 글을 쓴다. 오늘날 우리가 정보통신 강국이 되었는데 그건 한글 덕분이다. 셈틀을 이용한 누리통신은 오늘날 글을 쓰는 것뿐만 아니라 일상생활에서 없어서는 안 되는 생활수단이 되었다. 생활을 더 좋게 만들기 위한 한글기계화, 국어정보화 연구와 활동을 열심히 해서 우리말이 더욱 빛나게 하는 모임이 있다. 1990년에 국어학자와 전자통신학자들이 모여서 만든 한국어정보학회. 처음엔 이름이 국어정보학회였는데 한국어정보학회로 바뀌었다. 한양대 서정수 교수, 경희대 진용옥 교수, 상명대 최기호 교수가 회장을 맡고 국어정보화 발전을 위한 많은 일을 했다. 1995년부터 지금까지 여러 차례 남북학술회의를 하고 남북 정보통신용어와 체육용어 통일 사전을 낸 일은 큰 업적이다. 요즘 손전화(핸드폰)와 셈틀 자판을 새롭게 만드는 연구활동과 한글 세계화 연구를 활발하게 하고 있다.

누리그물한말글모임(http://www.hanmalgeul.org/)

1993년부터 젊은 누리꾼들이 피시통신 때부터 한글사랑운동을 열심히 해왔다. 하이텔, 천리안, 나우누리, 아이즈, 양산텔, 유니텔에서 활동하던 조상현, 이대로, 송영상 들 누리꾼들이 인터넷통신 시대가 되면서 함께 모여서 힘차게 한글사랑운동을 하자고 1998년 5월 10일에 한글회관에 모여 누리그물한말글모임(대표 조상현)을 창립한다. 이들은 한글날 국경일 제정 서명터도 만드는 등 한글사랑운동을 열심히 한다.

국어문화운동본부

우리말 분류사전을 만든 남영신이, 국어운동대학생동문회의 이봉원과 나를 만나서 학술활동을 겸한 새로운 국어문화운동 모임을 만들 것을 제안하고, 1998년 5월에 창립하여 회장을 맡았다. 간판과 현수막 국어실태 조사, 철도청 국어 개선사업 등 바른말 쓰기 운동을 열심히 해왔다. 2000년부터 한국문장사협회를 산하에 두고 문장교열강좌도 열고 2004년에 영문간판 바로잡기 소송에 앞장서서 영문간판은 위법이란 판결을 받아낸다. 2005년에 한추회 최기호 회장, 우리말살리는겨레모임의 공동대표인 나는 국어단체연합을 출범해 국어상담소도 설치했다.

한글문화연대

한글문화연대는 2000년 2월 22일에 외국 말글의 침투로 스러져 가는 우리 말글을 가꾸며 우리 문화와 학문을 발전시키기 위해 여러 분야의 전문가들이 모인 단체다. 학술, 방송, 언론, 출판 등 다양한 분야에서 아름다운 우리 말글을 가꾸어, 세계화의 공세 속에서 잃어가는 우리 문화의 정체성을 찾고, 더 나아가 세계에 자랑할 수 있는 우리만의 한글 문화를 일굴 것을 목적으로 정부에 많은 건의문도 보내고 강연회, 토론회를 열고, 맞춤법 교실도 여는 등 많은 활동을 하고 있다. 2004년에는 서울시가 영어를 남용하는 것을 막으려고 헌법소원을 하기도 하며 영어로부터 우리말과 한글을 지키는 일을 많이 하고 있다. 대표는 한림대 김영명 교수, 부대표는 시인 고경희와 방송인 정재환이 맡고 있다.

한글인터넷주소추진총연합회

2002년 1월 28일에 한글학회, 세종대왕기념사업회, 한국어정보학회와 30개 한글문화단체가 모여서 영문으로 된 인터넷주소를 한글로 쓰자는 운동을 시작했다. 운영위원회 의장에 전택부, 상임대표에 서정수, 본부장에 이대로가 맡아서 한글인터넷주소 쓰기 운동뿐만 아니라 한글날 국경일 제정운동 본부로서 많은 일을 하고, 넷피아와 함께 한글단체 지원도 많이 해왔다.

이 밖에도 한글문화연구회(회장 박용수), 한말글사랑한밭모임(유동삼), 한글날국경일제정범국민추진위원회(위원장 전택부), 한글문화세계화를 위한 의원모임(대표 신기남 의원) 등 많은 모임이 열심히 한글을 지키고 빛내려고 많은 활동을 하고 있다.

우리말 독립을 꼭 이루어내자

우리는 5천 년 역사를 가진 겨레로서 수천 년 동안 우리말은 있으나 우리 글자가 없어 중국의 한자를 빌려서 썼다. 그동안 우리 한아비들은 우리말을 우리 글자로 적는 편리한 말글살이를 간절히 바라고 애썼다. 1,250년 전 신라의 설총이 이두를 만들어 쓴 게 그 첫 흔적이고, 6백 년 전 세종대왕이 우리 글자를 만든 것이 두 번째 큰 노력이고 결실이다. 그리고 대한제국 때 주시경 선생이 한글을 살려 쓰려고 애쓴 것이 그 다음 큰 흔적이다.

위에 든 모든 움직임들은 배달말 독립운동이었다. 그리고 대한제국 시대에 한글을 나라글자로 정하고 조선어학회(한글학회)를 중심으로 많은 국어독립운동가가 한자혼용파와 싸운 일이 그 배달말 홀로서기(국어독립운동)의 마무리였다. 피땀 흘려 싸웠고 이겨서 이제 우리말을 우리 글자인 한글로만 적는 세상이 되었다.

그런데 중국 한문이 물러가니 영어를 숭배하는 무리들이 나와서 우리말 독립을 가로막고 있어 안타깝다. 그러나 저들은 우리말 독립의 역사 흐름을 막을 수 없다. 오늘 나는 우리말 독립의 훼방꾼들을 물리치고 1천5백 년 동안의 우리 겨레 소원인 '배달말 독립'을 반드시 이룰 것을 다짐하고 또 다짐한다.

나의 다짐

1. 우리말을 온누리 으뜸 글자인 한글로 힘센 말을 만든다.
1. 으뜸 글자 한글로 우리말 말꽃을 피워 겨레를 빛낸다.
1. 한문과 일본말 찌꺼기를 쓸어내고 영어 숭배자를 몰아낸다.

2008년 10월 9일 한글날을 앞두고

이 대 로

덧붙이는 말 : 나는 일생 동안 배달말 독립운동만 생각했다

나는 스스로 국어독립운동꾼이라고 부르고 있다. 국어독립운동이란 말을 다른 사람이 쓰는 것을 본 일이 없다. 그러나 학생 때 국어독립운동을 내 일생 과업으로 생각하고 지금까지 그 길을 걸어왔다. 우리말을 한글로만 쓰는 일은 우리 나라말이 독립하는 첫걸음이고 알맹이라고 보아 내가 하는 한글사랑운동을 국어독립운동이라고 생각한 것이다.

나는 1967년 대학생 때 국어운동학생회를 만들고 그 활동을 시작해 지금까지 41년째 이 일을 하고 있다. 지난 반생 동안 자나 깨나, 앉으나 서나 우리 말글이 독립하는 꿈을 꾸며, 그것을 이루려고 몸부림을 쳤다. 국어독립운동, 배달말 독립운동은 내 한 삶이었다.

이제는 우리말을 우리 글자인 한글로 쓰는 세상이 되었다. 책방에는 우리말과 글로 쓴 책들이 산더미처럼 쌓여 있다. 우리 국민 누구나 책을 읽고 글을 쓸 수 있는, 내가 바라던 세상이 되었다. 3년 전 2005년에 국어기본법도 통과되고 한글날 국경일 제정 법안도 통과되었다. 내 나이 환갑이 되면서 꿈이 이루어진 셈이다.

그런데 한때 나와 함께 국어운동을 한 사람까지도 한글이 이만큼 대접받게 된 것이 그냥 이루어진 듯이 말하고, 그다지 중대한 일이 아닌 것처럼 말하는 것을 보면서 몹시 섭섭했다. 내가 하는 일을 터놓고 가로막은 이들은 그러려니 하지만, 한때 조금이지만 나와 함께 활동을 한 이들까지 그렇게 말하니 그들에게 진실을 알려주기 위해서도 자료를 남겨야겠다는 마음이 간절했다.

이제 지난날 내가 생각하고 한 일을 더듬어 보고, 그 발자취를 적어 놓으려 한다. 내가 생각한 배달말 독립운동이 무엇이고, 어떤 일이 있었는지도 국민과 후손에게 알리려고 한다. 그래서 젊은이들과 후손들이 우리말을 더 다듬고 빛내어 우리 말꽃을 피게 만들 바탕으로 삼았으면 좋겠다.

지난날 나는 이 일이 너무나 중대하기에 이를 방해하는 이들에게 심하게 말하기도 했으나 이해해주기 바란다. 그분들 처지나 생각은 이해하면서도 국어독립을 내 생애에 이루려는 마음에서 그랬다. 그리고 오늘날 나와 함께 애쓴 분들이 많은데 이 책에 다 소개하지 못해 아쉽고 미안하다. 여기에 올리지 못한 자료는 따로 자료집을 만들어 소개하기로 하겠다.

이제 국어기본법과 한글날 국경일 제정법이 통과되면서 나라 안에서 내가 할 만큼을 다 했다고 생각해서 우리말을 나라 밖에 알리는 일을 시작했다. 겨레를 위해서, 인류를 위해서 우리 한글을 온누리에 알리고 쓰게 하는 데 힘을 보태려고 한다. 한글을 세계에 알리는 일은 새 씨앗이고 새 꿈이다. 씨를 뿌려서 뒷사람들이 잘 가꾸게 하려고 한다. 나는 지금 중국 절강성 소흥시에 있는 절강월수외대에서 중국 대학생들에게 우리말을 가르치고 있다. 우리 한글이 동양의 글자가 되고 세계 문자가 되길 바라면서 새 일을 시작한 것이다.

나름대로 수십 년 동안 자료를 모으고 생각한 책인데 모자라는 게 많다. 나도 앞으로 더 고치고 보태겠지만 후배들이 더 좋은 책으로 발전시키면 좋겠다. 이 책을 낸다고 원고를 쓰면서 지난 41년 동안 있었던 많은 일들이 떠올라 가슴이 두근거렸다. 온갖 멸시와 비웃음 속에서도 잘 견딘 내가 스스로 대견스럽기도 하고 한편으로는 진짜 어리석은 사람이기 때문이라는 생각도 든다.

무더운 날씨에 이 글을 모두 살펴보시고 책으로 만들어준 지식산업사 김경희 사장님과 편집부 김예지에게 고마움의 인사를 드린다.

이 책이 중국 한문과 일본 한자말로부터 독립하고 영어 침투를 막아 우리말이 바로 서는 데 조금이라도 도움이 되길 두 손 모아 빌면서 줄인다.

2008년 여름, 중국 절강월수외대에서

이 대 로

참고자료

참고문헌

김윤경, 《주시경선생 전기》, 한글학회, 단기4293.

허웅, 《근대인물사 408》, 동아일보사, 1993.

최용기, 《남북한 국어정책변천사 연구》, 박이정, 2003.

최현배, 《한글만 쓰기 주장》, 정음문화사, 1999.

허재영, 《국어교육과 말글운동》, 서광학술자료사, 1994.

공병우, 《나는 내식대로 살아왔다》, 대원사, 1989.

박양춘, 《한글을 세계문자로 만들자》, 지식산업사, 1995.

한소리, 《우리의 소원은 한글날 국경일이오》, 오리전택부미수기념 언
　론문집 간행위원회, 2002.

김슬옹, 《조선왕조실록의 한글 관련 기사를 통해 본 문자생활 연구〉,
　상명대, 2005.

국어순화추진회 엮음, 《우리말 순화의 어제와 오늘》, 미래문화사,
　1989.

국어순화추진회 엮음, 국어순화추진회 20돌 기념 문집 《한글과 겨레
　문화》, 과학사, 1996.

정대림, 〈고전문학과 언문일치 노력〉, 《논문집 − 세종대학교》, 수도여
　자사범대학, 1991.

한글학회 편, 《반문화적·반민족적처사를 걷어치우라! : 한글날에 대한 우리들의 주장》, 한글학회, 1990.

한글학회50돌기념사업회 엮음, 《한글학회 50돌 기념논문집》, 한글학회, 1971.

한국어문회 엮음, 〈한자교육과 한자정책에 대한 국제학술회의 자료〉, 한국어문회, 2004.

한국어문교육연구회 엮음, 《漢字教育과 漢字 政策에 對한 國際 學術會議 자료집》, 한국어문교육연구회, 2004.

정기간행물

《한글 새소식》, 《우리말 우리얼》, 《나라사랑》, 《어문春秋》, 《어문生活》, 《한글+漢字문화》

누리집 자료

세종대왕기념사업회 http://www.sejongkorea.org/

한글재단 http://www.hangul.or.kr/

한글학회 http://www.hangeul.or.kr/

국어연구원 http://www.korean.go.kr/

전국국어운동대학생동문회 http://www.hanmal.pe.kr/

다음 http://www.daum.net/

네이버 http://www.naver.com/